中央大学政策文化総合研究所研究叢書　8

日中関係史の諸問題

斎藤道彦編著

中央大学出版部

序

　2005年，中央大学に日中関係発展研究センターが設立された．それとの連携の下で，中央大学政策文化総合研究所に3年間の研究計画でプロジェクト「近現代日中関係史」が設置された．本書は，その研究成果の取りまとめである．

　「総論　歴史認識と現実認識——近現代日中関係史論史の問題点」（斎藤道彦）は，19世紀後半から現在にかけての日中関係史に関わる基本的事実を確認しつつ，その間に発表されたさまざまな議論・関連資料を取り上げ，特に戦後の近現代日中関係史論の問題点を整理しようとして，歴史認識の必要性と中国共産党史観からの自立，戦前の歴史認識と区別される戦後の現実認識，総体的認識の視点，「日中友好」の背後関係の分析，政策分析のリアリティ，国家名としての「中国」概念と地域名としての「中国」概念の区別，「中華民族」問題などを提起・検討している．

　「第1章　清末日中関係の原型——李鴻章による日本人技師招聘過程の考察」（李廷江）は，1882年から1885年にかけて行われた洋務派官僚・李鴻章による日本人鉱山技師の招聘過程ををテーマとしている．清朝は，1880年代から金属鉱山開発を本格的に始めたが，専門的知識を持つ技師が不足していたため，日本に日本人技師の派遣を要請し，4回にわたって交渉を行った．本稿は，その交渉過程・交渉内容を詳細に検討し，清末日中関係史の一側面を明らかにしている．

　「第2章　日本に留学した中国知識人——周作人と民俗学：性の問題を中心に」（子安加余子）は，日本に留学し，日本人女性と結婚し，日本軍が北平（北京）を占領したとき，北平にとどまったため，戦後「漢奸」（売国奴）と糾弾された中国知識人である周作人が，イギリス民俗学と接する中で，中国民俗学の中核として西洋的価値意識を受容し，その視点から「自民族」を

発見したが，民族主義を排除しつつ,「民衆」への新たな視座を獲得する過程を，優生学についての認識，ヘンリー・ハヴロック・エリスの『性の心理』の受容,「民俗」における猥褻(わいせつ)の位置づけなどの問題の検討を通じて明らかにしようとしている．

「第3章 敵か？ 友か？——日本人が見た蔣介石の新生活運動」（深町英夫）は，1934年に蔣介石が発動した新生活運動を当時の日本人がどのように見ていたかについて，杭州・長沙・上海・蕪湖・宜昌等中国各地の在外公館および在華公使館の報告,『東京朝日新聞』,『大阪朝日新聞』等の記事,『読売新聞』記者，京城帝国大学教授，評論家，作家などの論評を検討している．筆者は最後に，そこから「他者を許容し，これと共存すべきだという教訓」を導き出せるのではないかと論じている．

「第4章 中国抗戦の展開と宣戦問題」（土田哲夫）は，盧溝橋事件をきっかけとして宣戦布告なく始まった日中全面戦争について，宣戦布告問題をテーマとしている．この日中戦争においては，日本は中華民国に対し宣戦布告することなく中国における戦線を拡大していったが，中華民国政府の側もまた全面抗戦に取り組みながら日本に対する宣戦布告を行わなかった．本稿は，その理由とそれをめぐる中華民国内の意見対立の推移を国際情勢の変化の中でとらえ，日本による真珠湾攻撃をうけて米英が日本に対して宣戦布告したのち，中華民国政府がはじめて日本に対する宣戦布告に踏み切る過程を多数の資料を駆使して明らかにしている．

「第5章 占領下日本人の中国観 1945-1949」（吉見義明）は，戦争終結後から中華人民共和国成立後までの時期に日本人がどのように中国を見ていたのかについて，アメリカのメリーランド大学所蔵プランゲ文庫所蔵日本占領軍検閲雑誌類をソースとして，1945年北平在住者調査，1946年雑誌『新生活』，同年九州輿論調査所調査，1949年6月および11月時事通信社世論調査，同年法政大学中国研究会世論調査，1951年『読売新聞』世論調査，1952年『朝日新聞』世論調査，および軍人・労働組合員・歌人・作家等さまざまな階層の人々が書き残した文章を渉猟し，彼らの中国観のさまざまな

位相を明らかにしている．

「第6章 戦後国民政府による日本人技術者『留用』の一考察——中国側文書に依拠して」（鹿錫俊）は，日中軍投降後に中華民国政府が日本軍俘虜・残留民間人のうち，技術者については日本に送還させず，中国の経済・生産の復興に活用したいわゆる「留用」問題について，公表された中国人民解放軍側日本人留用資料を使用し，それについての中華民国政府の政策，原則および具体的措置，これに対するアメリカの干渉と中華民国政府の対応，留用政策の修正，その後の展開過程を明らかにしている．

日中関係に関する著作は多数にのぼるが，それぞれが扱っている問題はそれぞれに違う．その中にあって，本書はそれぞれの執筆者の持ち味で新境地を切り開いていると考えるが，その評価は諸賢のご判断に待たなければなるまい．各位のご叱正を乞う次第である．

2008年8月15日

中央大学政策文化総合研究所
プロジェクト「近現代日中関係史」
主査　斎　藤　道　彦

目　　次

序

総　　論　歴史認識と現実認識
　　　　──近現代日中関係史論史の問題点── ……… 1
　　　　　　　　　　　　　　　　　　　　斎藤　道彦

　　は じ め に　1
　1．日本の対外膨張政策時代　3
　2．日中戦争終了から中華人民共和国成立までの時期（1945-1949 年）　4
　3．中華人民共和国成立から国交樹立までの時期（1949-1972 年）　5
　4．日中友好蜜月時期（1972-1982 年）　6
　5．日中間摩擦発生期（1982-1998 年）　8
　6．日中対立激化時期（1998-2006 年）　15
　7．日中対立回避模索時期（2006 年～　）　35
　　お わ り に　41

第 1 章　清末日中関係の原型
　　　　──李鴻章による日本人技師招聘過程の考察── …… 47
　　　　　　　　　　　　　　　　　　　　李　　廷江

　　は じ め に　47
　1．背　　　景　50
　2．交渉の過程　53
　3．交渉の内容と諸問題　67
　　お わ り に　78

第 2 章　日本に留学した中国知識人
　　　──周作人と民俗学：性の問題を中心に── ………… 89
　　　　　　　　　　　　　　　　　　　　　　子安　加余子

　　はじめに　89
　1．周作人と優生学　91
　2．エリス『性の心理』の受容　96
　3．猥褻と「民俗」　103
　　おわりに　110

第 3 章　敵か？　友か？
　　　──日本人が見た蔣介石の新生活運動── ……………115
　　　　　　　　　　　　　　　　　　　　　　深町　英夫

　　はじめに　115
　1．疑心暗鬼を生ず──外交当局　117
　2．リトマス紙──民間世論　128
　　おわりに　138

第 4 章　中国抗戦の展開と宣戦問題 ……………………………145
　　　　　　　　　　　　　　　　　　　　　　土田　哲夫

　　はじめに　145
　1．抗戦の危機と宣戦問題　147
　2．国際情勢の転変と宣戦問題　161
　3．太平洋戦争勃発と宣戦問題　170
　　おわりに　178

第5章　占領下日本人の中国観 1945-1949 …………191
　　　　　　　　　　　　　　　　　　　　　　吉見　義明

　はじめに　191
　1．中国に関する世論調査　192
　2．否定的な中国認識と「帝国」意識の存続　197
　3．日中戦争に対する反省　201
　4．中国経験者の反省　204
　5．中華人民共和国との貿易論　211
　おわりに　216

第6章　戦後国民政府による日本人技術者「留用」の
　　　　 一考察
　　　　　　──中国側文書に依拠して──……………223
　　　　　　　　　　　　　　　　　　　　　　鹿　錫俊

　はじめに　223
　1．戦後接収と残留日本人に対する最初の政策　224
　2．3つの原則と具体的な措置　229
　3．アメリカの干渉と中国の対応　232
　4．「10月会議」と留用政策の修正　236
　5．その後の展開　241
　おわりに　245

索　　引

総　論

歴史認識と現実認識
―― 近現代日中関係史論史の問題点 ――

斎　藤　道　彦

は じ め に

　本書は，今日，日中関係を考える上で視野に収めるべきと思われる近現代日中関係史の基本的事実を確認するとともに，近現代日中関係史がいかに論じられてきたかを検討し，「近現代日中関係史論」の問題点を整理することを目的とする．これに関する論稿・資料は厖大であり，私の問題関心に即して取捨選択，限定している．

　日本人の中国に対する関心は高く，日本における中国研究は活発であり，中国研究の歴史もながく，研究者の層も研究の成果も世界各国の中でもっとも厚く高い地域であると言ってさしつかえあるまい．しかしその各種中国論には，歴史的な感情をはじめさまざまな思いが交差しており，研究者の思い入れが強く働いている．戦後数十年にわたる日本人の中国観を形成した主な要素は，①「礼儀の国」，「大人（たいじん）の国」といったイメージによる古代中国文化への敬意と親近感，②日中戦争で被害を与えたことへの贖罪意識，③中華人民共和国を成立させた中国革命への共感・感動などがあげられよう．そこには，1950年から1972年までの20余年間は日中間に国交がなく現実の中国の姿が見られなかったので，観念が中国像をさらに理想化したという要素も

あった.

　こうした中国像は，文化大革命（1966-1976年）に対する愚かしい賛美にまで引き継がれたが，日中国交樹立（1972年），文革破綻（1976年），改革開放（1978年）により日中間の正常な交流が可能になって中国の現実が知られるようになり，事実に即して修正されてゆくこととなる．しかし，中国研究の学界は依然として旧来の意識をひきずり，その想念は一部硬直化，化石化しており，研究と言っても必ずしも学問になりきっていないという問題を抱えており，このしがらみを克服するにはまだまだ相当の時間を必要としているように思われる．

　日本側の中国に対する関心の高さ，熱心さにくらべ，中国では最近に至るまで，日本に対する関心は低く日本研究も活発ではなかった．戦前の中国では，日本に亡命あるいは留学した人々を除けば，日中戦争という痛切な体験を経ているにもかかわらず，日本への関心は著しく低かった．第2次世界大戦終了後，1950年から1972年まで日中間に国交がなかったことは，中国側でも日本認識が形成しにくい要因となったに違いない．

　しかし私の見るところ，中国では1980年代に始まった労働目的あるいは留学目的の日本への関心をきっかけとして，1990年代以降，日本に対する関心がかつてなく高まり，比較的本格的な日本研究も徐々にではあるが増加してきている．主要大学や社会科学院には日本研究所が設置され，研究活動を展開している（例えば後述の李・梁主編『文明の視角からの中日関係』2006年参照）．中国人研究者の対日認識は現在のところ，まだ日本人による研究成果につまみ食い的に依拠しており，せいぜいまだら状に止まるとはいえ，それなりに深まってきており，日本を知らない日本人に日本の歴史・文化・社会の概要を教える教養本が必要になっているのではないかとすら思われるくらいである．

1. 日本の対外膨張政策時代

　近現代日中関係の歴史を日本側から見ると，1868年の明治維新によって日本に民族国家が誕生したことから始まる．それは，1870年の統一イタリアの成立，1871年のドイツ帝国の成立とほぼ時期を同じくしている．日本は，神格を有する絶対君主の天皇制を基軸とする議会制をとり，法整備，産業・軍事・教育など国内各分野の近代化を推進するとともに，対外膨張を追求し，1890年代には日清戦争を遂行し，台湾を植民地とした．1900年代には日露戦争[1]を遂行し，朝鮮を植民地とした．1910年代には中国に21ヵ条要求を突きつけて帝国主義的願望を露わにし，1930年代には事実上の植民地である満州国の樹立を経て，日中全面戦争に突入し，1940年代には戦線を太平洋全域，東南アジアから南アジア東部にまで拡大したが，1945年の無条件降伏によって膨張主義，軍国主義，帝国主義，植民地主義および戦争の時代に幕が下ろされた．

　一方，19世紀中頃から始まった欧米列強による東アジア進出に直面した清朝は，王朝体制と伝統的文化を維持しようとしながらも，日本を参考にして近代化を進めようとしたが不徹底な結果に終わり，日清戦争に敗れた．清朝は1874年，台湾「生蕃」（原住民）による琉球島民殺害に抗議する日本に対しては，「生蕃」は「化外」（野蛮・統治外）の民と言い，日本は「化外」の地は「無主の地」と言ってその後の台湾領有につなげていったのであった（後出林要三論文1996年等参照）．その後，清朝は憲法の制定にも着手したが，清朝体制の打倒をめざす運動が成功し，1912年には大統領（総統）内閣制をめざす中華民国が成立した．孫文らによるこの革命運動には日本人の援助が積極的役割を果たした．中国における民族主義論の代表としては，孫文の三民主義があり，中華民国は1928年に国民政府による全国統一を果たして三民主義を国是とした．しかし，孫文のあとをうけた蒋介石率いる中国

国民党は，中国共産党による軍事的挑戦を受け，「安内攘外」(まず反乱を平定して国内の安定をはかり，しかるのち外国からの侵略に対処する) という政策を選択したが，1937年の盧溝橋事件をきっかけとして対日全面抗戦に踏み切った．

2．日中戦争終了から中華人民共和国成立までの時期
(1945-1949年)

　日本は1945年，連合国に対し無条件降伏した．それから1949年までは，中華民国の時代である．その後，中国共産党は中国国民党との軍事抗争に勝利し，1949年10月，中華人民共和国が成立を宣言し，同年12月には中華民国政府は台湾に移転した．1951年9月，サンフランシスコ講和条約の締結とともに，日米安全保障条約が調印され，1952年4月，日華平和条約が結ばれ，以後，日本政府はアメリカの反共東アジア戦略の下で1972年まで中華民国政府との国交関係を継続し，中華人民共和国は承認しなかった．

　日中戦争の戦後補償問題については，蒋介石は中華民国政府を代表し，「徳を以て怨みに報ゆ」との言葉で賠償請求権を放棄したとされている．それは当時，その「思想的な高さ」のゆえに感激をもって受けとめられ，その認識は今日まで引き継がれているが，実は，①中華人民共和国の成立と中華民国の台湾への撤退，②朝鮮戦争の勃発とそれに対応したアメリカの反共東アジア戦略の優先による日本の位置づけの変化，③台湾に追われた蒋介石が対米関係を重視せざるをえず，日本との国交関係確保を優先する必要があった，などの理由による選択であったと見られる．中華民国政府は，戦争終了以前から賠償請求を準備しており，戦後も日華平和条約締結直前まで賠償を請求し続けていたのであった (後出副島昭一論文1996年，中岡まり論文2007年等参照)．

　最近，1799年から1949年までを対象とした近代日中関係史年表編集委員

会編『近代日中関係史』(岩波書店, 2006 年 1 月) が出版された.

3. 中華人民共和国成立から国交樹立までの時期
(1949-1972 年)

　1949 年に成立した中華人民共和国は, マルクス・レーニン主義を国是とし, 社会主義をめざしたが, 1950 年代の大躍進・人民公社の挫折を経て, 1960 年代には毛沢東絶対権力の確立をめざした文化大革命 (1966-1976 年)[2] に突入し, 大混乱に陥った. この間, 中国の対外戦略は 1950 年代から 1960 年代はじめまでは「反米第一主義・向ソ一辺倒」であったが, 1960 年代中頃から「反米反ソ」に転換し, 1969 年珍宝島 (ダマンスキー島) での中ソ軍事衝突を経てさらに「反ソ第一主義」に転換し, 1972 年, 日本と国交を樹立し, 1979 年にはアメリカとも国交を樹立した.

　中国とアメリカは, 1950 年代の朝鮮戦争で直接戦火を交えた. 1960 年代にはヴェトナム戦争で中国軍がヴェトナムを支援したことにより, 両国には 2 回にわたって軍事抗争をした経験がある. ヴェトナム戦争当時は, 日本には「米中戦争不可避」という議論もあったが, 米中双方ともに全面開戦の意志はなかったと言ってよい. また, 1969 年中ソ軍事衝突でも, やはり中ソ双方ともに全面開戦の意志はなかったと見てよい. アメリカは, 1970 年代になると, 中ソを分断すべく 1960 年代までの中国封じ込め政策を転換し, 中国への接近を開始した. 中国はソ連に対抗するべく, 米日に接近した. 1978 年には, それまでの「自力更生」という鎖国主義的経済政策を根本的に転換し, 改革開放政策の下で資本主義世界の外資を導入し, 外国企業を誘致する政策に踏み切った. 中国は, 1990 年代には「社会主義市場経済」を宣言し, 中国経済は浮揚し, それに伴って大国意識が成長し, 新たにマルクス主義とは無縁の狭隘な民族主義が広がるに至っている.

　1949 年から 1972 年までの間は, 日本と中華人民共和国との間には外交関

係がなかったため，さしたる対立は生じなかった．外交関係はなかったが，終戦後から1950年代には中国在留邦人の引き揚げが実施されていった．1952年には，日本の民間経済団体は中華人民共和国との間に民間貿易協定を取り結んだ．ところが1958年5月，右翼が中華人民共和国国旗を引き下ろす長崎国旗事件が発生し，中華人民共和国政府はこれに抗議して日本との貿易を断絶した．1960年代の文化大革命中には，中国共産党が文革と毛沢東に対する賛美に同調しない日本共産党を「修正主義」と決めつけて「四つの敵」の1つとして攻撃するという一コマもあった．

1972年の日中国交樹立以前に日中間に摩擦が発生したのは，長崎国旗事件を除けば，ほとんど唯一，尖閣諸島の領有問題だけであった．尖閣諸島の領有問題については，日本は1895年1月に領有宣言をし，清朝も中華民国も中華人民共和国も異議を唱えなかったのにもかかわらず，1968年にエカフェ（国連アジア極東経済委員会）の調査によって尖閣諸島付近に石油資源の存在が推定されたのち，中華民国（台湾）が1971年にはじめて領有権を主張し，中華人民共和国も同年12月，領有権を主張し始めた，というのが日本政府の主張・立場である．これに対し，中華人民共和国政府は，尖閣諸島は「中国の固有の領土」と主張し，対立している．1972年国交樹立時，周恩来は尖閣諸島領有権問題は当面棚上げするとの方針をとったが，中国は1992年，「領海法」を制定して尖閣諸島を中国領土と規定した．その後，日本の民間団体や中国民間保釣連合会などが同島に上陸を試み，紛争が起こっている．日本政府は同島を所有者から買い上げ，日本人の上陸を禁止したが，中国政府は中国人の上陸を禁止しておらず，「棚上げ方針」は事実上変更されている．

4．日中友好蜜月時期（1972-1982年）

1971年，ニクソン大統領が訪中した．1972年7月成立した田中角栄内閣

は，アメリカの動きをうけて同年9月，日中共同声明をまとめ，日本と中華人民共和国の間で国交関係が樹立された[3]．台湾の中華民国は，これに抗議し，日本と断交した．1952年には日米安全保障条約に反対し，1969年には「日本軍国主義は復活した」と断定した中国は，1972年には手のひらを返したように日米安保条約と自衛隊を肯定するに至った．以後，1982年頃までの約10年間は「日中友好」の蜜月時代が続いた．

中華人民共和国は，国交樹立にあたって戦後賠償請求権を放棄した．これについても，一般に周恩来首相が「日本人民に過重な負担をかけない」ために賠償請求権を放棄したと述べたので，それに沿って説明されてきた．後出『文明の視角からの中日関係』(2006年)所収厳紹璗論文は，これについて「中国政府は全東アジア地域の戦略的考慮から，日本民族の生存を確保するという条件の下で戦争賠償金を放棄した」(32頁)と述べている．従来は「日本民族の生存を確保する」という「友好的」動機だけが理由と説明されてきており，ここに言う「全東アジア地域の戦略的考慮」が無視されてきた．後出天児慧『中国・アジア・日本』(2006年)も，「未来の日中友好のために『賠償請求を放棄する』と宣言した」(37頁)とだけ書いている．

しかし，これは表面的な理由づけと見られる．中国による戦後賠償請求権放棄方針が朱建栄の言うように1964年に決定されていたかどうか私は確認できないがそれはさておき，1972年の選択としては，1969年のソ連との軍事衝突をうけてソ連主敵論に転換した中国としてはアメリカ・日本との関係改善を急ぐ必要があり，従来反対していた日米安全保障条約を容認し，自衛隊も容認するに至ったのであった．日本との国交を樹立するためには，最大の障害事項は戦争賠償請求権問題だった．中国政府が選んだのは，戦争賠償請求権を放棄することによって日中国交樹立を急ぐという選択であったと見られる．

野沢豊『日中関係小史』(実教出版，1972年12月)は，中国文明形成以来の東アジア，欧米列強の侵略とアジアの目覚め，アジアの「近代化」と日本，帝国主義とアジア，アジアの民族解放運動，中国の内戦と「満州事変」，

日中戦争から太平洋戦争へ，中華人民共和国の成立，現代アジアと日中関係という構成になっている．この時期に出版された河原宏・藤井昇三『日中関係史の基礎知識』（有斐閣，1974年7月）は，アヘン戦争から日中国交樹立までを対象範囲としている．

1978年，日中国交樹立後6年にして日中平和友好条約が締結された．古澤健一『昭和秘史　日中平和友好条約』（講談社，1988年7月）は，福田赳夫首相の条約締結決意に始まる交渉経過を詳しく説明したものである．グループ21『日中関係——平和条約と国際環境』（教育社，1978年）は，著者名が明記されていないが，遣隋使・遣唐使など2000年にわたる日中友好史から説き起こして中国を「日本文化の祖国」（8頁）とし，軍事侵略史と戦争責任を論じ，日華平和条約（1952年4月）を「公然たる中国敵視，中国の内政への重大な干渉」（45頁）と位置づけ，日中平和友好条約締結の重要性を指摘している．尖閣諸島・日韓大陸棚協定などをめぐる対立面も取り上げてはいるが，日中関係の対立激化はまったく予測していない．

日中蜜月期とはいえ，1978年4月には中国漁船100隻が尖閣諸島水域に出入りし，尖閣諸島をめぐる日中領土紛争はくすぶり始めたが，まだ政府間対立にまでは発展していなかった．同年8月には日中平和条約が締結され，鄧小平は尖閣諸島領有権問題を棚上げすると表明した．総理府による調査では，対中好感度は1980年に78.8％と史上最高を記録した．蜜月時代と言うにふさわしい比率であった．大平正芳首相が1972年に供与を表明した日本による対中ODA（政府開発援助）は，日中蜜月時代を象徴するものであった．

5．日中間摩擦発生期（1982-1998年）

日中関係は1980年代に入ると，依然として「友好」が主流だったが，きしみが生じ始める．中華人民共和国政府が日本政府に抗議するという行為を

はじめて行ったのは，1982年7月の歴史教科書問題であった．

「歴史教科書」問題と言っても，これまでに問題となったのは，①日本の中国「侵略」を「進出」と書き換えさせた1982年の文部省による高校教科書検定問題，②1986年の「日本を守る国民会議」による高校教科書『新編日本史』，③2001年の「新しい教科書を作る会」による『新しい歴史教科書』の3件（後出家近・松田・段『岐路に立つ日中関係』2007年65頁，69頁，73頁参照）なのであるが，中国ではおおむね日本の歴史教科書全部が侵略の歴史を否認していると思いこまれている．

ついで，中国は1985年以前には日本の首相による靖国神社参拝を問題にしたことはなかったが，1985年の中曽根康弘首相の靖国神社参拝に抗議し，日中間に摩擦が発生してゆく．さらに，1987年2月，中華民国による所有権を認定した「光華寮」大阪高裁判決，1987年9月の藤尾政行文部大臣発言，1988年4-5月の奥野誠亮国土庁長官発言などとそれらへの中国側からの反発があり，1990年代後半以降の対立激化の種はすでに芽を出していた．

1980年代末から1990年代半ばにかけての時期に，日本国民の対中好感度は低下してゆく．その理由は，①1989年の六・四軍事弾圧事件（いわゆる天安門事件）に始まり，それに続いて，②急増した在日中国人による犯罪の増加，③日本の中止要求を無視した1992-1996年の中国核実験への反感などがあげられよう．ところが，「在日中国人による犯罪」などの事実を語る人々やそれらを報道するマスコミに対して，戦前の「中国蔑視」の復活ととらえ，憤る知識人も存在したが，それは決して論理的でも理性的でもなかった．

鳴霞（在日中国人ジャーナリスト，敬称略．以下同じ）は，中国が反日に転換したきっかけは「(19)84年に本多勝一が『朝日ジャーナル』に『南京への道』という連載を始め，それと連動するように『朝日新聞』も日中戦争中の日本軍の『残虐行為』を書き立てた」のが「きっかけ」（井沢元彦『中国　地球人類の難題』所収，小学館，2007年12月，157頁）だと言っているが，靖国神社参拝問題，教科書検定問題，南京大虐殺問題，日中戦争中の日本軍による毒ガス使用問題，細菌戦問題，日本軍731部隊生体解剖問題，

従軍慰安婦問題，中国人強制連行問題などの提起はすべて中国発ではなく，日本の研究者やジャーナリスト，市民団体などが発掘した問題であった．中国政府あるいは中国「民間」団体などは，それらに依拠して日本批判を開始したのであったが，これらはもともと日本人が戦争の歴史をどう認識するかという日本人自身の問題として提起されたものだったのである．

張声振『中日関係史』（中国語，吉林文史出版社，1986年4月）は，古代・中世紀時期の中日関係，アヘン戦争以来の近代時期中日関係を検討している．王暁秋『近代中日啓示録』（中国語，北京出版社，1987年10月）は，アヘン戦争と日本，太平天国と日本，明治維新と中国，戊戌維新と日本，義和団運動と日本，辛亥革命と日本，近代中国の日本研究の代表作，近代中国が日本を模倣した青写真，中国人の近代日本旅行記などを取り上げている．

天児慧『彷徨する中国』（朝日新聞社，1989年10月）は，中国の六・四軍事弾圧事件の直後に出されており，その前後の中国国内の政治過程を検討したもので，1980年代中国における民主化要求運動，六・四軍事弾圧，中国近代化のイメージ，構造的転換への道，政治体制改革への試みと現実，近代化と社会主義イデオロギー，日中関係論という構成になっている．同書の日中関係論は論点が多岐にわたるが，そのスタンスを一，二取り出してみると，光華寮裁判に対する中国側からの批判については中国側の三権分立への無理解を指摘しつつも，「台湾との平和的統一」の実現を願う（156頁）という著者の立場を表明し，「二つの中国」あるいは「一つの中国，一つの台湾」論が出てくれば，「多くの日本人は何らかの形で反対の意思を表明するであろう」（158頁）としている．最近，田原総一郎もテレビ番組「朝まで生テレビ」で「台湾が独立すべきだと考えている日本人は1人もいない」と断言していたが，この点については後出拙稿『「日中関係・日韓関係」アンケート総合報告書』（2008年）をご覧頂きたい．また，天児同書はチベット問題に関連し，チベットが中国の「不可分の領土」であることは「すでに長期にわたって確立された原則」（158頁）と割り切っており，中華人民共和国の大中華主義的主張を疑いも挟まずに支持している．

また，同書は，1989年の天安門前民主主義要求運動を「89年五四運動」（vi頁）と呼び，1919年の五・四運動について，「『民主と科学の発揚』『腐敗した権力の打倒』を叫」んだ（ii頁），五・四運動は「『民主と科学』をスローガンとした運動でもあった」（29頁）としている．この認識は，中国共産党史関係の教科書にあまねく見られる記述であるが，歴史的事実の誤認である．1919年の五・四運動は「民主と科学」をスローガンとしたことはなく，五・四運動と「民主と科学」を掲げた新文化運動は別物である．また，「腐敗した権力の打倒」を叫んだこともなく，逆に中国政府を激励・支援する運動であった[4]．歴史教科書は，政治主義的に歪んでいることがままあり，教科書に忠実であっても正確性の確保が保証されるわけではない．

　同じく後出天児『中国・日本・アジア』（1999年）でも，「辛亥革命に殉じた宮崎滔天」（21頁），「宮崎滔天のような孫文革命に命をささげた人たち」（40頁）という記述があるが，宮崎滔天は辛亥革命（1911年）に殉じてはおらず，死亡は1922年12月6日である（拙稿「滔天と孫文──『三十三年之夢』まで」，『中央大学論集』第1号，1980年3月参照）．

　後出天児『中華人民共和国史』（2006年）でも，「1919年第1次世界大戦が終結」（6頁）としているが，「1918年」の誤り，「28年4月北伐完成」は「6月」の誤りなどが見られる（「12月」とするものもある）．これらは中華人民共和国前史ではあるが，歴史認識に不正確な点がある．

　以上は些末な誤りにすぎないとも言えるが，歴史認識の正誤を問題にするのなら，議論の前提として，歴史的事実認識の正確性にあくまでもこだわりたい．

　欧米各国が六・四軍事弾圧に抗議し，中国に対して経済制裁を行っている中で，日本政府は人権問題ににぶい日本の特色を生かしていち早く制裁を解除し，対中ODAを再開して中国の1990年代の経済発展に多大な貢献をしていった．その結果，中国は1990年代に「世界の工場」と呼ばれるまでに経済的急成長をとげたのだった．多くの日本企業は中国に工場を建設し，その反面，日本国内は「産業の空洞化」という事態に立ち至り，「10年の空白」

と呼ばれる不況にあえぎ,リストラが進められていったのだった.

1992年10月,はじめての天皇訪中が実現した.林代昭『戦後日中関係史』(中国語,北京大学出版社,1992年12月.その後,渡邊英男訳,柏書房,1997年11月あり)は,戦後の両国間の交流開始,往来の拡大,逆流,交流の再開,再度の冷却化と国交正常化の動き,国交正常化と中日友好条約,1970-1980年代,胡耀邦訪日以降,を扱っている.小林文男『日中関係への思考』(勁草書房,1993年1月)は,日本の中国侵略,平頂山,強制連行と原爆被害,銭青・李華飛・賈植芳・張京先ら戦前期中国人留日学生の記録,胡耀邦・原百代らへの追憶を収めている.

1994年,中国政府は「愛国主義教育要綱」を定め,全国各地に「愛国主義教育基地」を設置していった.これは,マルクス・レーニン主義・毛沢東思想がもはや国民統合のイデオロギーとして機能しなくなったための代替措置と見られている.この「愛国主義教育」が「反日」を醸成していると見る向きもあるが,私の見るところ,「愛国主義教育」もさることながら,テレビで日々繰り返し放映されている「抗日戦争」ドラマの影響はもっと深刻だと思われる.そこに登場する日本人は,例外なくわかりやすい悪者であり,子供や青年たちをはじめとするすべての年齢層の中国人が「日本人=悪者」というイメージをつくりあげるのは,こうした社会教育が大きく貢献していると見られる.

1995年は,日中戦争・東アジア太平洋戦争終結50周年にあたっていた.この年,出版された吉見義明『従軍慰安婦』(岩波書店,1995年4月)は,標題についての啓蒙書である.同年8月,村山富市首相は,いわゆる村山談話を発表した.1997年に発生した東アジア通貨危機は,その後の東アジア共同体構想の探求へとつながってゆく.

山田辰夫編『日中関係の150年——相互依存・競存・敵対』(東方書店,1994年8月)は,6本の「問題の所在」の指摘の下に,王暁秋「19世紀中葉の中日文化交流」,川勝平太「清代中国と徳川・明治期日本の比較文明考」,王慶成「黎庶昌と日本」,中村義「近代日中関係史における『シナ』・『大陸』

浪人について」，朱宗震「日本が中国善後借款国際銀行団に参加した時代的意義」，鄭則民「ワシントン会議前後の中日関係」，桑兵「1890～1930年代の日本の中国におけるマスメディア業」，沈予「盧溝橋事変以前の日本の対華政策の特徴」，斉福霖「最近6年来の中日戦争史研究の状況と今後の展望」，副島昭一「日中戦争——植民地帝国と中国ナショナリズム」，樊勇明「戦後中日関係の再思考」，真鍋一史「日中相互イメージの諸相とその変化の方向」など12篇の論文を収めている．うち8篇が中国人と見られる．「問題の所在」4本が日本人によるとはいえ，国際交流に反対であるわけではないが，日本における学術活動の自主性という点で，いかがなものかと思われる．安易ではあるまいか．

池田誠・倉橋正直・副島昭一・西村成雄編『世界のなかの日中関係　上巻』（1996年4月）は，池田「20世紀世界のなかの日中関係」，林要三「中華世界秩序の動揺と日本の登場」，倉橋「中国における阿片・モルヒネ問題と日本」，林原文子「中国関税問題と日本の紡績資本——1910年代から20年代へ」，高綱博文「ワシントン体制と孫文の大アジア主義」，郎維成「『満州国』とその崩壊」，笹川裕史「日中戦争と中国の戦時体制」，楊奎松「米ソ冷戦と毛沢東戦略の展開」，副島「冷戦体制下の日中関係」，古厩忠夫「文化大革命と日本」，加藤弘之「中国経済の国際化と日本の対応」，沢田ゆかり「華南経済圏と日本」，西村「20世紀東アジア政治空間における中国と日本」の13篇の論文を収めている．

同書中の池田論文は，日本の一部で進行中の日中戦争を侵略戦争とする歴史評価の「見直し」の動きについて，林房雄『大東亜戦争肯定論』（1964年），中村粲『大東亜戦争への道』（1990年），粉川宏「現行教科書を焚書にせよ」（1986年），中嶋嶺雄「中国に呪縛される日本」（1986年），長谷川慶太郎『さよならアジア』（1986年）などを取り上げて批判し，明治以来の日本の大陸政策史を辿り，抗日戦争における国民党路線と共産党路線を対比している．林論文は，琉球問題を取り上げ，廃藩置県による沖縄県の設置をめぐる交渉過程を検討し，日本が沖縄を支配下においたことは「中華世界秩序の否

認」を意味したとする．副島論文は，第2次世界大戦の終結と日本・中国，対日講和と中国，日中貿易の再開と冷戦，中国社会主義の曲折と日本という構成で，第2次世界大戦終結後の米ソ対立開始の中でのアメリカの対日政策の転換および戦後日中貿易を検討している．

同書中の西村論文は，「日中関係史の方法論的考察」を目的として，「帝国」的構成を持つ「多民族的」国家と「国民国家」的構成を持つ「単一民族的」国家を対比し，「帝国的構成」は対外的拡張原理と対内的凝集原理を持ち，中国では「救亡」イデオロギーが「大同社会」イデオロギーと「社会主義・共産主義」イデオロギーを媒介したとする．さらに，中国の「帝国的構成をもつ中華世界」が国民国家に凝集する過程と日本の国民国家的凝集過程とがどのように交錯するかが問題とし，日本は中華帝国システムの「周辺」から離脱し，アジアでの「半中枢」化を志向し，中国が国際社会のメンバーになることを拒否したい心理的衝動が働いたとする．中国における国民政府の成立は世界システム内「半周辺」的地位の獲得であり，第2次大戦においては連合国の「半中枢」的地位を獲得し，「救亡」政治空間と「救国」政治空間が出現し，中華人民共和国において「中華世界的国民国家」が成立し，一旦「資本主義的国民国家体系」から退出したものの，中ソ対立を経て「資本主義的国民国家体系」に回帰したのであり，日本は中国を国民国家として全面的に承認するとともに中華世界的磁場に対処しなければならず，「普遍的原理」として「環境保全機構」の創設が考えられると論じている．

1つの説明ではあるが，論理構成が密でなく，現代日本が中国を国民国家，主権国家として認めていないなどという事実はない．国際的にはむしろ中国の「国民国家」の内実である政治システムの非民主制，国内民族関係のあり方が問題視されており，日本はそれらの改善・解決にいかなる貢献ができるのかが問われていると問題を立てなければならないように思われる．

1990年代に，世界構造は大きく変化した．1917年のロシア10月革命ののち誕生したソ連は，1991年12月に崩壊した．これによって，第2次世界大戦後ながく続いた「米ソ対立」時代は幕を下ろし，軍事面での世界構造はア

メリカ一強時代に移行した．中国は，1990年代以降の中国経済の急成長によって「世界の工場」と呼ばれるようになり，経済面でも世界構造の変動が起こった．

6．日中対立激化時期（1998-2006年）

　1998年から2006年に至る約8年間に及ぶ日中間の対立激化に関連する主な事項をあげてみよう．

　1998年11月，江沢民中国共産党総書記・国家中央軍事委員会主席・国家主席が訪日し，「歴史問題での日本の反省と謝罪」を要求した．2000年9月，黒竜江省で日本軍に遺棄されたとされる化学（毒ガス）兵器の日中共同の発掘回収・処理作業が始められた．2001年1月，台湾の李登輝前総統が訪日し，中華人民共和国政府が日本に抗議した．同年8月，小泉純一郎首相が選挙公約に基づいて靖国神社を第1回参拝し，中華人民共和国政府は日本に抗議した．その一方で，小泉首相は同年10月，盧溝橋を訪問した．2002年4月，小泉首相は，靖国神社に第2回参拝を行い，中華人民共和国政府はこれに抗議した．同年5月8日，瀋陽の日本総領事館に北朝鮮からの脱北者数名が保護を求め，中国公安（警察）は日本総領事館の許可を必要とする同館内に立ち入って彼らを拘束した（瀋陽総領事館事件）．同年6月，中国人・香港人が舟で尖閣諸島に上陸しようとし，日本の海上保安庁に阻止された．同年同月，日本の国会は有事3法案を可決した．同年8月，中国のチチハル市で40数名が遺棄毒ガス弾によって火傷を負った．2003年1月，小泉首相は靖国神社に第3回参拝し，中華人民共和国政府は日本に抗議した．同年6月，福岡県で日本人一家4人が中国人留学生・就学生に惨殺される事件が発生した．2004年1月，小泉首相は靖国神社に第4回参拝し，中華人民共和国政府は日本に抗議した．同年8月，サッカー・アジアカップの試合が重慶・北京で開催され，反日行動が引き起こされ，日本大使館の公用車が破壊され，

国旗が燃やされた．2005年4月，「日本の国連常任理事国入り反対」などを掲げた反日運動が中国数都市で発生した．同年10月，小泉首相は靖国神社に第5回参拝し，中華人民共和国政府は日本に抗議した．2006年8月，小泉首相は靖国神社に第6回参拝し，中華人民共和国政府は日本に抗議した．

　この時期に天児・石原・朱・辻・菱田・村田編『岩波現代中国事典』（岩波書店，1999年5月）が，出版された．何応欽・譚延闓など重要人物の事項がないのはいかがかと思うが，中国近現代史や現代中国の動向に関する基本的な知識が整理されている．

　1990年代半ば以降，日本国民の対中好感度が著しく悪化していった要因を整理すると，前にあげた3点に続けて，①靖国神社参拝・歴史教科書問題などをめぐる中国政府の強硬な謝罪要求に対する反発，②中国による尖閣諸島領有権主張，「沖ノ鳥島は島でない」主張，中国原子力潜水艦の領海侵犯，東シナ海ガス田開発問題などの領土・領海問題，③2002年5月瀋陽総領事館事件での主権侵害行為，④中国船による活発な日本周辺海域での調査活動，⑤2004年8月サッカー・アジアカップなどでの反日騒動，2005年4月「日本の国連常任理事国入り反対」反日デモ，⑥対中ODAに中国からの感謝がないという不満，⑦中国による日本技術の盗用，⑧中国の軍事力増強，⑨中国からの輸入食品の残留農薬，人体に有毒な中国製薬品・衣類・おもちゃ，2008年中国製冷凍餃子中毒事件などによる健康不安と被害，⑩チベット弾圧，などがあげられよう．要因は実に多岐にわたり，中国イメージの深刻な悪化を生み出している．2005年の内閣府（旧総理府）による調査では，対中好感度は32.4％と史上最低を記録した．日本人の対中好感度が過去最高だった1980年と比較するなら，日本人の約半数が中国に対して「好き」から「嫌い」に変わってしまったのである．この国民レベルの変化の原因を「日本の保守化」という「日本要因」に求めるのか，以上にあげた「中国要因」に求めるのかという問題があるが，私は後者であると見る．

　これに対して，中国政府・中国人が反日的姿勢を強める理由としては，①尖閣諸島領有権問題，②台湾問題，③歴史教科書問題，④1985年中曽根首

相以来の靖国神社参拝問題，⑤従軍慰安婦等の日中戦争中の被害についての民間人による補償要求問題，残留毒ガス被害の補償要求問題，⑥2003年9月広東省珠海での日本人の集団買春事件，⑦同年10月西北大学日本人留学生寸劇事件，⑧2005年日本の国連常任理事国入り問題などがあげられよう．

日中関係の歴史を見てゆくと，理論問題としての「民族主義」が浮かび上がってくる．ところが，政治学の領域では「民族主義」を理論的に検討し，その歴史を全面的に把握しようとする試みは意外に少ないようである．拙稿「中国近代と大中華主義——清末から中華民国へ」（中央大学人文科学研究所編『民国前期中国と東アジアの変動』，中央大学出版部，1999年3月）は，中国近代における大中華主義の形成過程を分析したものであり，排満中華論と拒俄（ロシア拒否）運動における「中国人」意識，漢族意識の高揚，「中華民国」という国号，「五族共和」論への移行，対「三荒服」政策，「大中華」主義の形成・確立過程を検討している[5]．

小坂井敏晶『「民族」という虚構』（東京大学出版会，2002年10月）は，「民族を実態的な基礎単位として捉える発想自体が問題にされるべき」(ii頁)，「民族同一性を根本的に規定しているのが，記憶の働き」(iii頁)，「血縁という概念は本来，主観的なもの」(41頁)とし，「民族」という観念は虚構にすぎないと断じた刺激的な議論である．私も血筋・血統などという区分には，せいぜい目に見える家族・親族の範囲以外では何の説得力も感じないし，小坂井の議論は説得的だと思うが，「民族」が「虚構」であるのに，「民族のためなら死んでもよい」と思わせるほどに強力な力を持つ現実をいかに説明するのか，皆が「民族主義は虚構」と認識したら民族主義問題は解消するのかという問題がなお残ると思われる．

『人民日報』論説委員であった馬立誠は，中国において反日的な機運が盛り上がっているさなか，『戦略と管理』2002年第6期（12月）に「対日関係の新思考」を発表し，話題を呼んだ．折しも中国では2001年，女優の趙薇が日章旗と見られるデザインの服を着たため，暴力を加えられるという事件が起こっていた（趙薇事件）．馬立誠は，こうした動きを「ファシズムが生

み出す群集心理メカニズム」の1つである「『愛国主義』を隠れ蓑にした世論暴政」と批判し，1990年代に台頭した中国の民族主義には「自大」と「排外」という特徴があるとし，さらに日本の海外派兵を恐れる必要はない，とまで述べている．この一文を含む馬立誠（杉山祐之訳）『＜反日＞からの脱却』（中央公論社，2003年10月）が日本で出版された．馬立誠（箭子喜美江訳）『日本はもう中国に謝罪しなくてよい』（文藝春秋，2004年2月）は，中国政府が歴史問題について日本に対し繰り返し繰り返し謝罪を要求する中で，日本はもう十分に謝罪しているのでこれ以上謝罪するには及ばず，中国は日本の土下座を要求しても国益にはつながらない，と論じた．

　馬立誠の主張は，中国からの中国国内のナショナリズム批判の発信として日本では注目されたが，彼の理性的主張は中国国内では少数者の支持しかえられなかった．それは中国の現実であり，あたかもかつての軍国主義日本における反戦の主張の境遇にも似ている．馬立誠も，中国「愛国者」の制裁を受けたと言われる．

　楽山主編『伏流　狭隘な民族主義に対する批判と省察』（≪潜流　対狭隘民族主義的批判与反思≫，中国語，华东师范大学出版社，2004年8月）は，狭隘な民族主義の群集心理が渦巻く中国国内からの勇気ある批判として歴史的に貴重である．

　坂元ひろ子『中国民族主義の神話――人種・身体・ジェンダー』（岩波書店，2004年4月）の標題は，私の問題関心からすると魅力的なのだが，内容は主としてジェンダー論的視角からのもので，問題関心の違いと言わざるをえず，民族主義問題を正面から取り上げているとは見られない．王敏『中国人の愛国心　日本人とは違う5つの思考回路』（PHP研究所，2005年10月）は，中国人の愛国心についての考え方を説明し，日本人の理解を求めようとしたものだが，愛国心とはおよそ次元の異なる「修身斉家治国平天下」という儒教の徳目を「中国における愛国の始まり」（26頁）としたり，ノーマン・ベチューンや孟母を愛国者としてみたり（49頁，50頁），現代の学生たちが「愛国」を叫ぶのは「『士』として認めてほしいという願望も含まれ

ている」（31頁）としたり，1915年の対華21カ条要求の説明の部分で日本が中国人に「日本語を強要」（39頁）したとか，五・四運動のスローガンに「打倒孔子」が入っていた（128頁）などといった目を白黒させるような明白な誤りもあるなど，首を傾げざるをえない説明が少なくない．また，「『愛国無罪』という言葉は，1930年代の七君子事件に端を発しているといわれる」（40頁）と言うが，使用事例もあげておらず，およそ説得力に乏しい．

　国分良成『中華人民共和国』（筑摩書房，1999年9月）は，中国とは何か，中国の世界，世界の中国，21世紀の中国という構成になっているが，「中国革命は抗日戦争となり，その中心は共産党であった」（32頁）という認識は旧来の中国共産党史観そのものであり，その後の胡錦濤報告でも「国民党が主戦場を戦った」と訂正されているところである．これと同年に出た天児慧『中華人民共和国史』（岩波書店，1999年12月）は，「ナショナリズムと伝統を結ぶ軸が近代化の進展と国際インパクトの中でどのように再生されてゆくか」（vi頁）という問題関心を立て，人民共和国前史，社会主義建設の模索，プロレタリア文化大革命，曲折する近代化への転換，改革開放路線と天安門事件，脱鄧小平と富強大国への挑戦という構成になっているが，「中華諸民族の悲願」（31頁）といった表現や中国共産党11期3中全会（1978年）についての「厳かに『党と国家の重点工作を近代化建設に移行する』と宣言された」（123頁）などといった記述には，視点が中国共産党史観から自立していないのではないかと感じさせられる．

　2001年，中国はWTO（世界貿易機関）加盟を果たした．曽田三郎編著『近代中国と日本——提携と敵対の半世紀』（御茶の水書房，2001年3月），曽田「清末の政治・憲政視察団と日本」，中田昭一「華北における近代銀行業と銀号」，水羽信男「ある中国共産党員と大正期の東京」，松重充浩「植民地大連における華人社会の展開」，金子肇「1926年の訪日実業視察団と『中日親善』」，笹川裕史「中華民国時期の土地行政と日本」，富澤芳亜「『満州事変』前後の中国紡織技術者の日本紡織業認識」，小池聖一「『提携』の成立」，貴志俊彦「天津租界電話問題をめぐる地域と国家間利害」，丸田孝志「華北傀儡政権に

おける記念日活動と民俗利用」など10篇の論文を収めている．杉原達『中国人強制連行』（岩波書店，2002年5月）は，標題についての啓蒙書である．

家近亮子『日中関係の基本構造』（晃洋書房，20003年11月）は，日中韓に横たわる2つの基本問題として台湾問題と歴史認識問題をあげ，今日の日中関係を決定づけた9つの歴史事項として，江戸時代の海外事情報告書である『風説書』，福沢諭吉の「脱亜論」，日清戦争，「大日本帝国憲法」と清朝の「欽定憲法大綱」，「対華21カ条要求」，日中戦争，蔣介石の「以徳報怨（徳を以て怨みに報ゆ）演説」，中華人民共和国の成立と日華平和条約，日中国交回復をあげている．

以下に，同書中，私が見解を異にする点のみをあげてみる．

①家近は，台湾を中国の「固有の領土」（64頁）とするが，「固有の領土」とする根拠はない．

②家近はさらに，蔣介石の1945年8月15日の「以徳報怨演説」と呼ばれる演説を全文訳出している．家近が指摘しているように，この演説では蔣介石は「以徳報怨」という言葉は使っていないのであるが，終戦直後からこの蔣介石演説は日本で「徳を以て怨みに報ゆ」と蔣介石が言ったと信じられてきた．しかし家近は，この演説で「示された蔣介石の基本的対日姿勢が1952年2月の日華平和条約による賠償請求権の自発的放棄という政策に結びついていった」（131頁）と見なす．この見解は，蔣介石の「以徳報怨」という思想が賠償請求権の放棄という政治判断の根拠であるという通説を肯定するものであるが，事実関係は異なると見られる．

③家近は，1947年「中華民国憲法」について，「総統個人に権力が集中している」（156頁）と中国共産党の観点を肯定しているが，私は通常の大統領内閣制憲法の一種であると考える[6]．

④家近は，周恩来による「賠償請求権放棄」を「復交三原則」（①中華人民共和国が唯一の合法政府，②台湾は中華人民共和国の不可分の領土，③日華平和条約廃棄）から説明しているだけで，中国の反ソ戦略が視野に入っ

ていない．

　毛里和子・張蘊嶺編『日中関係をどう構築するか』（岩波書店，2004年3月）は，日本人論客7人，中国人論客6人による討論，論稿を集めたものである．総合討論では，毛里は中国の現状について「言論の多元化・自由化が進んでいる」（4頁）と言い，楊伯江も「中国は自由化・民主化が進み」（9頁）と言っているが，経済の急速な発展に比して民主化は「纏足女の歩みのように遅々としている」と言っても言いすぎではあるまい．張蘊嶺は「中日関係で最低限守らなければいけないことは，日本の首相は靖国神社を参拝すべきではないということ」（12頁）と中国政府の主張を代弁し，毛里は中国が「靖国参拝をシンボル化させてしまったのがまずかった」（14頁）と指摘し，王逸舟は北朝鮮による日本人「拉致問題を多国間協議の場に持ち出すと，それが攪乱材料」になる（22頁）と主張し，藤原帰一は「中国の核放棄は，地域の安定に大きな貢献」（23頁）となると述べているが，いずれも言いっぱなしで相手方の反応がなく，討論になっていない．

　同書所収天児慧「日中外交比較から見た日中関係」は，日本は「米国か，中国か」ではない「自主自立・是々非々外交」をとるべきと主張する．楊伯江「中国の対日認識の変化」は，主として中国民間の動向を分析したもので，それは「多様化」，「理性化」，「多角化」していると言い，インターネットの役割が大きいとする．さらに，日本人は中国を「正常な国家」として受け入れる「対中新思考」が必要と主張し，「中国の民族主義」はそれほど強くはないと言っているが（64頁），その後に起こった2004年，2005年の反日運動の現実を説得的に説明できているとは到底思えない．

　同書所収村田雄二郎「中国のナショナリズムと近代」は，中華人民共和国が「旧藩部（チベット・モンゴル・新疆）統治の根拠を歴代王朝の宗藩関係に求め，それを近代的な主権支配に置換することで，民族統合の正当性を主張」しており，「歴史的な華夷秩序の観念が，近代国民統合を支える論理にそれとなく滑り込んでいる」（79頁）と指摘している．

　この論点は的確であり，私は基本的に賛成である[7)]．現代中国（中華人民

共和国）が「中華民族」を形成・合理化する「根拠」として最大限活用しているのは，現実の「領土」の住民であるという「実効支配」の現実であること，現代「国家」観念としての「中国」を「地域」（地理）概念たる「中国」と意識的無意識的に混同し，前近代「中国」地域がすべて現代国家たる「中国」の「固有の領土」であったのであり，現在の「中国」国家の域内に居住する諸民族は前近代から「中華民族」の一員なのだと強弁するという論法があることを，蛇足ながら付け加えておきたい．台湾がチベット・モンゴル・新疆と違うのは，中華人民共和国の実効支配が及んでいないという点であり，中国人意識を持つ国民党と中国人ではなく台湾人であるという意識を持つ民進党などが存在することである．21世紀東アジアにおける国家関係を考える上で，「中華民族」問題の検討は避けて通れない重要課題であろう．

　同書所収兪新天「東アジア・アイデンティティの胎動——文化の視座から」は，東アジアには「心理的，文化的なアイデンティティ」（87頁）が存在するとする．王勇「グローバル化と東アジア——国際政治経済学の視点」は，グローバル化が「商品・資金・情報・人員が（部分的に）地球規模で自由に移動し，経済活動にかかわる諸要素が地球規模で合理的に配置されること」，「資本主義市場経済の時間的・空間的発展過程」（116頁）とかなり肯定的に規定するとともに，マイナス効果も指摘している．山本吉宣「グローバル・システムのなかの日中関係」は，安全保障・経済を論じている．中国政府の政策決定に関与していると見られる張蘊嶺は「経済のグローバル化のもたらすチャンスと挑戦」で，グローバル化の肯定面と否定面を論じている．藤原帰一「帝国と大国のあいだ——日本にとってのアメリカ・中国にとってのアメリカ」は，アジア冷戦下でアメリカが米中国交樹立によって「アジア地域への関与からアメリカが緩やかに撤退」（207頁）しつつあるととらえる．毛里和子「新たな日中関係を構築する『新思考』のために」は，時殷弘・馮昭奎・金熙徳・龐中英・張睿壮・張沱らの対日政策論を紹介し，日本をテーマに「自由」な議論ができるようになった（231頁）と指摘しているが，許容範囲と許容されざる範囲のあり様を観察することが必要と思われる．

桜美林大学・北京大学共編『新しい日中関係への提言——環境・新人文主義・共生』(はる書房, 2004年3月) は, 34篇の論文を収めている. そのうち, 衛藤瀋吉「過去の日本人と将来の日本人」は, 明治以降の宮崎滔天・岸田吟香・大井憲太郎らの征服・干渉は善なりとする思想を紹介し, すでにそうした植民地時代が終焉したこと, 日本の新しい国際貢献のあるべき姿は何かについて語っている. 猪口孝「21世紀の日中関係の展開のシナリオ」は, 21世紀第1四半期において, ①アメリカの圧倒的な強さは変わらない, ②中国の経済発展は社会的政治的な変化をもたらし, 政治体制の変更は不可避, ③日本の経済発展は低水準に推移するという見通しの下に, 「民主的な中国と民主的な日本の対」(94頁) が成立すると楽観的な展望を語り, 当面の「中国外交は民族主義一本槍からより多くの工夫をしてゆくだろう」(98頁) と予測している.

国分良成編『現代東アジアと日本2 中国政治と東アジア』(慶應義塾大学出版会, 2004年3月) は, 15篇の論文を収めているが, そのうち, 小島朋之「相互補完の日中関係——正常化30年以後」は, 胡錦濤政権の対日積極姿勢, 対立と摩擦の深まり, 国民間の相互イメージは悪化, 相互補完の構造化, 1972年の国交正常化以来の「善隣友好」から1998年「日中共同宣言」で提起された「友好協力パートナーシップ」へ, 江沢民から胡錦濤への政権交代による対日新思考外交を検討し, 彭真 (当時, 全人代常務委員長) の「歴史は歴史, 現在は現在, 未来は未来であり, いまは未来に着眼し, 前向きに見ていかなければならない」という発言 (1985年9月) を紹介し (211-212頁), 結論としている. 小島は, 日中関係がすでに「簡単に対立・衝突ができないほどに相互補完の関係が構造化している」(195頁) と指摘しつつ, 「関係の冷却化, 相互イメージの悪化をことさらに強調する論調が目立っている」(196頁, 198頁) と繰り返し述べており, そうした論調があたかも悪意があり, 不正確だと言わんばかりだが, その後の行論で小島自身も確認しているように, 経済関係が不可分の関係になっていることは事実であるとはいえ, 政治的関係が冷却化し, 相互イメージが悪化していたことも一面

の深刻な事実であった．

　毛里和子『日中関係　戦後から新時代へ』（岩波書店，2006年6月）は，戦後日中関係史をテーマとしており，冷戦下日中関係，日中正常化，中国の近代化と日本，日中関係の構造変化，2005年反日デモ後の日中関係はパートナーとなりうるか，を検討している．岩波新書と言っても，でき映えにはピンからキリまであるが，これは秀作である．

　日本でも中国でも，1997年東アジア通貨危機の後を受け，EUの成立をモデルとした「東アジア共同体」構想が語られるようになった．2003年12月，小泉首相は「東アジア共同体」設置を提唱した．中国でも，2004年には「東アジア共同体」構想が推進されるようになった．日本では一部には，対米協調一辺倒でやってきた日本にとってアメリカがいつまでも頼りになるのかという不安感からアジア回帰すべきだという発想を含んでいたが，中国側には「東アジア共同体」設立によって東アジアにおけるアメリカのプレゼンスを排除しようという意図があると見られた．したがって，「東アジア共同体」構想は，東アジアにおけるアメリカのプレゼンスをどうするのかという問題をめぐる綱引きが伴ったのであった．「東アジア共同体」構想のもう1つの問題点は，台湾の位置づけをどうするのかという点である．日中どちらの側からも，現状では台湾の存在を尊重する視点は出てきにくいが，この点をどうするのかという問題が宿題となっている．

　谷口誠『東アジア共同体』（岩波書店，2004年11月）は，東アジア地域統合の必要性，ASEANから「東アジアコミュニティ」構想へ，地域統合の障害，「東アジア経済共同体」の可能性とメリット，「東アジア経済共同体」，「東アジア共同体」，という構成で検討している．2005年12月には，クアラルンプールで第1回東アジア・サミットが開催された．

　山田吉彦『日本の国境』（新潮社，2005年3月）は，標題についての啓蒙書である．

　日中関係の対立解決のもう1つの道として探求されているのが，日中韓三国間の共通歴史教科書の編纂という課題である．その1つの成果として，日

中韓3国共通歴史教材委員会の執筆になる『日本・中国・韓国＝共同編集 未来をひらく歴史　東アジア3国の近現代史』(高文研，2005年5月)が発表された．その構成は，開港以前の3国，開港と近代化，日本帝国主義の膨張と中韓両国の抵抗，侵略戦争と民衆の被害，第2次大戦後の東アジア，21世紀の東アジアの平和のための課題となっている．1つのたたき台として受けとめたい．

　日本の首相・大臣などによる靖国神社参拝を中国がはじめて問題とするのは，すでに触れたように中曽根首相の1985年参拝だったが，重大問題化したのは小泉首相(2001年4月就任)が「毎年参拝」という公約に基づき同年8月参拝し，中国政府が2002年から2006年まで相互訪問による首脳会談を拒否するという強硬な対応をとったことによる．

　靖国神社については日本では多数の著作があるが，高橋哲也『靖国問題』(筑摩書房，2005年4月)は，靖国神社が「感情の錬金術」によって不幸を幸福に転化する装置であること，歴史認識とは植民地主義の問題であること，靖国神社の非宗教化は不可能であること，江藤淳の文化論的靖国論批判，国立追悼施設の問題点などについて検討を加えている．岸田秀・三浦雅士『靖国問題の精神分析』(新潮社，2005年9月)では，三浦が靖国神社参拝を否定し，岸田が参拝を肯定している．『文藝春秋』2005年8月号「決定版　日中韓『靖国参拝』大論争　靖国参拝の何が悪いというのだ」は，櫻井よしこ(ジャーナリスト)・田久保忠衛(杏林大学教授)・劉江永(清華大学教授)・歩平(当時，中国社会科学院近代史研究所所員，2008年現在，所長)による靖国・東京裁判・南京事件・歴史認識・台湾・チベットなどをめぐる討論である．拙稿「日中関係を考えるひとつの視点」(中央大学『草のみどり』第198号，2006年8月)は，靖国参拝は日本の戦争総括という点で適切ではないとするとともに，靖国参拝一点にしぼり相手の譲歩を要求し続けている中国政府の選択は「感情がかちすぎて理性が不足し，節度に欠け大局観を見失っている」と批判し，日中関係悪化には「中国要因」が大きく働いているとしている．

中国でも，靖国神社についての本格的な著作が現れた．華民編著『靖国神社の秘密を暴く』（华民编著《靖国神社大揭秘》，中国語，世界知識出版社2005年8月）は，靖国神社を「日本軍国主義の精神的支柱」とし，日本軍国主義の招魂の旗，日本軍国主義の精神的支柱，百年戦争記念館，日本右翼の茶番劇の舞台，「靖国神社崇敬会」と「報答英霊会」，各地の護国神社，日本全国に存在する侵略戦争記念物，皇民化の精神的アヘンとしての台湾の神社，中国大陸の日本神社，日本神道教・神国論および皇国史観という構成となっている．

加々美光行・王敏らの「『愛国無罪』コメント」（2005年4月20日『朝日新聞』）．2004年，サッカー・アジアカップをめぐって反日キャンペーンが行われたのち，2005年4月，反日運動が起こったが，そのスローガンの1つとなった「愛国無罪」について，同年4月20日付け『朝日新聞』がこのスローガンは1919年の五・四運動で使われたとする加々美光行愛知大学教授のコメント，1930年代の抗日戦争のさい使われたとする王敏法政大学教授のコメントなどを掲載した．これについて，私は同紙に対し事実関係について質問したのだが，加々美・王敏両氏から回答がなかった．そこで同紙に以下の一文を寄せたが，同紙から掲載を拒否されたので[8]，ここに採録する．

「2005年4月反日運動と『愛国無罪』スローガンについて」

2005年4月20日付け『朝日新聞』に「愛国無罪」についての記事が掲載された．この記事には，いくつかの点で疑問があるので，私見を述べてみたい．

①この記事のなかで加々美光行愛知大学教授は，1919年の五・四運動でこの言葉が使われたのではないか，と言っている．私は五・四運動の研究をしたことがあるが，寡聞にしてこの言葉が使われた事例を知らない．もちろん私が知らないからと言って，五・四運動の中で「愛国無罪」というスローガンがなかったという証明にはならないが，あったと言うのならどこで使われたのか，加々美教授に教えを請いたい．

②この記事は，五・四運動について，「軍閥政府が日本などの一方的な要求に屈したとして」起こされた抗議運動であると説明しているが，不正確である．五・四運動は，第一次世界大戦の終了後開催されたパリ講和会議が，それまでドイツが持っていた山東省の権益を日本が引き継ぐという密約に抗議したもので，反政府というよりもむしろ北京政府の後押しをしようとした運動だった．5月4日のデモは，総統府にも日本公使館にも向かわず，「親日派」と見られた3官僚に怒りが向けられたものであった．この記事は，1915年に北京政府が対華21カ条要求（うち一部取り下げ）を受け入れたことと混同しているのだろう．他紙においても，五・四運動は「反帝国主義・反封建主義の愛国運動」，「売国的な軍閥に対する反対闘争」といった誤った説明が行われている．

③この記事の中で王敏法政大学教授は，「愛国無罪」というスローガンは「1930年代の抗日戦争のときに使われたのは間違いないだろう」と言っている．私はやはり，このスローガンが抗日戦争のときに使われたという事例を知らない．いつどこで使われたのか，王敏教授に教えを請いたい．この記事は続けて，「実際，抗日戦争がテーマの小説や映画ではよく登場する言葉だからだ」と説明している．私は同じく小説や映画にこの言葉がよく出てくるかどうかは知らないが，かりにそうであるとしても，それらは後世に作られたものなのだから，抗日戦争中にこの言葉が使われたことの証明にはならないのではないか．

以上3点は事柄の性格上，「歴史認識」にかかわる問題であり，「歴史認識」問題を重視するのなら，根拠を明確に示して語られるべきではないか．

④加々美教授は，この言葉が使われたことは「デモが『官製』でないことの証拠」としている．同氏に限らず，少なからぬマスコミは2005年4月反日運動について，このデモは民衆の自然発生的な運動であり，中国政府は対策に苦慮しているという筋書き・推測を疑う余地のないことででもあるかのように流している．

しかし，例えば北京のデモ隊が警察によって日本大使館に誘導されたこと，

大使館・領事館・商店に対する破壊行為を警察がいるにもかかわらず一切規制しなかったこと，中国政府はデモによる破壊・傷害行為に対して責任はないと言明し，謝罪を拒否していることなどから見て，今回の運動の黒幕は中国共産党・中国政府であり，デモは半官半民の運動であったと見ることも十分可能ではないか．中国の党・政府の全部ではないまでも少なくとも有力な一部の人々が関わっていたと見たほうが説得力がありそうに思われる．また，少なくともそうではないと言えるだけの「証拠」はなさそうだし，「愛国無罪」というスローガンが叫ばれたことがデモが自発的なものだったことの「証拠」というのは，あまりにも根拠薄弱ではないか．

その後，中国政府は破壊された施設について補償することにしたと言われるが，一部補償に止まるようである．また，数十名を逮捕したとも伝えられるが，どのような処罰を行ったのかも明らかにされていない．さらに，5月に入ってからはデモは規制されたが，これらの経緯を見た欧米各国から中国は法治国家なのかという批判が出たことに中国政府が狼狽した結果の手直しにすぎないと見ることも可能であろう．今回の反日運動の主目標は，日本の国連安保理常任理事国入りを粉砕するために揺さぶりをかけることであり，一定程度成果をあげたが，欧州連合（EU）による中国への武器輸出開始を思いとどまらせ，2008年北京オリンピックに強く疑義が出されるに至ったことは，計算外だったと見られる．今回の反日運動の発動と抑えこみは，マッチ・ポンプだったという印象である．

⑤ところで，中国の動向を見てきた者が「愛国無罪」の原型としてすぐ思い出すのは，この記事の中で姫田光義中央大学教授も指摘しているように文化大革命（1966-1976年）の中で盛んに使われた「革命無罪」だが，それより10年前の1958年，「百花斉放・百家争鳴」のさい，共産党が党外の意見を求めて「言者無罪」（言うものは無罪．どんな意見を言っても罪に問われることはない）と言ったことがある．これが，現在の「愛国無罪」の原型ではないかと思われる．この言葉は，さらに十年前，毛沢東が「連合政府論」（1945年4月24日）の中で批判と自己批判の必要性を語ったさい，「知りて

言わざるなく，言いて尽くさざるなし」，「言うものは無罪，聞くものは戒めるに足る」，「〔欠点，誤りが〕有らばこれを改め，無からばさらに勉める」などの格言を実行するよう呼びかけている．「言うものは無罪，聞くものは戒めるに足る」は，唐の詩人白居易の言葉，さらにさかのぼれば『詩経』に出典がある．

坂野良吉「反日デモと『愛国無罪』によせて――歴史と現在・将来」(『季刊中国』第82号，2005年9月)も，「愛国無罪」というスローガンは五・四運動のときに使われたとする加々美のコメントに対して，五・四運動における学生の行為について「功あって罪なし」とした記述はあるが，「愛国無罪」がスローガンとして使われたことはないこと，1935年の一二・九運動の中で「愛国有罪」批判はあったが，やはり「愛国無罪」がスローガンとして使われたことはないことなどをやんわりと指摘し，「90年代以降の『愛国』教育」を背景とし，「節度に欠け，衝動的な破壊を目的」とした「反日」デモとの認識を示している．

この時期に，中国からは次の日本論が出た．

王向遠『日本右翼言論批判』(王向远《日本右翼言论批判"皇国史观"与免罪情结的病理剖解》，中国語，昆仑出版社，2005年5月)は，林房雄『大東亜戦争肯定論』，中村粲『大東亜戦争への道』，西尾幹二『国民の歴史』，渡辺昇一・谷沢永一の議論，藤岡信勝の「自由主義史観」，小室直樹の「無法」論，田中正明『南京大虐殺の幻』，東中野修道らの南京大虐殺否認論，小林よしのり『台湾論』・『戦争論』を取り上げている．このほかにも，近年，中国各地で開催されているシンポジウムなどでは，日本の右翼雑誌分析や右翼言論分析を担当していると見られる人々による報告が行われている．

李玉・梁雲祥主編『文明の視角からの中日関係』(李玉・梁云祥主编《文明视角下的中日关系》，香港社会科学出版社有限公司，2006年6月)は，24篇の論文を収めている．テーマは，湯重南「世界の中の中日関係」，梁雲祥「世界の中の中日関係」(いずれも1991年の海部首相訪中時の発言を取り上

げたもの），李玉「60年来の中国の日本観」，厳紹璗「日本の右翼思想史」，宋成有「福沢諭吉の中国観」，陳奉林「佐藤栄作と日台関係」，李光輝「日本の対中貿易政策」，宋志勇「中日経済協力関係」，宋磊「中日経済関係の制度環境と技術的基礎」，王星宇「文化ファクターと中日関係」，林曉光「神道思想と神国学説」，李卓「日本の神国観念，幕末の海外拡張論など」，李卓「日本の家族国家観と国民動員」，周建高「靖国神社」，程永明「祖先崇拝の中日差異」，楊寧一「日本の戦後民族主義」，金勲「日本の宗教法律制度」，趙徳宇「渡辺崋山の西洋観」である．全体として，自国の政策を客観化することなく，「中国＝善，日本＝悪」といういささか単純な枠組から日中関係を論じているものが多いが，同時に日本認識を深めている成果もある（宋成有，林曉光，李卓，周建高，趙徳宇など）．

　拙稿「中国の狂熱的民族主義と中国国内からの批判」（『季刊中国』第82号，2005年9月）は，2005年4月の反日運動を「現代の義和団」と特徴づけ，その背景にある中国国内の民族主義の発生と成長について，中国国内のリベラル派による批判の論点を紹介している（前掲楽山主編≪潜流≫）．中国現代民族主義の旗手の1人，王小東は，現在の中国に欠けているものは「領土と資源」だと言っており，これは中国の急激な経済成長に伴う資源追求衝動に対応した帝国主義思想にほかならない，と中国における「狭隘な民族主義」の台頭に注意を喚起している．

　この間，中国社会についての報道は，レベルが上がってきたと言える．興梠一郎『中国激流　13億のゆくえ』（岩波書店，2005年7月）は，農村の現実，地上げと不動産バブル，権力，市営企業，国有企業，政治化された経済，二極化する社会，民主への模索，民権運動などを論じており，現代中国と日中関係を語ろうとする者が当然知っているべき中国の実情を伝えてくれている．読売新聞中国取材団『膨張中国　新ナショナリズムと歪んだ成長』（中央公論社，2006年5月）は，ナショナリズム，揺らぐ社会主義，市場経済の虚実，きしむ周辺世界，米国との攻防などを取り上げている．『中国激流』と共に，現代中国と日中関係を語ろうとする者が当然知っているべき中国の

実情を伝えてくれている．この2冊と合わせて，NHKの番組「中国激流」は中国から圧力が加えられたと言われるが，中国の実態に迫ろうとした作品であった．以上3点は，文化大革命終了のころまでの日本の無批判な中国報道ジャーナリズムの姿勢が変化したことを印象づける喜ばしい成果である．

　滝田賢治編著『東アジア共同体への道』（中央大学出版部，2006年3月）は，滝田「東アジア共同体構想の背景と課題」，内田孟男「東アジアにおける地域ガバナンスの課題と展望」，ジョン・カートン「東アジア・サミットと地域共同体の創設」，楊永明「東アジアにおけるリージョナリズム――コラボレーションから法制化へ」，韓庸燮「アジア太平洋における多国間協調の促進」，イワン・ツェリッシェフ「東アジア経済共同体――モデルの探求」高橋由明「東アジアとの共存と日本の対内直接投資」，星野智「『東アジア共同体』構想と環境ガバナンス――環境ガバナンスから環境共同体へ」，モジュタバ・サドリア「東アジア共同体の思想的文脈――東アジアと日本，その思想的関係」，園田茂人「友好交流から東アジア共同体へ？――日中交流概観調査からの知見」，拙稿「東アジア共同体論の歴史的文脈――帝国主義と民族主義の弁証法」，金慶敏「北朝鮮の核問題と北東アジアの平和」，張小明「北東アジア共同体の構築に関する一考察」，金景一「韓半島と北東アジア平和共同体の構築」などの論稿を収めている．

　このうち，拙稿「東アジア共同体論の歴史的文脈」は，2004年清華大学で開催された中央大学・清華大学のワークショップでの報告原稿である．会議の1カ月前に突然参加と報告を求められ，急ぎしたためたものなので，粗い記述となっているが，ヨーロッパにおける民族主義の成立とその帝国主義への転化，欧米日帝国主義が東アジアにおける中華主義を解体しつつ帝国主義に反対する民族主義を生み出したこと，欧米日帝国主義が撤退ないし解体されたあと，帝国主義に反対した民族主義が帝国主義に転化する可能性などを指摘している[9]．

　天児慧『中国・日本・アジア――大国化する「巨龍」は脅威か』（筑摩書房，2006年10月）は，日本・東アジアを取り巻く新しい可能性，反日・反

中国問題をどうとらえるか，台頭する中国と病める中国，対米外交と「和諧」戦略，東アジア共同体と新国際秩序構想，日本外交をどう展望するか，という構成となっている．

拙稿「日中関係の歴史と現状および未来」（斎藤道彦《日中关系的历史和现状以及未来——日清战争110周年，日俄战争100周年》，中国語，中央大学経済研究所年報』第37号，2006年10月）は，中央大学日中関係発展研究センター・華東師範大学国際冷戦史研究センター・復旦大学韓国研究センター主催による蘇州ワークショップ「日中関係の歴史と現状」（2006年2月25-26日）および北京師範大学主催「東北アジア地域化フォーラム」（2006年6月23-25日）における報告原稿で，19世紀後半から20世紀中葉までの日中関係，戦争のなかった60年，歴史に関する若干の事実関係を検討している．

家近亮子・松田康博・段瑞聡編著『岐路に立つ日中関係――過去との対話・未来への模索』（晃洋書房，2007年5月）は，12篇の論文を収めている．

家近は序章で，「現在の日中関係」は「1934-1936年の状況」と酷似しているとして開戦前夜との危機意識を示し，「政治問題をおざなりにしての経済関係の強化と形式的友好関係の構築は砂上の楼閣」（2頁）にすぎないと指摘し，日本側の「アジア主義」と「脱亜論」，中国側の「近代以前の『大中華世界』再構築のうねり」の下での日本における「嫌中意識の拡大」に注目している．家近はさらに「歴史認識問題」において，「歴史認識」とは何かという問題を立て，①情意的意識による「全体的統一的了解」であり，②「記憶の共同体」であるとし（16頁），「歴史認識」が問われるのは日本だけでなく，中国も問われなければならないと相対化の視点を確立している点は重要である．家近の議論にも，変化がうかがえる．家近はその上で，中国は「歴史認識全体主義」であるとし，馬立誠の「対日新思考」，『氷点』言論弾圧に言及している．家近は，①「日中友好最優先期」（1950年代-1982年），②「政治化の時期」（1982-1998年），③江沢民訪日以降の対立恒常化

時期（1998年-）と時期区分しているが,「江沢民を日本批判に追い込んでいったのは,日本の報道」(33頁)のせいとする.

同書所収一谷和郎「靖国神社参拝問題」は,靖国参拝が政治問題化する過程をていねいに辿り,「ともに一方が他方に対し不寛容になった日中両国の国民感情」(55頁)があると指摘している.中国の反発の原因は日本の首相・閣僚らによる言動に起因しているが,国民レベルではどっちもどっちではなく,経過としては日本国民は1980年までは大多数が中国に好感を持っていたが,中国の官民双方からの激しい対日批判に反発を強めていったのであって,もとからそうだったわけではない.

同書所収中岡まり「日本の戦後賠償・補償問題」は,国家賠償と区別される個人賠償について法理論的検討を行っている.国家賠償について,中華民国が賠償請求を放棄したのは中華人民共和国の成立,アメリカの反共東アジア戦略との関連でとらえられるべきものであり,「道義的理由」によるものではないこと,中華人民共和国が放棄したのも「外交的・政治的判断」(93頁)によるものであることを指摘している.なお,中国側が戦争責任に関連して日本側に求めているのは「戦争に対する反省という精神的なものであって,必ずしも物質的・金銭的な要求ではなかった」(94頁)と中国側の論法を肯定しているが,個人補償の場合,日本の支援者の「金銭目的ではない」という思いと中国側の意図・目的との間にすれ違いはないのかどうかという問題は検討されてよいだろう.文化大革命のさいも,一部日本人による一方的な思い入れによる「中国」像が中国の実態と乖離していたというすれ違いがあった.

同書所収木下恵二「中国の愛国主義教育」は,中国では愛国主義キャンペーンは1951年を除いては毛沢東時代にはほとんどなく,改革開放後の1980年代前半,1990年前後,1990年代半ばにピークがあったことを明らかにし,愛国主義教育において「日本に対する悪感情を利用しようとする政権の意図を否定することはできない」(126頁)と結論づけている.

愛国主義教育とは,「中華民族・国民」の創出・形成が本質的目的であり,

その時々の政治的・社会的状況によって反日が強調されることもあれば，反米が強調されることもありうるものであり，スローガンや敵役(かたきやく)は可変的であること，1990年代半ば以降のキャンペーンは文化大革命の破綻と改革開放の実施によってマルクス主義の権威が失墜したことにより，それに代わる「国民」統合のイデオロギー装置として活用されているものであることなども言及すべきであったと思われる．

同書所収松田康博「安全保障関係の展開」は，冷戦期およびポスト冷戦期の安全保障問題，日中間の相互不信・懸念の増大，東アジア地域の安全保障と危機管理などを検討している．増田雅之「『東アジア』をめぐる日中関係」は，ASEAN＋3（日中韓）から「東アジア共同体」への模索過程を辿り，「台湾を排除したかたちで東アジアの経済『共同体』は成立し得」ないので，中国側が「台湾は中国の一部」としている「72年体制」からの脱却は不可避と指摘している（178頁）．阿南友亮「海洋をめぐる日中関係」は，海洋法の視点から排他的経済水域・大陸棚境界画定問題を検討しており，松田2論文とともに同書中の白眉である．松田康博「台湾問題の新展開」は，1990年代以降の日中関係における台湾問題の位相の変動を検討し，「中国では自国の軍事行動が台湾と日本の『接近』を招いているという観点がなく」（232頁），「中国の対台湾武力行使に対する強い懸念を有しているため，日本は日米同盟への依存を強め」，それが「中国のさらに強い懸念を招いてしまう」（238頁）と指摘している．従来の議論では日中どちらか一方の問題点しか見ないものが多かったが，分析というものはこのように双方に目を配り，その相互関係を見るのでなければならない．

段瑞聡「教科書問題」は，日本の教科書問題（1982年，1986年，2001年）の過程を辿っているが，中国の教科書問題については言及していない．加茂具樹「対中経済協力」は，対中ODA（政府開発援助）の新規供与停止問題を取り上げている．唐成「日中経済関係の歴史的転換」は，アヘン戦争以前，第2次大戦まで，日中国交樹立以前，以後の日中経済関係を検討している．伊藤剛「アメリカの対中・対日政策」は，「日中両国が『適度に仲良くし，

適度に対立する』関係を保持していくことがアメリカの利益に適う」（292頁）と論じている．

同書では全体に松田「あとがき」にあるように，「分析者の目線」（307頁）が確立されており，片想い的中国論ないしその逆を乗り越えた成果と評価できるが，「日本で訓練を受けた中国研究者」の論文にはやはり「一定のバイアス」（309頁）の存在が感じられる．

7．日中対立回避模索時期（2006年～　）

2006年9月，小泉内閣のあとをうけて成立した安倍晋三内閣は靖国神社への参拝をするともしないとも言わないといういわゆる「曖昧化戦略」をとり，中国政府も対日関係改善に方針を切り替え，対立回避を特徴とする状況が生まれた．

弁納才一・鶴園裕編『金沢大学重点研究　東アジア共生の歴史的基礎　日本・中国・南北コリアの対話』（お茶の水書房，2008年2月）は，12篇の論文を収めているが，そのうち歩平「東アジアにおける未来志向の歴史認識形成の意義」は，戦後日本では大東亜戦争肯定論，中国侵略否定論，朝鮮併合強行否定論，南京大虐殺虚構論，従軍慰安婦強制否定論，東京裁判正当性否認論が登場したが，これは狭隘な民族主義であるとし，歴史問題での対話では「中日共同声明」，「中日平和友好条約」，「中日共同宣言」の3文書の原則に基づくべきであり，「右翼勢力」は「われわれの対話の対象ではない」とする．歩平は，中国社会科学院近代史研究所所長であり，共通教科書編纂の中国側代表者である．

私はこの一文を読む前に，2008年4月中央大学で開催した研究会で，同氏からこの一文と同趣旨のお話をうかがう機会があった．そのさい私は，①まず共通教科書編纂は誰と誰との共通認識を作り上げるのかという問題があり，これは日中韓三国政府間の協議で始められたことなので，政府レベルの

認識の統一が課題となっており，そのことにはそれなりの意義があろうが，②民間の学者レベルでは，日本の場合，百人百様の見解があり，中国側が日本の見解と思っているものは必ずしも日本の総意を代表するものではない．中国側の見解もそうである可能性はあるが，中国の現状では自由にそれぞれの見解を発表し，闘わせうる条件はないのではないか，③相互理解を深めるための不可欠の条件は，思想・表現の自由が保障され，自由な討論ができるということではないか，と述べた．なお，議論は十分にかみあったものとはならなかった．

さらにここで付け加えるなら，歩平論文は日本における1980年代，1990年代の狭隘な民族主義問題を指摘しているが，狭隘な民族主義の問題は日本に限らず，中国でも発生しているにもかかわらず，中国の狭隘な民族主義問題が視野に入っていないのではないか．また，政府レベルでは，3文書を前提とすることはそれなりに理解できるが，学問的レベルでは3文書と一致しない観点が出てきても何ら問題はないと私は考える．なお，歩平が討論における冷静さを強調している点は，大いに歓迎したい．この一文は，日本語訳で発表されているが，一部に意味不明瞭な点があり，中国語原文が付いていないのは残念な点であった．

同書所収古畑徹「中韓高句麗歴史論争のゆくえ」は，中国社会科学院辺疆史地研究中心（センター）による「東北工程」が高句麗＝中国地方政権とする位置づけを行ったことをめぐる中国と韓国・北朝鮮との間の対立，歴史問題を取り上げている．中国は，高句麗に止まらず，百済・新羅・渤海も中国史の一部と位置づけ，韓国・北朝鮮と対立しており，前掲歩平論文も中韓両国間の見解が対立していることを認めている．

私見では，領土の歴史的変動と「民族」の居住地域の変化を近現代国家の領土概念で割り切らないこと，例えば清朝は中国史の一部を構成するが，同時に中国史に止まらず，東アジア史というより広い視点でとらえる必要があること[10]，高句麗・渤海を論ずるにあたっても東アジア史という視点が欠かせないこと，「中国」を国家概念と地域概念に区別して使用すること，近

代国家概念の成立以前と以後を混同しないことなどが不可欠だと思われる．

　清水美和『「中国問題」の内幕』（筑摩書房，2008年2月）は，中国問題を追求するジャーナリストとして，2006年から2007年にかけての「中国問題」を，胡錦濤中国共産党総書記・国家中央軍事委員会主席・国家主席ら共青団出身派，江沢民前中国共産党総書記・国家中央軍事委員会主席・国家主席，賈慶林中国共産党政治局常務委員・全国人民代表大会主席，李長春ら上海派，習近平国家副主席，薄熙来ら太子派の権力闘争と見，そのいずれもが利権受益者の「特殊権益集団」にほかならないとしている．上海派・軍が歴史問題を強調し，軍事大国化をめざしているのに対し，共青団派は，歴史問題を後景に退け，近隣諸国との関係改善，国内の格差問題緩和をめざすという対立があるととらえる．清水は，こうした分析が「仮説」にほかならないことを認めているが，こうした方法・視点は，香港のチャイナ・ウォッチャーのそれを踏襲したものではあるが，以前の日本の中国動向分析とは比較にならないほどレベルが高くなっていると言えよう．清水は，中国が歴史問題から台湾に重点を移してきていると見る．

　同書「プロローグ『不思議の国』と付き合う法」では，子供とぶつかりそうになって子供をまたいで踏みつけるのを避けた日本企業社員とその企業が「またいだ」という行為によって中国人から中国人を馬鹿にしたとして暴力を受け，480万円を請求され，暴力行為が処罰されず，しかもその金銭補償要求には地方政府も関わっているというエピソードが紹介されている．これには，多くの日本人読者は中国が法治国家であるどころか，まるでヤクザ社会ではないかと思い，頭をかかえざるをえないだろう．清水のスタンスは，歴史問題，台湾，戦後補償問題等については，中国側の主張を肯定しているように見られる．例えば，光華寮問題について日本の最高裁判所は「共同声明で台湾は原告としての代表権を失った」と「明確な判断」（40頁）を示したとしているが，光華寮は中華民国政府が建設したものであり，中華民国政府が台湾に移転し中国大陸を代表できなくなったことが光華寮の所有権に影響するのかどうかという問題は十分解明されていないように，私には思われ

る．なお，清水は1972年の日中国交樹立を「国交回復」(41頁)としているが，かつて日本と中華人民共和国は国交関係を有していたことはないので，「国交回復」は不適当と思われる．

拙稿『「日中関係・日韓関係」アンケート総合報告書』(中央大学日中関係発展研究センター，2008年2月)[11]は，中央大学学生，中央大学専任教員，全国の中国研究者に対して2006年11月に実施した歴史問題・領土・領海・資源をめぐるアンケート調査の報告書であり，①靖国神社参拝，②歴史教科書，③対中ODA，④中国原子力潜水艦の日本領海侵犯，⑤東シナ海ガス田開発，⑥尖閣諸島領有権，⑦沖ノ鳥島，⑧台湾の帰属，⑨2004年・2005年の反日運動，⑩戦後補償要求裁判，⑪竹島領有権，⑫関係改善提案の12項目について意識調査をしている．

日本では，マスコミによって靖国神社参拝に賛成か反対かを問うアンケートは行われてきたが，歴史問題・領土・領海・資源をめぐる全般的なアンケート調査は行われておらず，また歴史的にも日清戦争，日露戦争，満州国樹立，日中戦争，日米戦争時における国民の意識調査はかつて行われたことはなく，はじめての試みとして位置づけられる．回答者数は，中央大学学生は日本国籍3505名，中国国籍65名，日本・中国以外国籍27名，中央大学専任教員38名，中国研究者のうち日本国籍574名，日本以外国籍44名であり，全体として規模も大きい．

回答内容のうち，特に注目される点をいくつか拾い出すと，靖国参拝については，日本国籍学生の場合，参拝賛成が15.5%，反対が13.5%で，原理的な賛否の合計は29%と少なく，関心が決して高くはないこと，これに対して中国・韓国による参拝批判は内政干渉と意識し，にもかかわらず近隣関係と秤にかけて「参拝は止めるべき」とした者が31.7%ともっとも多く，もともと参拝はよくないと思っているが，中国・韓国に言われて止めるべきではないとした者は16%と，原理的賛成派を上まわり，内政干渉を意識した回答の合計は47.7%となり，原理的反対派と内政干渉と意識しつつも反対した者の合計が47.2%という多数派を形成しているという参拝賛成・反

対の構造を明らかにしている．

　台湾海峡問題は，日中関係を左右する重要問題であるとともに東アジアの安全を左右する最大の火種である．中国政府は「台湾は中国の固有の領土」とし，日本政府は「中国政府の主張を理解する」との政策をとり，対立を回避している．一方，台湾では台湾人意識が成長し，台湾独立を主張する民進党が2000年5月から2008年5月まで政権を握ったわけであるが，このアンケートで，台湾の帰属について日本国籍学生の74％，日本国籍中国研究者においても58.5％が台湾独立支持であることが明らかになった．つまり，日本政府の外交政策とアンケート結果とは大きく乖離しているのである．おそらくは，チベット，ウイグルについてアンケートをとっても，同様の結果になったのではないかと推測される．

　性別差としては，日本国籍の学生・中国研究者ともに，一般的に男が強く反応し，女に判断保留が目立った．また，日本国籍中国研究者のうち女で，「尖閣諸島は日本の領土」と意識しているのは11.5％に止まったことも特筆に値する．日本国籍中国研究者の年齢別特徴として目立ったのは，60歳代が「中国・韓国による歴史教科書批判には道理がある」に67.3％が賛成するなど，多くの項目で他世代とくらべてきわだった違いがあることを示しており，例えば10年後に現在の60歳代が影響力を失うと，他の諸要件が変わらないと仮定して，意識分布に変化が起こると予想される．

　以上の意識分布が今後どのように変動するかは，日中関係の未来と関わって興味深いものがある．

　西村成雄・許衛東編『現代中国の社会変容と国際関係』汲古書院，2008年3月）は，17篇の論文を収めているが，そのうち，山田康博「東アジアにおける安全保障環境の変容と中国・アメリカ・日本」は，冷戦終結後の東アジア国際構造の変化，東アジア国際秩序の変化，東アジアの安全保障と中国・アメリカ・日本の関係について検討しており，台湾をめぐり，米中間あるいは米日と中国の間で「深刻な対立や武力紛争」が起こる可能性が高く，「中国と台湾が平和的な手段で統合することに合意すること」，そのために

「中国の民主化」が必要としている（252頁，253頁）．それを言うなら，中国「民主化」のプロセスや可能性，条件等の検討が不可欠なのではないかと思われる．

　山内昌之（日中歴史共同研究・日韓歴史共同研究委員）は2008年5月4日付け『読売新聞』で，日中関係の現状が互恵とは言えない状況にあること，中国側に「中華意識」が存在し，「理念の民族」たる「中華民族」論では漢族とチベット人の対等な関係はありえないこと，日本は「友好の名分で国益を損なうことがあってはならない」と指摘している．同感である．

　依田憙家・王元編著『日中関係の歴史と現在』（白帝社，2008年7月）は，クルト・ヴェルナー・ラドケ「グローバル時代におけるナショナリズム」，依田「日本軍国主義侵略戦争の不断の拡大の原因再検討（1931-1945）」，尹秀艶「経済統合理論と東北アジア貿易協力の効果」，張英波「橘樸の中国官僚階級社会論について」，王「南京国民政府における帰国留学生――帰国留日留米学生の比較を中心として」の5篇を収めている．

　2008年2月には，中国製冷凍餃子から高濃度のメタミドホスが検出され，中毒者が出たため，一般日本人の間で中国食品に対する不安感が高まった．3月にはチベット人の騒乱が発生し，中国はこれを弾圧した．2008年8月北京オリンピックを目前にした各国での聖火リレーでは，中国によるチベット弾圧への抗議の動きが巻き起こり，中国人側からは，一部に冷静な人々の存在も確認されたが，「愛国」群集心理の発揚が見られた．聖火リレーにおいてこうした事態が発生したのは，オリンピック聖火リレー史上はじめてのことであった．同年8月，スペイン司法当局は，チベット人弾圧について梁光烈国防相を含む中国政府高官・軍人ら7名を「人道に対する罪」を犯した疑いで捜査する方針を発表した．同じく同年同月，新疆では漢族警備隊・地方政府機関等に対する「東トルキスタン・イスラム運動」の襲撃が行われるなど国内民族矛盾は深刻化の様相を呈している．

　同年3月に行われた台湾総統選では，国民党候補馬英九が民進党候補を破

り，中台関係は緊張が緩和したかに見える．5月には四川省汶川大地震が起こり，日本からの支援があり，両国国民感情の改善にある程度役立ったと見られる．東シナ海ガス田については，2008年，共同開発の方向で合意が成立したと伝えられているが，詳細はなお不明である．

対中ODAは，2008年に新規供与が停止された．2005年度までの有償資金供与は3兆1331億円，無償資金供与は1457億円，技術協力は1505億円であった（前出家近・松田・段『岐路に立つ日中関係』2007年245頁）．前掲天児『中国・日本・アジア』（2006年）によれば，対中ODAの規模は一般に有償借款供与の3兆円と理解されているが，これにエネルギー借款，無償資金供与，黒字還流借款，旧日本輸出入銀行借款を加えると8兆1300億円に達するという（43頁）．なお，前掲谷口『東アジア共同体』（2004年）は，アメリカが中国にまったくODAを供与していないという事実を指摘している（138頁）．

中国は，21世紀に入っても，2008年夏現在，なお高度経済成長を持続している．

おわりに

以上の検討から，近現代の日中関係をめぐる議論について，次のような視点を確立する必要を指摘したい．

第1，歴史認識の必要性と中国共産党史観からの脱却．現在の日中関係を論ずるさいに，日中戦争終結までの歴史を的確に認識する必要があることは当然である．同時に従来の日本では中国共産党史観の影響が濃厚であり，それからの自立が必要とされている．

第2，現実認識．現在の日中関係をめぐる問題を考えるさい，日中戦争終結までについての歴史認識とは区別して，戦後の，とりわけ日中国交樹立後の日中関係についてのリアルな現実認識を深めることはおそらくもっと重

要である．

　第3，総体的認識の視点．　中国政府あるいは一部中国人の現在の反日的意識と行動を論ずるさい，日本ではその原因をもっぱら日本の側の問題にだけ求める傾向が強いが，学問としての日中関係学の視点としては，中国政府の政策選択が適切なのかどうかということを含めた総体的な目配りによる客観的視点からの検討が強化される必要があろう．

　第4，「日中友好」の背後関係の分析．　日中関係を分析する視角・方法に関わって，「日中友好」という魔術的な用語があるが，「日中友好」が善意を表しており，両国が追求すべき目的と設定することには何の問題もないが，その時々の両国政府の政策決定の動機を「日中友好」によって説明することは適切なのかどうか，その背後に潜んでいる問題を曖昧にすることにならないのかを考える必要がある．外交は美言で装いたがるものである．それは，たとえば戦後賠償請求権放棄における蒋介石の「徳を以て怨みに報ゆ」という発言や周恩来首相の「日本人民に過重な負担をかけないため」という発言であるが，研究者の仕事はその背後にある事情・打算を洞察することである．

　第5，政策分析のリアリズム．　どの国の対外政策といえども，その時々の国際国内諸要因の組み合わせによってさまざまに規定されるものである．中国の対外政策も，反米第一・向ソ一辺倒から反米反ソを経て反ソ第一主義に変化し，ソ連崩壊後は反米と反日の振り子にゆれ，2006年以前の「反日」から2006年以降の「日中友好」に変化してきたように，決して固定的なものではない．「台湾・チベット・新疆（東トルキスタン）・尖閣諸島は中国の固有の領土」という中国の政策も，領土主張についてはもっとも変化しにくいとはいえ，その例外ではないという長期的視座の確立が求められる．

　第6，国家名としての「中国」概念と地域名としての「中国」概念の区別．古来，中国大陸地域で「中国」を名乗る国家は中華民国以前には存在したことがない．現代中国（中華人民共和国）が国名の代用としている「中国」と地域名としての「中国」の混用を避け，明確に区別することによって，近代

国家成立以前の歴史に現代国家概念をあてはめる思い違い的「固有の領土」観念の見直しが可能になる．高句麗・渤海問題がその一例である．地域名としての「中国」とは，東アジア・中央アジアを含むのである．

第7,「中華民族」問題．「中華民族」とは，20世紀以降の「中国」・「中国人」・「中華民族」を創出する運動のスローガンである．それにはいわゆる「漢族」以外の諸民族が心から同意することがその前提であるが，はたしてそうなっているであろうか．中華人民共和国が前近代的「中華世界」復興・再興戦略をアナクロニスティックに追求し続けるなら，日本・韓国・東南アジア・モンゴルを含む国際社会からの重大な反発が対峙するだろう．

中国は21世紀初頭の現在，さまざまな指標において経済大国の姿を現してきている．3年後の2011年には日本を抜くと予測されているGDP（2005年，世界第4位．日本第2位），外貨準備高2008年4月世界第1位1兆7598億ドル（日本第2位9838億ドル．IMF発表），モノの輸出額2007年1兆2180億ドル世界第2位（第1位ドイツ，第4位日本），モノの輸入額同年9560億ドル世界第3位（日本6210億ドル第4位），などである．

日中関係においても，日本の輸出先は中国が2007年，アメリカを抜いて第1位となり，日中経済関係は相互依存性を強めた．この点は大局的に見て，中国の対日政策における「平和・友好」志向を規定する要因である．中国はこうした経済力を背景として軍事力強化を図り，東アジアの軍事バランスは大きく変化した．中国は，1964年以来，核兵器を保有しており，近年，有人人工衛星の打ち上げ・人工衛星の打ち落としに成功し，ミサイルを大量配備し，原子力潜水艦を含む海軍力および空軍力の大増強を図っている．その目的は防衛的性格をはるかに超えており，世界における大中華主義的地位の確立という「中華世界」戦略にあると見られる．これは，中国の対日政策における「非平和的・非友好的」言動を規定する要因である．片側だけを見るのではなく，双方の要因がどうからみあって政策選択がなされていくかを見ていかなければなるまい．

1990年代後半以来の米軍の太平洋海域における再編は，中国の軍事力増強に対応したものであった．一般日本人も，1990年代以前とは違って否応なしに中国の軍事力の強化を意識せざるをえなくなった．「アメリカが正義」と思っているわけでは決してない人々の間でも，アメリカ傾斜が起こっている．核兵器を持つ中国との関係がきしむ中では，日米同盟に活路を求めるしかないという判断である．

中国は，国内の激しい貧富の差，深刻な環境汚染，チベット・ウイグルなどとの民族対立等の問題を抱えつつも，すでに経済大国となっている．中国は，この経済力を基盤として空軍・海軍の強化を進めており，最近では米海軍に対し，東太平洋はアメリカが管理し，西太平洋は中国が管理することにしようという提案を持ちかけたと言われ，太平洋海域でも「中華世界」の拡大・確立をめざしていると見られる．また，『読売新聞』の連載「中国疾走揺らぐ世界④」（2008年3月28日）は，アフリカにおける中国の「新植民地主義」と批判される最近の動向をレポートしているが，東南アジア，アフリカ等への経済援助をテコとする政治的影響力の強化，権益の確保をめざす動きが目立ち，新植民地主義との批判を受け，帝国主義的兆候が表れているとすら見られる．

中国政府に望まれるのは，第1に，領土・領海等国際紛争の処理における平和的国際的ルールを順守することである．軍事的冒険主義は，日中関係に破滅的影響をもたらすことになろう．日本が現憲法第9条を守れるか否かは，中国の姿勢にかかっていると言っても過言ではない．第2は，膨れあがる軍事費を削減し，国内の貧富の格差の緩和を図ることである．第3は，国内政治における民主主義と人権の尊重であり，第4にチベット・ウイグルなど領域内諸民族に対する軍事的警察的弾圧ではなく，彼らの意志を尊重することである．それが文化というものである．

日本政府は，主権国家である以上，主権の侵害と見られる他国の行為には毅然たる対応をすべきである．2002年瀋陽総領事館事件での中国公安に対する領事館の対応は主権意識が欠落しているとしか思えないものであった

し，2004年サッカー・アジアカップ反日運動では日本国旗が焼かれたが，これについて日本政府は抗議すらしなかったようである．右翼が中国国旗を引き下ろした長崎国旗事件のとき，中国政府がとった貿易断絶という強硬な対応を思い出すなら，考えられないような対応であった．筋を通すべきところでは，筋は通さなければならない．

日本は1990年代以降，経済の低迷によって国際的地位の低下を憂える声があるが，「ジャパン・アズ・ナンバー・ワン」の地位を追求し続ける必要はない．産業技術力の高さに依拠し，経済力の低下に見合った身の丈に合った規模にODAや国際貢献を調整し，戦後平和主義を堅持し，人権尊重を対外政策においても貫き，対米追随ではない対米協調を追求するとともに，主権問題では守るべき筋を堅持しつつ中国との関係改善に努力することが重要であろう．

＊本稿は，2005年度中央大学共同研究プロジェクト「未来志向の日中関係学：歴史の省察から協調的発展へ」の研究成果である．

1) 日露戦争の概略については，拙稿「中国から見た日露戦争」(『季刊中国』第78号，2004年9月) 参照．
2) 文化大革命については，拙稿「文化大革命と中国社会主義問題――『文革』批判勝利30周年記念」(『季刊中国』第46号，1996年9月) 参照．
3) 久能靖「角栄・周恩来会談 最後の証言」(『文藝春秋』2007年12月) は，日中国交正常化の一幕を明らかにしている貴重な証言である．
4) 五・四運動に関しては，拙稿「五・四運動史像再検討の視点」(中央大学人文科学研究所編『五・四運動史像の再検討』所収，中央大学出版部，1986年3月)，拙著『五・四運動の虚像と実像――1919年5月4日』(中央大学出版部，1992年1月) などを参照されたい．同論文には中国語訳≪我的五四運動論≫ (中央大学『人文研紀要』第64号，2008年8月) がある．
5) 同論文には，一部の誤りを修正した中国語訳≪清末時期大中華主義的形成過程≫ (『中央大学政策文化総合研究所年報』第11号，2008年7月) がある．
6) 拙稿「孫文と蔣介石の三民主義論」(中央大学人文科学研究所編『民国後期中国国民党政権の研究』所収，中央大学出版部，2005年3月) 参照．
7) 前掲拙稿「中国近代と大中華主義」(1999年) 参照．
8) 2008年3月，中央大学日中関係発展研究センターと愛知大学によるワークショ

ップが愛知大学で行われたさい，私の『朝日新聞』を経由しての質問についてご存じかどうか加々美氏にお尋ねしたところ，ご存知ではないとのことであった．
9) 同論文には中国語訳≪帝国主义与民族主义的辩证法≫(『中央大学政策文化総合研究所年報』第9号，2006年6月）がある．
10) 前掲拙稿「中国近代と大中華主義」(1999年）参照．
11) 現在までに気づいた範囲で『「日中関係・日韓関係」アンケート総合報告書』正誤表を付す．

頁・行		誤	正
p.6	2〜3行目	最多は「わからない」の34.6％	「わからない」は34.6％
p.6	下から1行目	3.7	3.7％
p.8	10行目	44.7	44.7％
p.10	23行目	820歳代	20歳代
p.12	下から1行目	のか違い	の違い
p.13	12行目	、、	、
p.270	下から15行目	横暴正当	横暴
p.270	下から13行目	開発は	開発は正当

第1章

清末日中関係の原型
―― 李鴻章による日本人技師招聘過程の考察 ――

李　廷　江

はじめに

　本章は，1882年から85年まで李鴻章によって行われた「日本人技師」の招聘過程を考察し，近代中国における日本人技師の起源とその初期形態を明らかにすると同時に，清末日中関係の中の1つの原型を提示してみる．

　アヘン戦争後の中国では，多くの知識人は「師夷制夷」（夷の長技を師として夷を制す）というスローガンを掲げ改革による救国の道を探し求めていた．洋務派の官僚たちは，欧米資本主義の影響下に近代企業を建設し，西側の科学技術を受け入れるために，積極的に洋務運動を推し進めていた．その思想的な基盤となる「中体西用」は，「師夷制夷」にほかならぬものであり，逆に言えば「師夷制夷」は「中体西用」でもある．それは，清末における中国近代化の軌道及び対外認識を理解する上で非常に重要な分析概念と言えよう．しかし，我々は「中体西用」という問題を考えるとき，近現代中国史上に発生した，さまざまな外来文化の受容に関する事例を逐一に再検討しなければならない．例えば，「師夷制夷」の産物と言われる「洋匠」（お雇い西洋人）と中国近代化との関係については，時期別，分野別での検討と比較が必要であろう．というのは，「お雇い外国人」に代表されるように，近代化過

程における外来文化の受容は，中国に限らず近代化を目指した諸国も経験したことであり（明治期日本も多くの外国人を雇ったのはその１つの例である），また清末と民国時代だけではなく，今日の中国においても依然として注目すべき，重要な問題だからである．

　清末期における洋務派官僚によって招聘された「洋匠」の大半は，1860年代から1912年にかけて，中央と地方の洋務派官僚が関係した分野で活躍していた．「洋匠」とは，西洋からの「お雇い外国人」のことを意味しているが，近代中国史上には「洋匠」以外に大勢の「お雇い日本人」が存在していた．清末の「お雇い日本人教師は明治のお雇い外国人教師以上の文化現象であった．日中関係史の中では，１つの社会的勢力を形成した．」と見なす先行研究がある[1]．しかし，「お雇い日本人」は，1885年に行われた日本人技師の招聘に遡ることができ，決して単なる「明治政府のお雇い外国人」の「清国版」ではない．それは，洋務派官僚の「中体西用」の思想に由来するものであり，李鴻章の主張する日本期待論と，それに対する日本側の積極的な対応によって生まれた現象だったと筆者は考えている．

　李鴻章は，1885年頃に日本人技師の市川文吉を招聘した．市川文吉は，近代中国に雇われた最初の日本人技師であるとされる．一般的には，洋務運動で西洋人技師「洋匠」の役割が高く評価された結果だったと言われている．しかし周知の如く，1880年前後，日本と中国は，琉球と朝鮮問題をめぐる熾烈な争いの最中にある中で，李鴻章は，直隷総督として日中交渉の最高指揮官として交渉に当たっていた．このような状況のもとで，李鴻章が日本の榎本武揚外務大臣の紹介を得て，西洋人ではなく，東京から日本人鉱山技師の市川文吉を招聘したのは，「明治日本」の変化を目のあたりにし，変わりつつあった日中間の力関係を意識したに違いなかろう．だとすれば，1885年に李鴻章が日本人技師を招聘したその経緯を明らかにし，「お雇い日本人」を通して「中体西用」思想の多面性を今一度検討する必要があると思う．

　これまで，近代中国の「お雇い日本人」に関する研究は，(1)清末の「日本人教習」，(2)民国期の「日本人顧問」等を中心に行われてきた．先行研究

を踏まえつつ，筆者は次のような問題を提起したい．1つは，1882年から1945年まで，約60年間の中国におけるお雇い日本人史を考察するには，明治以降，日本の中国に対する経済的・軍事的・領土的な野心を視野に入れるべきかどうか．もう1つは，この間に「技師」「教習」「顧問」を派遣した日本政府には一貫した政策があったかどうか．この2つの問題を明らかにしなければ，近代中国におけるお雇い日本人史の全体像を描こうとしても，頗る困難と言わざるをえない．私見では1880年代の時点から，中国へ日本人技師を派遣した日本側にすでに明確な目的があり，それがその後大量の「お雇い日本人」と「日本人顧問」を派遣する政策の根幹となったのである．そしてこのような目的に基づいて実行される政策は，明治日本の対中国の基本的な国策と密接に関連していた．しかしだからといってお雇い日本人は最初から中国侵略の道具として生まれたものであるわけではない．なぜなら日本の対中侵略的な政策も次第に形成されていったものであると同様に，お雇い日本人も日本の中国侵略の道具に変わっていく過程もあったはずである．この観点からすれば，「お雇い日本人」を一概に「教習」，あるいは「顧問」と呼ぶのは必ずしも正確ではない．むしろ時期的によって，「技師」，「顧問」，「教習」と区別すべきであろう．というのは，19世紀末の「日本人技師」，清末の「日本人教習」及び民国期の「日本人顧問」とは同じお雇い日本人ではあるが，「技師」「教習」「顧問」の三者の間には大きな違いがあったからである．上に述べたような視点から見れば，従来の「洋匠」研究と比較するならば，より複雑な側面を明らかにする「お雇い日本人」研究は，近代日中関係史という歴史のコンテクストにおいてとらえなおさなければならないということである．

1. 背　　景

(1) 清末の鉱山開発

まず李鴻章が日本人の鉱山技師を招聘するときの中国国内の背景をここに簡単に説明しよう．清末の中国において，炭鉱の採掘が1860年から開始されたが，金属鉱の本格的な採掘は、1880年代からようやく始まった[2]．

当時，造船，兵器製造，機械製造，工場建設を行うには，鉱山の開発が必要であり，また銀貨と銅貨の製造も金や銅の生産が不可欠であるため，洋務派たちが提起した「開利源以求富」（利のもとを切り開くことをもって富を求める）の主要な内容として，鉱山の開発が始められた．1875年以降，清政府の官僚集団と新興の民族資本家たちは，争って新しい採掘法を採用して各種の金属鉱山を採掘しようとしたが，その中で，李鴻章は，積極的に資金や人材を動員し，1875年から1881年まで，磁州で新式石炭鉱山，江西興国石炭鉱山，湖北広済県陽城山石炭鉱山，張家口科爾欣沁鉛鉱山，灤州開平石炭鉱山，山東嶧県石炭鉱山の開発に力を入れて，1889年までに下表に示される銅銀鉱山の開発にもかかわった[3]．

しかし，1881年から約10年ほどの間に採掘された22カ所の金属鉱山のうち，4カ所は経営に至らず，残りの18カ所はようやく経営が開始されたものの，1894年の日清戦争が勃発するまで採掘を続けたのは僅か6カ所しかなかった．

では，これらの鉱山の採掘はなぜ途中で中止せざるをえなかったのか．そ

李鴻章が関係した鉱山一覧表（金属採掘及び冶金）[4]

成立年代	鉱山名称	場　所	資本金（両）	創業者
1881	平泉銅鉱	熱河平泉	340,000	朱其詔（李鴻章）
1882	承平銀鉱	熱河承平	400,000	李文耀（李鴻章）
1882	直隷順徳銅鉱	直隷順徳	200,000	宋宝華（李鴻章）
1887	熱河銅鉱	熱河灤平	671,000	李鴻章

れは多くの企業の開業準備が不足したことや中仏戦争によって引き起こされた社会の不安と金融恐慌が大きな理由だろうと思われるが，技術の立ち遅れと有能な技師の不足もきわめて重要な要因だったと考えられる．要するに清末の鉱山開発に採掘方法，採掘用の機械，新しい採掘法に精通する技師という3つの課題があった．したがって，これらの問題を察知した曽国藩が中国における外国および外国勢力の拡張の問題を論じるときに「鉱業は潜在的な利源で，中国として初期の段階では，外国の採鉱道具（技術）を利用すべきだ」と指摘したのはそのためであろう[5]．

実際，初期の鉱山採掘において，西洋人頼りの傾向が至るところに見られ，外国人技師を雇用しなかった鉱山が少なく，例えば開平炭鉱では，一時期に18名の外国人技師が働いていたし，李鴻章でさえも炭鉱を採掘し始めたときに，機械の購入及び技術者の招聘まで全てイギリス人技師の計画に従って推し進めていた．しかし外国人技師を雇うために，巨額な月給を支払わなければならず，これは多くの企業にとって大変な財政負担となる．例えば招商局の場合，外国人技師の給料だけで，年間総支出の20％をも占め，企業支出の一大項目となっていた．

財政的な負担だけではない．雇用側にとって折角大金を支払っても雇った技師が必ずしも優れた人材とは限らなかったことは，より大きな悩みであった．例えば，1853年に直隷にある熱河の平泉銅鉱は，採掘も始めたにもかかわらず，機械が古い理由ですぐに閉鎖された．1881年に李鴻章は天津機械局に銅を提供するため，西洋の採掘方法「西法」と西洋の技師「洋匠」の力により，平泉銅鉱を再採掘しようと計画して部下の朱其詔を派遣して「集資試辦」（資金を集めて試験的に経営する）を試行しようとした．ところが，朱がせっかく雇ったドイツ人は「その人が実に開鉱に不案内で，約一年の間で，徒に三万両を耗費して遂に成功の見込みが無し」という結果しかもたらさなかった[6]．結局，大金を払って雇っている外国人技師は役に立たなかった．同様の現象は，他の鉱山にも起こり，大きな問題となったのである．

こうした問題に悩まされた李鴻章は，総理衙門宛書簡の中で，漠河金鉱に

ついて次のように語っている.「鉱山技師を招聘する.各鉱山を調べたが,常に西洋人の藪技師に誤られた.優秀な技師が極めて得難い」,「大半の西洋人鉱山技師は,有名無実で,軽率に招聘するとやたらに費用を増やすだけである」.したがって「この度,技師招聘に当たり,どうしても信頼できる人を見つけなければならない」と,能力のある鉱山技師を招聘する重要性を指摘した[7].中国の鉱山事情を熟知する荒尾精も,後年同じことを指摘した.「清国鉱務の発達させる職として鉱師其の人無きに之由る現鉱務に従事するものの如きは鉱脈の善悪を知らず開掘の拙巧機械の精疏範乎として其津涯を知らずあるいは創業に躓つきあるいは中途に衰ふ其の鉱務の振はさる亦宜なり」[8].要するに,洋務派にとって,鉱山を開発するには優秀な技師をいかに雇用できるかが,なによりも緊急な課題だったのである.

(2) 日本の「新採掘技術」

1871年,清国は日本と国交樹立し,1877年に初代公使である何如璋は東京に赴任した.当時,多くの中国人外交官たちが,明治維新後の日本に多大な関心を持ち,いろんな情報を清政府に送ったりすることもあって[9],李鴻章はいち早く日本の改革に注目していた.1872年に,李は日中両国の政治体制を比較した上で,「しかし,貝の有る財(富),貝のない才(人材)に関しては,遠く西洋に及ばず日本にも及ばない.日本がその君主(明治天皇)が登場して以来,臣(官僚)民(庶民)が一心協力して財と才は日に日に生じて,尽きることはがない」と興味深い見解を述べている[10].このように,日本の政治体制を評価するのは,李鴻章が他の洋務派たちより日本の殖産興業の発展に真剣に関心を寄せていたことと無関係ではない.その一例として,1870年代に,洋務派たちの管轄している船と機械局の半数以上は,一噸約銀3両の価格で日本産の石炭を購入し使用していたが[11],李鴻章の場合,石炭のみならず,1881年以降になると,毎年,日本銅を大量に輸入していた.

洋務派たちは,隣国の改革を賛美するとともに,自国の経済建設のモデル

を日本に求めるようになった．例えば1877年に，唐廷枢は上奏文『請開採開平煤鉄並興辦鉄道』の中で「同治10年（1871），東洋（日本）が西洋（の開鉱）を学んで開鉱し，石炭の質もよく量も多い．販売価格は3元から6元ぐらいで，上海まで運んでもせいぜい4両か6両で，そのため英国産の石炭は少なくなった」と書き綴っている[12]．これを読んで分かるように，彼は鉱山の採掘について，西洋の採掘方法を取り入れた日本の鉱山採掘を評価していた．唐炯は，雲南の銅鉱山を採掘するに際し「機械について，日本が西洋のやり方を採用してから，全ての製造も皆日本人を使っている．鉱山の採掘は，まず雲と気を観察し，そして水，土，石の3つを調査する．それによって使用すべき機械を決めて工事に入る．だから確率が高い」と分析し，日本の採掘法を大いに導入すべきだと提案している[13]．

李鴻章による日本人鉱山技師の招聘背景については，上述したとおりである．次節では，招聘交渉の過程を検証する．

2．交渉の過程

招聘の交渉は，1882年1月から始まり，1887年8月に終了するまで，5年以上にわたる歳月がかかった．この間，日本側のメンバーが3回交代し，途中に1年以上も中断された時期もあった．交渉は，およそ4つの時期に分かれて行われた．本節では，日中双方の史料に基づいて，時系列を中心に，交渉の過程を再現する．

(1) 第1回（1882年1-4月）

1882年1月から始まった最初の交渉は，前期の事前打診をした上で，正式に依頼し，4月20日前後に終了した．まず李鴻章の代理人は日本領事館を訪ねて，日本の銅鉱山の分布状況及び鉱山開発に関する技術等の諸問題を詳細に質問し，日本人の鉱山技師を招聘する意向を表明して，相手側の反応

を確かめた．そして李鴻章は直接に日本領事に面会し，鉱山技師の招聘を正式に依頼した．

天津駐在の日本領事である竹添進一郎が井上馨外務卿に送られた電報によれば，日本人技師招聘の詳細経緯は，次のようなものである．1882年1月16日，李鴻章代理人の招商局総辦の朱其詔は，日本銅山について細かく質問したあと，依頼状を提示した．その内容は，下記の8項目である．①日本の銅鉱の中で，産出量の多いところの数とその地名．②最大な銅鉱の毎日平均産出量，使用している労働者の人数．③その銅鉱はどの程度の馬力の機械を使用しているのか．④使用している機械は毎日消費する石炭がとのようなものであるか．⑤その銅坑の深さはどのぐらいであるか．⑥採鉱と銅の精製その他のために充つる機械はすべて日本製なのかどうか．⑦日本人にて鉱山学に精通し銅の分析精製，またその機械に熟達技術者を，以後中国側より招聘の要望があった場合，応じてくれるどうか．⑧その他銅鉱に係るものであれば大小を論せず詳細に教示して」ほしい，というものだった[14]．

そもそも朱其詔（字は翼甫）は，李鴻章の最も信頼を寄せている幕僚朱其祥の弟である．朱は，江蘇宝山（現在の上海）の出身で，県知事を経験してから道員に昇進．かつて江浙地域の漕運に在職中，暴風雨に襲われる際に，3日間も休まずに，救急作業を指揮して堤防の崩壊を防いだことで，民衆に好かれた[15]人物だった．そのため，李鴻章に買われて天津招商局の仕事を一任された彼は，1881年頃に李鴻章と共同出資で河北の平泉銅鉱山の開発を始めた．日本側の調査によると「同銅山は李鴻章も8万テールの出資をし，朱も4万出資した．」という[16]．

朱其詔は「平泉銅鉱がドイツ人の技師を雇っているが，あまりよくなかった」と語り，「これまですべて西洋人を雇用したが，万一日本人を雇用したら日本の態度とその費用は」と，打診していた．それに対し竹添は，「日中関係は兄弟同類であるから西洋人招聘費用の半分でも雇われる．西洋人は第一に利益を考える．年数を重ねるとさらに費用が増えるが，それにもかかわらず効果が良くない．したがって日本人を招聘することは最適である」と，

中国側の要請に理解する態度を示し，日本人ならば費用が低く抑えられるし，日本政府としては両国関係を考慮して協力するだろうと述べている[17]．

その後，竹添は李鴻章との会談内容を井上馨に報告した．井上は，竹添の報告を受け取った後，すぐにも佐々木高行工部卿に鉱山の調査を依頼した．3月25日，井上馨は，日本全国の銅鉱山の状況を調べないとすぐわからないので早速工務卿に調査の依頼をしたこと，参考までに二三の銅鉱山の概況を添付する，という内容の返事を竹添に送った[18]．

他方，朱其詔から竹添の意見を聞いた李鴻章は，再び日本の工学部卒業生の月給，熟練技師の月給，さらに旅費の詳細金額を問い合わせるようにと，朱に指示した[19]．

3月30日，竹添は呉書記生に同行して李鴻章を訪問した．その席で，李鴻章はまず日本の鉱山採掘の方法について熱心に尋ね，そして日本人の鉱山技師を招聘する意図を説明した．「日本と中国は近隣であり，同じ中国である雲南よりも距離的に近く経済的にも合理的である」「雲南にも銅鉱山があり，技術に熟練者がいる，雲南から招聘したらという人もいるが，しかし，距離が遠くて日本と変わらない．日本人を雇うと便利」であるし，日中両国が「唇歯の仲」という親しい関係にあるので，今度の鉱山技師招聘によって，両国の関係はさらに親密になるに違いなかろう」[20]と，述べている．李鴻章との会談を通じて，竹添は，日本人鉱山技師の招聘が李鴻章の発案であることを確認できたため，日本として真剣に対処すべきだと井上に提案した．

竹添はまた意見書を井上に送り，鉱山は李鴻章が関係するものであることと判断した．やや長いが，その意見書の一部を引用する．

第1に，もし日本人技師を招聘すれば，今後支那にて新事業を起こすとき日本人雇用の道を開くことになる．というのは，李鴻章は西洋人の仕事の未成功に不満を抱き，いまだから，進入のチャンスである．第2に，もし日本人技師を招聘したら，実は今度をもってはじめと為すこと，適任者を選抜し，清国人が満足できるならば，今後の清国新事業のとき，

西洋人をやめ，日本人を招聘して，日本の利益になる．第3に，月給についても，眼前の利益を考えず，まず清国の市場にはいる事が大事である．第4に，技師になれる日本人の条件は，a 工芸に熟練すること，b 性質温和，清国人に親しみ易いこと，c 渡航の時支那服を着用すること，理由として支那人は西洋人の乱暴な性格そして奇怪衣服を嫌うからである．

竹添進一郎は，1878(明治11)年に天津日本領事館に赴任した外交官であり，優れた漢学者でもある．彼は中国朝野文人と幅広く交流し李鴻章とは古くからの知り合いであった．李鴻章は「竹添進一郎者,上年運米来津助賑,学問淹雅,曾与訂文字交」としている[21]．結局，竹添が熱心に推進する結果として，日本側の対応は，基本的に竹添の意見通りに，李鴻章の要請に応えられるように行われた．

それでも李鴻章は焦りを感じていた．4月17日，津海関道である周馥の署名の，日本人鉱山技師招聘の依頼状と招聘状が天津日本領事館に届けられた．書簡は次のと通りである[22]．

拝啓，今月28日（西暦4月15日），総督（李鴻章）の命令を受け，平泉州鉱局と朱道台（朱其祥）等が日本の西側（採掘）方法の鉱山技師を中国に招聘し，平泉鉱局等を経営しようとしている．この書簡は貴領事を通じて貴外務省に転送し，速やかに西側の鉱山採掘法を熟し，本当に鉱脈を見つけられる一流の技師を選んでくれるようお願いする．その件について朱道台は既に貴領事に数度に亙って協議したが，技師の月給，期限及びその他の詳細は朱道台と相談したうえで決めてくれるよう，（中略）早く良い技師を選んでくれ．津海関道　周馥　2月29日（西暦4月16日）．

周馥は，安徽建徳出身の文人で，青年期からその才能を李鴻章に認められ，

1862年から1901年まで30数年の間に洋務運動に従事し，両江総督および両広総督を歴任しただけではなく，李鴻章の匯系集団の中でも大きな功績と影響を残した人物である．1875年に李鴻章の指名を受けた周は，海防支応局に配置されて北洋海軍の軍用費の出納を担当し，81年から天津海関道の仕事をし始めた[23]．

次に趣意書紹介．趣意書とは技師招聘にかかわる諸条件と報酬などを明記する契約書のことである．

　鉱山技師を招聘するに際し（鉱山監察，採掘の方法に精通する人）以下の条件は，重要である．
一，鉱山技師は日本より出発したときから鉱山の採掘に至るまで，鉱山技師の月給は津銀200両，弁辦（助手）銀70両，通訳50両，出発（着任までの手当て）は日で計算する．
一，鉱山開発後，月給は技師350両，弁辦100両，通訳70両で着工する時から計算．
一，日本から天津ならびに天津から日本への往復旅費は，鉱山主より支給，一人140元．
一，天津から鉱山現場に至る内地における一切の旅費等は，技師等関係なく，鉱山主が負担．
一，鉱山採掘用のすべての機械及び仕事用のすべての物品は，皆鉱山主が調達．
一，技師の期限は何年で満了するかそしてもし病気があった時の帰国と休業などについては，どの様に処理するかの問題は技師が天津に到着してから鉱山主と面談して決める．
一，招聘される鉱山の鉱脈を監察する技師は，各地に行って初めて鉱脈があるかどうか鉱脈がよいかどうかのことを分かる．ただ鉱脈のことを調べる技師は次のような条件で招聘する．
　日本から出発以後の月給，天津銀300両，弁辦100両，通訳80両．

その他は前の規定と同様であること[24].

　趣意書は,技師招聘に関する中国側の基本的な意向を反映したものであり,後述するが,それは後の技師招聘交渉の叩き台となった貴重な資料として注目に値するものである.

　ところが,5月にはいると,3カ月間ほど順調に進められている交渉は,突然中止した.なぜ中止したのかについて,不明な点が多いが,当時の状況を分析すれば,次の3つの要因が考えられる.第1に,清政府の反対にあったこと.3月17日,「開平炭鉱が炭鉱を採掘し,西太后の風水に傷つけた」との理由により,暫く工事を中止するようにと,清政府からの通達があった.それに対して,李鴻章は開平炭鉱の採掘を継続させる一方で,平泉銅鉱の採掘を中止した[25].第2に,李鴻章の母親が逝去したこと.4月17日に李鴻章は危篤の母親を見舞うため,天津を離れて実家のある合肥に戻った.24日に母親死去.その後「穿孝百日」(百日間の服喪)という中国の慣習に従って,李鴻章は清政府から休暇をもらい,そのまま合肥に滞在することとなった[26].第3に,日中関係がより険悪になったこと.6月27日後,つまり李が服喪している間に,朝鮮問題をめぐって,日中関係がギクシャクした.従って,交渉を継続していく土台はもはや崩れてしまった[27]のである.

　このように,はじめに順調に進んでいくかのように見えた日本人鉱山技師の招聘は,ついに中国内部の政治状況の制約や日中外交の悪化によって挫折した.しかし「平泉鉱務招商章程」第9条に克明に紹介した「日本佐渡銅鉱山の採掘方法」に見られるように[28],交渉の結果より,李鴻章が交渉過程を通じて,日本銅鉱山の採掘方法を積極的に中国の鉱山採掘に取り入れようとした事実は,実に興味深いものだったと言える.それは2年後,中国が技師招聘の交渉を再開させる契機となり,日本人鉱山技師の持つ技術を活用し,中国で鉱山を開発させたいという李鴻章の執念がついに貫かれた背景だったと理解できよう.

(2) 第2回交渉（1884年）

　周馥の呼びかけによって2回目の交渉は，1884年1月から開始し，中仏戦争の勃発した8月中旬まで続いた[29]．双方の登場人物は，中国側では李鴻章と周馥以外に，新たに馬建常と李宗岱が参加したのに対して，日本側では竹添の転勤により，後任の原敬は表舞台に立ち，東京で指揮をとったのは前回と同じ井上馨である．交渉内容は終始技師の条件と待遇の問題に焦点が絞られていた．1年半前の話し合いを継続する形で行われていたため，交渉自体は割合スムーズに進み，協議の中身も具体性をもつものだった．日中双方は，鉱山技師の定義や仕事の中身から給料の金額および契約書の項目まで，一つ一つ確認しながら，前回の交渉より大きく前進したと思われる．

　『原敬日記』によれば，2月5日，海関道の周馥と羅豊禄は来訪し，鉄山の話の中に「支那山東地方に鉄山あり又南方の某所にあり皆今より着手せんとす砂鉄の由也，現今支那の需要民間に在ものは皆内国産に係わる」とあり，これらの鉱山の鑑定と採掘に際し，日本人鉱山技師を招聘することに触れた[30]．13日に，周馥は繰返し日本の鉱山鑑定と採掘の経験者を招聘したい要望を原敬に伝えた．翌月14日，原敬は周馥らの要請を井上馨に報告した[31]．4月9日，井上が原敬宛の電報では，日本人技師を招聘に応ずるかどうかは未定であること，学術経験が共に豊富な者への給料も1カ月300両位にし，少なくとも3カ年の期限を設けるべきであるという内容が指示された．18日，井上は李鴻章の鉱山技師招聘意向を確認する書簡を再び原敬に送り，「看鉱と採掘とも違うし，両方を有する人材が少ない．技師以外に通訳と補助人も必要だから往復の旅費を充分考慮しなければならない」と注文も入れた[32]．これまで問題にしなかった給料問題に触れ，欧米人と同様基準を要求したと思われた．

　5月5日の井上書簡を受領後，原敬は翌日李鴻章を訪問し，鉱山技師の問題について協議した[33]．李鴻章は「従来欧米人に鉱山の仕事を依頼したが，何分事業も十分ならず，かつ給料の高きには随分迷惑した．日本より雇用したら経済的であると考えていた．しかし，月給300両の外に補助と通辦まで

要するのであれば，予算上欧米人と大した違いがない．その上補助や通訳も必要となり，欧米人と大差がない，充分協議して欲しい」と語り，欧米人に支払う同額の給料で日本人鉱山技師を招聘することは，さほど意味がないことを指摘し，原敬を通じて日本側に再考を促した[34]．

この李鴻章の意見に対して，原敬は次のように答えた．①最初から技師の年限は，決めない方がよい．②給料は高い方が良い技師が招聘できる．日本でも良い技師は300-400両がかかり，給料の安いものは，学業経験も劣る．③通訳の件について，日本人技師ならば，恐らく英語かドイツ語が分かる．原敬は，看鉱と採掘とはかなり違う仕事で，両技を有する人は少ない事を指摘しながら，「畢竟此度は閣下の御依頼に付，保証の出来る完全の人を貴国に送らずしては不都合なりとの配慮より，充分の人を申越たるなるべし」と述べた[35]．

1人の鉱山技師に月300両も掛かるという原敬の話を聞いた李鴻章は，難色を示した．会談後，李鴻章から何の回答もなかったので，原敬は李鴻章がはたして本当に日本人の鉱山技師を雇うかどうかを心配した．そこで原敬は23日に李鴻章と再度面会した際に，改めて鉱師招聘の件を尋ねたが，「目下尚詮議中に付き，暫く待ってくれ」という返事をえただけである[36]．

ところが，この招聘交渉の経緯と李鴻章の本意を充分把握しなかった原敬は，李鴻章が日本の鉱山技師を屢々依頼したのは，ただ低価の給料を望んでいると理解した[37]．原敬は井上に宛てた書簡には「李鴻章が只給料のみ心痛するようで，彼方にては人の能否は鑑定するの力量なきためか，又は鉱山の何物たるを知らざる為かのどちらかで，大変理解しがたい」と心情を吐露し[38]，したがって井上に「此事は中国側の依頼よりおこりたる事にて，日本としては強て雇い入れをする筋に無いではないか」と提案したのである．

そして，5月31日に，馬建常と李宗岱は李鴻章の命令により原敬を訪問した[39]．翌6月1日，馬建常と李宗岱の2人の名義で書かれた書簡を原敬に送った．書簡には，「第1に，山東において銅と鉛を生産する処が極めて多く，現在既に数ヶ所を鑑定して，採掘しようとするところである．第2に，

しかし一番貯蔵量の多い処を知りたい．第3に，そのために鉱山技師を招聘するつもりである．鉱山技師に鑑定させてから採掘を決めようとしている．第4に，昨日，李中堂（李鴻章）の指示を受けたし，また貴領事（原敬）もかつて貴国鉱務関係に確実に精練に精通する技術者がいて，鉱山鑑定及び採掘できると教えた．第5に，従って貴領事から貴国外務省を通じて鑑定と採掘に精通する技師を捜してほしい．特に西方の採掘方法に熟練した技師の方が必要である．第6に，技師たちの待遇は，鉱師の月俸約洋銀200百枚，副助員は60枚，通訳は30枚で，食事代は含まれており，往来経費は別項である」という内容だった[40]．

　この書簡は，2年前の依頼書と2つの点で異なっている．まず李鴻章の指示を受けて日本人技師を招聘することが明瞭に記載されていること，そして事前に技師の待遇を決めておきたい旨が示されること，さらに看鉱と採掘とは別の業種と理解した点と，鉱山を見つけたら，採掘についても日本と相談して招聘を協議するという点も看過できない．これは，原敬の意見が書簡に多少反映されたと解釈できよう．また，仕事の場所を，主に山東付近の銅鉱山を鑑定すると明記されている．さて，この中国側の依頼書に対して，日本サイドの反応は，どのようなものであろうか．次に原敬の意見を見た上で，井上書簡を検討したい．

　6月1日，原敬は井上に長文の書簡を出した．5月31日に馬建常と李宗岱との会見状況と，6月1日に受け取った依頼書に関する見解が述べられている．要旨は，おおむね，次の通りである．第1に，鉱山を鑑定する者と採鉱師とは別種なるべきこと．第2に，中国側は看鉱師を要請したのではないかとして，中国側が提起した給料の2つの案に対して原敬は，寧ろ雇われる本人の意見を聞くべきだと意見を述べた．第3に，給料はドルにすべきだが，山東のような地方に行くとドルが扱われておらず，天津銀か芝罘銀しかなく，為替の問題があるので始めから銀にすべきではないかと提案した[41]．

　続いて原敬は「其筋へ御協議之上至急何分之御回示相成候様致度候．尤も書信にては詳細を悉し，難き次第，且つ往復之間余り遷延相成ても好ましか

らぬ義に候に付，大体之範囲を御定之上，商議御委任相成候様へなれは，取り極め上には大いに便利を得可申哉と存候.」と原敬は要求した[42]．要するに，李鴻章との交渉につき，一から十まで東京の指令を待たなければならないやり方を変えて本件に関する全権委任を求めたのである．これは，井上をはじめ外務首脳に対する反発と解釈できるし，外務首脳として，この技師招聘の問題をいかに重視しているのかを窺うこともできる内容であった．

だが，井上は原敬の要求を呑まなかった．彼は，原敬から送られてきた中国側の依頼書を検討した上，7月1日に原敬書簡を工部省鉱山局に適任の人物の有無並びに給料其他を問い合わせた後に，23日に原敬宛に書簡を送った．井上は書簡の中で，まず仕事上，鉱山鑑定と鉱山採掘とが同一性格ではないのを詳しく説明し，そして然るべき資格を持つ人物を雇うには，1カ月300両位，副手100両，通訳80両でなければ無理だと強調すると同時に，日本側の意見を速やかに李鴻章に伝えて，相手の回答を待つべきだと命じた[43]．

ところでそれに対して，原敬は中国側が言っているのは井上の言う専ら鉱山の有無を鑑定するような鉱師ではなく，「彼等か現に数処を看定したれとも何処の産は最も富めるを知らさるに付，鉱師に各処を踏看せしむるとの意に過ぎない」と言い，東京の判断は正確ではないというニュアンスを持つ言葉で反論した[44]．彼は，「馬建常が李宗岱の代理に過ぎず，雇い主と無関係と判明したので事情の委細を直接李と連絡すべき」だと主張した．8月13日，原敬は井上の書簡を受領後，日本側の意見を，書信をもって李に発送した[45]．「①看鉱兼開鉱なら月給が高くしてほしい，②そうでなければ最初から鉱山を鑑定するならば，仕事も大変で薪水も別に考えるべきだ．さらに日本側が提起した月給の基準一覧表を作っていた」[46]という内容であった．

8月中旬まで続いていたこの交渉は，下旬に勃発された中仏戦争と11月に起きる朝鮮事変によって，自然に中止された[47]．(8月にフランス海軍は，台湾に侵攻して中国軍に撃退された．しかし下旬に，福建馬尾港に停泊しているフランス艦隊が突然福建水師に攻撃を加えたため，清国政府はフランスに宣戦を布告した．) こうして李鴻章にしても原敬にしても，朝鮮問題の処

理に追われて，鉱山技師の招聘を議論する余地がなくなった．このように，2回目の交渉は，李鴻章が原敬に素直に技師招聘の中国側の目的や条件などを話しており，議論の焦点も技師招聘の条件と待遇に移ったことが特徴である．第一回の交渉より，実務のレベルでさらに一歩前進したと言えよう．

(3) 第3回交渉（1885年）

1885年に始まった3回目の交渉は，朝鮮問題に関する中日条約を調印するための，伊藤博文の1885年4月の中国訪問および天津における李鴻章との間の4回にも及ぶ会談と直接的関係があった[48]．一方，原敬の離任により，日本側に芝罘領事代理の松延弦がメンバーとして参加し，天津領事の波多野承五郎も途中から参加した．中国側のメンバーは変わっていなかった．

8月3日，松延は井上に「清官李宗岱が来館し，日本人技師招聘に問い合わせをした．中国側として昨年，原敬領事との交渉を再開したい意向を表明した．どう返事するか井上の指示を待つ」と報告した[49]．中国側からの交渉の要請に対して，9月15日，井上は松延及び波多野にそれぞれ書簡を送り，これまでの経緯を説明し，原敬が技師の月給等についての意見も詳細に採録した．そして，さらに「第三回目の交渉過程においても相変わらず清国側の要求が高い，実地調査と採掘の両技を備える者が少なく給料問題について慎重にすべきだ」と指示した．また日本側の意図を正確に把握させるために，井上が12項目の注意事項を添付した[50]．

1．鉱山技師の正式な官名が必要
2．給料月給200両
3．一年後に鉱山が発展すれば1カ月50両増額すべし
4．助手50両2名
5．技師に全権委任とし，干渉してはいけない
6．機械購入に際し，清国人の熟練者がない場合，日本人を招聘すべし
7．往復旅費260両
8．助手旅費260両

9．鉱山鑑査のために月給以外，旅費，食料を提供すべし

10．住宅を提供すべし

11．病気の場合，費用負担する

12．必要機材を提供すべし

13．以上の要求に満足してから契約を調印する

9月30日，松延は「今回李宗岱の技師招聘は李鴻章の了解を得た」ことを井上に報告した[51]。10月17日，波多野は「今般山東省鉱山開採之為我邦より鉱師雇入れ度旨清官李宗岱より依頼有之候右は李宗岱が李鴻章の命を稟け，昨年中同氏より原領事へ依頼有之議を継続する」ことについて，すでに李鴻章に面会した際に確認し，松延にも伝達したことを説明した[52]。そして波多野は井上から内示された問題については，10月22日頃に帰津する予定の李鴻章に会って話し合うと報告した[53]。

このように，日本側の交渉は，基本的に井上12項目に基づいて進められたようである．10月25日，波多野は李鴻章を訪ね，技師招聘の諸問題を中心に協議した．その際の李鴻章の回答を要約すれば，次の四点である．1.李宗岱より技師招聘についてはまだ聞いていなかったが，井上外務卿のご好意で，鉱山鑑査と開鉱両技を兼ねる鉱師を特別に選んで下さる事に深謝し，芝罘の日本領事が速やかに山東との間に約定を結ぶべきだ．2.日本が選抜した鉱師は果たして技術熟練の人物か，もし本当に大卒で英国にも留学した人材であれば，会いたい．3.しかし，もし両技兼ねる技師でなければ，李宗岱は他の外国人を利用するだろう．4.中国にも英語に通ずる人が少なくないから，出来れば英語に通じる人を派遣してほしい，というものであった[54]．波多野は李鴻章と会談の席上で，もしかしたら李宗岱は日本人技師を招聘せず，西洋人の技師を依頼するではないかと心配し，このような事がないように懸命に李鴻章を説得していた[55]．

ところが交渉は直ちに頓挫した．11月20日，松延が井上宛の報告によれば「上海『申報』には李鴻章は米国人ビッチアルドを招聘し鉱山の仕事を依頼した」と報道したことが，交渉中止の理由だという[56]．しかし，これがは

たして本当の理由かどうかは疑問である．それより寧ろ，中国側は日本側の手堅い交渉条件にぶつかり，あきらめて，その代わりに米国人を招聘したと思われる．もう1つは，やはり朝鮮問題と関連があるようである[57]．例えば，11月9日，袁世凱は李鴻章に会いに密かに朝鮮から天津に来て，軍隊の派遣を要請したが，李鴻章に断られた．そのために12月12日，国子監祭酒盛は「間違って人を使用して，伊藤博文と条約を結んだため，日本に干渉の口実を与えながら，朝鮮から軍隊の援助を求める要請を断り，中国の周りの城壁を壊した」と，李鴻章の政策を批判し退任まで要求した[58]．このように，技師招聘をめぐる第3回目の交渉もついに終止符が打たれたのである．

(4) 第4回交渉 (1887年)

第4回目の交渉は，1887年5月から9月までの間に2回に分けて行われた．次に李鴻章に招聘された鉱山技師市川文吉ら一行の天津到着前後の動きを中心に検討してみたい．

1886年に黒龍江の莫河地方で金鉱を設立した．1887年に李鴻章は鉱山に詳しい吉林候補知府の李金庸を派遣し，監督することになり，16条からなる規定を作り，20万両を集めて，12月5日に「漠河金場章程」を提出した[59]．李鴻章によれば，彼は東北黒竜江漠河金鉱の李金庸からの，日本人技師の招聘依頼を受けて，日本外務大臣榎本の紹介を通じて，市川文吉を招聘することに決めた[60]．即ち，今回の技師招聘はそもそも李鴻章が漠河金鉱山の鑑定と採掘を考えていたようである．ところが李金庸は，はじめから日本人ではなく米国人鉱山技師を雇うつもりだった．5月6日，李金庸は李鴻章宛書簡に「漠河金鉱山に行く予定だが，鉱山技師はいつ頃到着できるか」と尋ねた[61]．李金庸が言う鉱師とは，恐らく米国人鉱山技師のことを指していた．しかし，同日に李鴻章が李金庸に送った書簡には「米国人鉱山技師は到着したが，まず熱河へ鑑定に赴くことを上奏するから，予定通りにはそちらに行けない」と告げる[62]．この文脈から考えれば，少なくともこの時点で李鴻章はすでに米国人鉱山技師を熱河に行かせ，代わりに日本人鉱山技師の招聘を計画して

いたということであろう．

　5月13日，黒竜江省の恭将軍は李金庸がすでに現地に赴き，自分も直ぐに漠河金鉱に行くので「早く鉱山技師を寄越せ」と李鴻章に要請した[63]．恭将軍の要求に対して，李鴻章は故意に米国人鉱山技師の出発時期を明言しなかった[64]．では，李鴻章はいつ，どのように榎本と会って市川文吉招聘の事を依頼したかを知る史料がないが，しかし，6月7日，在東京の清国公使徐承祖に宛てた李鴻章の書簡によれば，彼があえて恭将軍の要請に明答を避けたのは，李が直接に日本との交渉を行っていたからだろうと思われた．李鴻章は（市川が来るとき，大使館から苦労に耐えられるロシア語の通訳を派遣して同伴して下さい．天津にはロシア語通訳がいないから）と徐に指示した[65]．つまり，李鴻章は李金庸に米国人鉱山技師が予定通りに漠河金鉱に行けないかもしれないと発信する時，同時に日本側と技師招聘の交渉を行っていたと推測しても間違いないだろう．

　実際，7月22日，日本外務省は市川文吉の訪中用のパスポートを発給していた[66]．市川文吉はロシア語を話せるが，ロシア語および日本語のできる人材が中国側にいなかったため，結局，かつて天津領事館に勤務し，原敬の随員を務めたこともある徳丸策三を通訳として（中国人の王輝章も）同行させることになった．8月10日，市川と通訳の徳丸策三ら3人は，敦賀丸にて天津に到着し，12日に波多野領事に案内され，李鴻章を訪問した．李鴻章は，会談の冒頭で市川の履歴を尋ね，次のことを述べた．「①市川鉱師一行は支那服を着くる方便利なるべし但し拙者より派遣し拙者の認可する以上は何服を着け何ようの装をなすも勝手次第たるべし．②別に約定書は取り換はさず派遣後の給料其他事項詳記したる命令書を付与すべし．③仕事はまず洗金場，次に他の場所を探す．④ロシアとの関係があるので，絶対秘密にすべきである」と．旅行中の安全について，李鴻章は「途中危険の場所は兵隊を以て保護すべし」と説明し，さらに「黒竜江将軍は拙者の朋友なれは同将軍に書を贈り好遇をなすべき旨照会し置くべし取り扱いの丁寧なる儀を保証すべし」と確約した．李はさらに「今回にては何事も羅豊禄と協議せらるべ

し」と担当者をも指定した[67]．それから数日後，羅豊禄と朱湛然は市川に面会するため，領事館を訪ね，石金採掘の方法についていろいろ質問したが，その際，市川の履歴およびかつて修業研究の場所などをも詳しく尋ねた[68]とされる．

不思議なことに，市川らは李鴻章と会談してから天津で1カ月以上も待たせられた．9月中旬頃に入ってから，ある日，羅豊禄ら2人が来訪して，李鴻章の命令で市川との契約を解約することを伝えた．すでに外国人技師を招聘したからという理由だけで，それ以上の説明をしなかった[69]．こうして5年以上にもわたるこのマラソンと言われるほどの交渉はやっと合意に達し，中国側の要望を満たすような日本人技師との間に契約書まで交わすところに至ったが，そのまま不発に終ってしまったのである．

以上，日中双方の動向を史料によって検証し，交渉過程の全容を明らかにしたが，では，なぜ紆余曲折を経てようやく雇用契約が結ばれたにもかかわらず，李鴻章は日本人の技師を辞退させたのか，この辞退劇の裏に何があったのだろうか．次に筆者は交渉過程に現れる李鴻章の思惑を手がかりに，日本の対応に触れつつ市川を解任した理由を解き明かしたい．

3．交渉の内容と諸問題

(1) 中国側の思惑

以上の叙述からこの交渉過程に現れた幾つかの特徴が見られる．即ち李鴻章が招聘計画の主役であり，殆どの協議の席に臨んではいたものの，これは日中両国の正式な外交ルートを通じての政府間の交渉案件ではなかった．また極秘の中で行われていたこの交渉に関する中国側の記録が殆どなかったし，李鴻章以外に，4回の交渉に参加したのが数人の幕僚しかなかったということからみても，招聘計画は，李の私的なプロジェクトのようなものにすぎないと言える．繰返し指摘するまでもなく，李鴻章側は，交渉の過程にお

いて，終始秘密主義的であり，慎重であった．交渉方式は，事前に周到に調査し，日本側の反応を窺いつつ，最後に李鴻章は対日会談の表舞台に登場するというものだった．しかしなぜ李鴻章は日本人技師に関心を寄せていたのだろうか．

　第1に，日本人技師は果たして有能かどうかという問題である．つまり朱其詔にしても李鴻章にしても，日本領事に対して日本の銅鉱山の状況を再三に問い合わせた本当の理由は，ほかではなく日本人技師の実力を確かめたかっただけにすぎなかった．というのは，1880年代に李鴻章はドイツや米国人技師を雇い，鉱山開発に当たったが，技師の玉石混同，技術力や生活習慣，および高価な月給などの問題が中国の雇い主たちを悩ませていた．しかし，もう一方では明治維新以後，日本の銅鉱山開発は短期間に飛躍的な発展を見せ，李鴻章をはじめとする洋務官僚の関心を惹きつけていた．もし同レベルの技術さえ持っていれば，西洋人ではなく東洋人である日本人の鉱山技師を雇用した方が便利だと李鴻章は考え始めていた．日本人技師の実力や銅鉱山開発の全体状況をある程度把握した上で，李は，最初の会談に日本側に細かい調査項目を提出したが，結果的に満足できるような回答を得た[70]．

　次に，日本人の技師を雇うには経済の面で採算に合うかどうかの問題である．これは日中間で初期の交渉に繰返し交わされた話題であり，原敬はより安い月給で日本人技師を招聘したいという経済的な打算こそ李鴻章の真意だと指摘した．その延長線で「彼（李鴻章）の日本鉱山師之事屢屢依頼ありたるは，必給料の安きを望みたる事は今日の談話にて判然致候．彼方にては人の能否は鑑定するの力量なきためか，または鉱山の何物たるを知らさる為か，給料のみ心痛致すは甚た解了難き致次第に候へ共，つまり外国人同様之人を得て給料は安きを欲する考に可有之哉被致候」と，原敬は李鴻章の動機を分析していた[71]．確かに月給があまりに高くなると困る．しかし，技師の月給は単なる鉱山開発経費の一部にすぎず，総経費の全てではないことを李鴻章は知っているはずであった．実際，中国人の基準から見れば李鴻章が日本人技師に提供する金額は決して安くなかった．1870年から90年まで一般労働

者の給料は毎日1角5分から2角で，監督の場合は，2角程度であった．鉱山労働者は，出来高給料で普通の労働者よりも少ない．要するに李鴻章が中国人よりはかるに高い月給を払って日本人の技師を雇用することは，日本人の技術能力を認めた上で，給料の面で西洋人より多少低いものの特別に問題はないと考えていたからだろう．逆にそもそも技師費用にかかわって李鴻章は西洋人から日本人に切り替えようとしたのではないことが裏付けられたと理解すべきであろう．また技術の面で進んでいる日本人の技師を招聘する以上，欧米人並みにしかるべき待遇を与えるべきだと李鴻章は内心では認めていたのであろう．彼はなによりも優秀な技師を望んでいたからであるといっても過言ではなかろう．

第3に，朝鮮問題をめぐる日中関係の悪化は顕著になったこと．当時の中国は，国力の増強を盾にした日本との間に朝鮮問題をめぐってしばしば衝突しており，いつ，どんな問題が起きても不思議ではなかった．直隷総督としての李鴻章は，内政と外交，いずれの面においても同時代の中国官僚より日本に関する情報を多く把握しており，対日交渉の最前線に置かれている立場もあって，日本の対外的な野心についても一番察知していたはずである．それにもかかわらず，李鴻章は，国内からの反対によって中止か延期を余儀なくされた日本人技師招聘の交渉を，5年間経過しても最後まで粘り強く続けていた．中国側の交渉担当者は何度も変わったが，最後まであきらめずに推し進めたのが，李鴻章本人であったことは注目に値する．即ち李鴻章の強い意向があったからこそ，時期が推移するし，場所が変わっても，この長い難題だらけの交渉を可能にしたのである．李鴻章は，技師の招聘は技術レベルの問題と見なしたのであり，複雑極まる外交関係と切り離して処理したかったのだろうと思われる．

対日関係のさまざまな障害を克服し日本人の技師を雇うことに固執したのは，李鴻章なりの考慮があったからと指摘できる．李鴻章が自ら表明した理由によれば，1.地理的に近いこと．日本よりの雇い入れなら旅費も減少できる．2.食べ物も西洋人とは異なり，中国に近い．3.同じ漢字を使用している

から筆談もできるだけではなく，中国にしばらく生活したら中国語にも通じる人がいる．4.食べ物と同様に東洋人だから服装，生活習慣も近いので便利であること（中国人が西洋人の乱暴な性格そして奇怪な衣服を嫌う）．5.西洋の技術も熟練し，費用も高くない[72]．このように日中間のプラスの面からもたらされる協力の可能性を日本側に技師招聘の理由としてあげることは，1880年代の中国事情から考えれば頗る珍しかった，と言える．それより16年も遅れた1898年に，張之洞は，中国人学生に日本留学を勧め，著名な『勧学篇』を著した．そうした意味では，前述の原敬の批判は勘違いであったと言えよう．

(2) 日本側の対応

次に日本人技師の招聘をめぐる日本側の対応とその変化を整理してみよう．

まず5年間の交渉に関係する日本側の参加者一覧表を列挙してみることにしよう．天津日本領事館の各代領事，竹添，原敬と波多野と外務省の井上および招聘された技師の市川と通訳の徳丸などである．当時の日中関係から見れば，技師の招聘は，長崎水兵事件，朝鮮問題及び清仏戦争と比べてスケールの小さな交渉であった．しかし，井上はじめ，当事者たちは，この交渉を粘り強く続けたあげく，李鴻章の要求通りに，有能な技師を中国にいかせるまで実現させた．日本側としては李鴻章の招聘要請にはじめから大変乗り気になり，終始積極的に動いていた．1882年1月頃から1887年の半ばまで，天津の日本領事館メンバーが3回ほど入れ替わったものの，技師招聘に対する態度と真剣さは少しも変わらなかった．例えば，最初に李鴻章と意見を交わした竹添進一郎は李鴻章の意図を説明し，井上馨外務卿に是非とも李鴻章の要請を受け入れてほしいと提案した．また後任の原敬は，李鴻章の疑念を打ち消すために，日本人の鉱山技師の優秀さを力説し，高く評価した[73]．原敬は，李鴻章との会談の中で，もし李が望むならば「何時にでも自分の知るだけは陳述すべし」と好意を示した[74]．原敬の後を継いだ波多野承五郎も，招聘交渉を続けさせた．前任者と変わらず，彼も井上外務卿及び芝罘領事と

頻繁に連絡を取りながら中国側に積極的に協力する姿勢を示そうとした．結果的に日本側関係者は李鴻章の要求に対して意見の違いがあるものの，できるだけ李に満足させるような優秀な日本人技師を紹介しようとし，雇用契約の締結に懸命に努力したのが事実であろう．

　前にも述べたように，日本側の最高責任者は井上馨であった．井上は，4回にわたる交渉に対して，終始東京から指揮をとっていただけではなく，自ら意見書まで作成したりした．1885年9月18日，井上によって作られた意見書を見れば，彼はこの技師招聘交渉をいかに重視しているのかが一目瞭然であろう．実際，原敬は天津赴任に際し，井上からその内容を内々に指示されていたようである[75]．即ち，日本側の交渉は，井上の指導下に置かれており，しかも彼の意思によって進められていた．

　第2に，井上はもちろん，日本側の当事者は，中国に日本人技師を派遣することを日本の対中国進出の良い機会だと認識していた．前にも触れた如く李鴻章から技師要請の話を聞いた竹添は，ある政治的な意味合いを汲み取り，同日に井上宛てた書簡に「もし日本人を招聘すれば，今後清国にて新規の工業を起こすとき，日人招聘の道を開く，いまだから日本人進出のチャンスである」[76]と語り，技師の待遇に触れる際にも「月給についても眼前の小さな利益を考えず，まず清国の市場に立ち入る事が大事である」と月給の金額を多少譲歩しても早く中国に技師を派遣することが先決だと井上に進言した[77]．このような竹添の意見は，日本側当事者の間で共通した認識だったと見てよかろう．また技師の待遇や契約書の内容に慎重の態度をとったのも，この技師派遣を対中国戦略の長期的，かつ重大な問題だと認識したからであろう．

　さて，日本側が技術的な面における細かい点を重視した背景には，明治維新以来，大勢の西洋人技師を雇った経験があり，外国人との間に待遇や契約内容をめぐってトラブルが多発したことに無関係ではなかろう．近代日本におけるお雇い外国人の歴史は，1880年代から1つの転換期に直面し始めた．例えば，1880年（273名）には学術教師，技術者ともに1874年（503名）の最高時に比べてすでに半減し，1885年になると1879年に比べてさらにその

人数は半減して，141名しかなかった[78]．約10年の間に，お雇い外国人の総数が3分の1に減った最大な原因は，ほかではなく多額な経費を負担できなかったからである[79]．したがって，日本側は，トラブルになる恐れのある高給の基準について，まず確認し，技師の月給条件については絶対譲ろうとしなかった．結局，交渉中，技師の月給問題は一番時間がかかった．外国人技師の雇用する過程に必ず発生する待遇の問題を，事前に契約書によって防ぎたいという意図が強く働いたと思われる．

そのほかに，さらに2つの理由がある．井上にして見れば，西洋人と同じ技術水準のある日本人を雇うならば，西洋人と同額の月給を支払われるのは極当たり前のことだと考えていた．東洋人だから費用は安いという見解に納得できない．したがって，彼は多少費用が安くでも中国市場に入ることは先決だという竹添の妥協案に反対した．それに，当時の日本国内において，よい鉱山技師は少なく，竹添や原敬が李鴻章にした自慢話とは違って，外国の鉱山開発を指導できる人材はいることはいるが，決して多くはなかった．現に1885年に工部省は29名の外国人技師を雇っており，人数的に各官庁の中で一番多かった[80]．無理やりに優秀な技師を派遣するのに，差別待遇を受けるのは，受け入れがたい条件だと考えられていたのだろう．もし日本の鉱山現場からしかるべき技師を中国に派遣したら，そのかわりに，外国から同レベルの人材を招聘しなければならないという事態が発生するかもしれない．しかも同じ頃，日本は，ドイツで現地の鉱山技師に提示する契約の月給も300円だったこともあって[81]，井上が李鴻章に鉱山技師の月給は最低250元という強硬姿勢を李鴻章に提示したのも，こうした国内事情による当然の立場と理解できる．

ただ月給問題を除いて，井上は竹添や原敬らとは根本的な意見の違いがなかった．むしろ月給をめぐる対立は，かえって両方とも日本の対中国の長期的な利益を重視しているが，思考の重点がそれぞれ異なることを物語っている．竹添が市場を獲得するため時間の緊急性を主張したのに対して，井上は技師の月給も国家の利益と考え，日本を西洋と同格に扱う国家のプライドに

関係する一大事と位置づけたからだ．総じて言えば，日本がまだ外国に技術者を派遣できるほどの先進国になっていないにもかかわらず，すこし背伸びしてまでも早く中国へ日本人の技師を派遣したいと思うのは，中国市場に進入し，西洋諸国との競争に勝って中国利権を最大限に獲得する目的以外のなにものでもない．このような政治的な打算は，契約書に漕ぎつけるまでの過程に見られるし，また契約書の内容からも読み取れるだろう．

もう1つは，日本と中国の力関係の変化も一因であろう．確かに日本人の技師は優秀ではあるが，外国で働いた実績がなかった．竹添と原敬との間に温度差が見られた．技師の待遇について1回目における井上の対応と2回目以降の見方との間に明確な変化があった．これは最初の交渉から1年も経たなかった間における日本と中国との力関係の変化に関連することと指摘できよう．

(3) 市川文吉を解任する理由

技師市川文吉の中国行きは，5年間にわたる交渉の最大の成果だった．しかし，彼が，1カ月以上待たされた結果は招聘の解約だった．さて，この1カ月の間に雇い主側になにがあったのだろうか．次に，解約劇の真相を1880年代の日中関係や李鴻章をめぐる中国国内の政治状況から検討してみよう．

日本と中国は，1880年代から正面衝突の時期に突入した．複雑な政治要因が入り込んだ朝鮮問題をめぐって日中両国は東アジア指導権を争う摩擦を起こして，それが衝突へと発展するようになった．例えば，李鴻章が招聘交渉を開始した1882年8月29日に，大倉喜八郎は朝鮮の日本に対する借金を口実に，直ちに朝鮮鉱山を開発する権利を獲得すべきだと吉田外務大輔に意見書を呈し，「砂金鉱場の幾部分を抵償として本邦人民の採掘を許し（中略）彼国償金の不足に補充候は彼労せずして皆済の期に可至我政府に於ても，要求の額完収するの便を得一挙両全の儀と奉存候」[82]と提案した．即ち日本の資金，日本人の採掘により，朝鮮の鉱山を開発し江華島条約以後，朝鮮にお

ける日本の「商権回復」を実現させたい内容である．こうした日本の動きに対し，中国側は非常に敏感に感じ取り，直ちに反撃した．8月31日，李鴻章の幕僚で，朝鮮駐在の馬建忠は，「日本人が貴国の鉱山採掘権を狙っている．貴方が我国に到着したら，この開発の事を中堂（李鴻章）に頼んで，中堂の指導の下に，貴国鉱山を採掘することも日本人の強要をあきらめさせるのみならず，貴国を強化することもできる．」[83]と金宏集に語り，中国に鉱山開発に依頼すべく，絶対に日本にその権利を与えるべきではないと勧告した．それに対して，金は「たとえ我が国が日本に10万円の賠償金を支払っても，鉱山の採掘権を日本に許すわけにはいかない」と答えた[84]．この朝鮮鉱山をめぐる両国の攻防戦は何らかの形で技師の招聘交渉に影響を与えたのは間違いないだろう．

　これに因んで朝鮮技師の問題にも触れなければならない．周知の如く，顧問政治とは日本が朝鮮で行われた植民地支配の1つの手段であった．遡ってみれば顧問政治の始まりは，まさに1880年代頃からではないかと思われる．この時期に朝鮮に有力な大物顧問を出そうと日本は計画していた．1881年9月，朝鮮駐在の日本公使の花房は，日本の軍事顧問団を招聘し留学生を日本に派遣することを朝鮮に要求した[85]．翌年6月に，朝鮮は日本式の軍隊「別技軍」を創設し，堀本礼造少尉を軍事教官として招聘した[86]．顧問をもって朝鮮内政を干渉する政策について，李鴻章は何時から意識したかが分からない．しかし彼は日本が朝鮮に顧問を受け入れさせようとすることを早くも察知し，それを嫌っていたことが次のことからうかがえる．1885年2月25日，李鴻章は北京で伊藤博文と会談した．席上，伊藤は在朝鮮外国人教習の滞在期間を1年からさらに延長するようにと李鴻章に提案したが，それに対して，李は「在留の教習を1年とすることには，それなりの理由がある．というのは，朝鮮は欧米との通商が長くなく，民衆の感情にもあっていないこともあり，欧米の教習を招聘したくない．中国教習の場合に，1人に毎月10余金だが，欧米教習の給料が頗る巨額である．したがって朝鮮のような国は小さく貧しく大金を投じて西側教習を雇うことができない．これは朝鮮

人の苦しいところである」と，きっぱり拒絶した[87]．李鴻章の回答は伊藤にとって返す言葉さえなかった．そして7月20日，日本外相は李鴻章に「朝鮮内政を改革し，朝鮮駐在の中国代表は，物事ある度に日本と協議すべく，米国人をもって税務司の穆麟徳（ドイツ人 Mollendorff, Paul Georg von）を交代させ，陳樹棠を更迭せよ」と要請した．それに対して李鴻章は「中国は，従来から朝鮮の行政人事に干渉しなかった．日本と朝鮮とは，国家対国家の関係だから，当然干渉すべきではない」と厳しく批判した[88]．李鴻章の朝鮮政策について，かつて坂野正高は次のように指摘している．「朝鮮を開国させることについては，中国の朝鮮事務担当者である李鴻章の側に一つの思惑があった．大勢からみて朝鮮の開国は避けられない以上，むしろ積極的に朝鮮と列国との条約交渉を促進し，その条約交渉の過程に中国側が介入し，朝鮮の列国との条約締結を中国の朝鮮に対する宗属関係を強める一手段とすることを狙い，また，日本による朝鮮貿易独占を恐れて，その対抗措置として列国との条約交渉を考えた」という[89]．正に坂野氏が指摘したように，李鴻章は，仮に中国が今後引き続き朝鮮に絶大な影響力を行使することができなくなっても，その地位は決してライバルの日本に譲りなくないと考えていたはずである．というのは，明治以来，「富国強兵」を目指してきた日本がずっと朝鮮と満州を進出目標としていたし，もし日本の勢力が朝鮮に浸透すれば，中国も一層脅かされることになるからである．朝鮮に対する日本の政策に常に不安感を持つ李鴻章は，技師の招聘に対する日本側の意図をもある程度推測していただろう．いやそうではなく，李鴻章はずっと日本の野心と思惑を充分読みとりつつも招聘交渉を進めていたと解釈した方が正しいかもしれない．これこそ彼は厳しい注文に合格し，折角招聘に決まっていた市川文吉を躊躇なく解約した本当の理由ではないかと思われる．日中の朝鮮政策が激しく対立する，政治的要因以外に，次の要因もあげられる．

第1に，現地責任者である李金庸と恭将軍の反対にあったこと．李金庸は，黒竜江の道台で，漠河金鉱の責任者だった．恭将軍は，日本とロシアが以前から漠河金鉱を狙っていることを知っていた．実は，かつてロシアに長く滞

在したことのある市川文吉について,さまざまな噂があった.李鴻章が市川の履歴を尋ねたのは,市川の漠河地域に行ったことがあるかどうかを確認するためだった.李金庸は,市川の漠河金鉱行きに反対したことで[90],李鴻章は,彼の意見を無視して強引に市川を雇うことができないし,まして最近の日本の動きを考えるとなおさら市川を信頼することもできなくなった.7月6日,李鴻章より黒竜江の恭将軍宛ての速達電報の中で次のように述べた.「日本人市川が到着,彼に漠河に入ったことがあるかと尋ねたが,愛輝付近にいったが,金鉱にいったことがないという.噂は殆ど嘘のようである.李(金庸)は,彼の赴任に反対したので,改めて考えよう」[91].また,7月24日,李鴻章が東京の徐承祖宛の書簡にも「恭は絶対日本人技師の東北行きに反対している」と書かれている[92].

では,李鴻章もなぜ市川の東北行きを諦めたのか.それは漠河金鉱の性質を見ればわかることである.光緒初年(1875)に黒竜江の恭将軍は,ロシア人が国境を越えて,漠河辺りで,密かに金鉱を採掘することを防ぐために,漠河金鉱の開発を計画し,1887年に政府に許可された.李鴻章は,腹心の李金庸を現地責任者として派遣することになった.清朝政府への設立理由書に「ロシアは東へ侵入の勢いがあり,東北を狙い,特に漠河地方に注目している.もし早く経営しなければ,誠に憂慮すべきである.実際,辺境を守るには人にあり,人を集めるには財にある.(中略)金鉱を開発すれば,状況が良くなる.したがって,漠河金鉱の開発は「名為辦礦.意為辺防」(鉱山開発は名目で,国防は目的である.」[93]と書かれている.国防を警備する意味で,漠河地域に行かれたことのある市川を解約しても仕方がないと李鴻章は判断していた.

第2に,李鴻章が米国との経済取引を行ったため,清朝政府の内部から政治的な圧力と風当たりがかなり強くなったこと.当時,李鴻章は米国の商社代理人に対して銀行設立の許可を約束した件で,数人の親王より上奏されたため,清朝政府に疑われた.西太后は,数日の間に3回連続して「米国との商談を止めるよう」と李鴻章に厳しく命じたという[94].従って,漠河金鉱に

第1章　清末日中関係の原型　77

野心を持っている日本人の技師を招聘して，現地に行かせる選択はいかに危険であるかが，李鴻章は承知していた．最後にこの日本人技師の東北派遣や技師の解約を決断するに至ったのであろう．

　第3に，日中関係の悪化や技師の招聘過程において李鴻章が越権行為をしたこと．そもそも1882年以来，清朝政府の一部の人々は，李鴻章の朝鮮問題，琉球問題及び長崎水兵事件などの対日外交処理に不満があり，「李鴻章が日本に対して弱すぎる」と猛烈に反対してその退任まで求めたことがある[95]．また当時の清朝政府の規則によれば，外国人の招聘は，一定の手続きが必要であったが，李鴻章はそれを無視した．後に羅豊禄の日本領事への説明によれば，「そのため政府の老大臣は大いに憤慨を覚え，従来日本が特に我が国北部を窺い，度々人を派遣し衣服を変え姓名を変えて探測する．常に警戒心を加えるべく，しかし今度日人を招聘し，東北に派遣することは，正に強盗に糧をあたえるものなり．李鴻章はそれを思えば，濫に日人を招聘することは眼前の小利を謀り，大害を蒙るということとなる」[96]という．李鴻章を支持したただ一人の曽記沢でさえも，「諸老大臣の意見を考慮し，ついに李鴻章の上奏を却下した．丁度この時に到着した日本人技師を李鴻章は一時山東にいかせたいと考えたが，それもできなくなり，止むを得ず，辞退した」[97]という．

　市川技師招聘の過程において東京駐在の徐承祖公使は，連絡係の役割を果たした．1887年5月17日，李は「市川が来るときに，（大）使館から日本語ができ，苦労に耐えるものを派遣して欲しい，天津にはロシア語通訳がいないから」と依頼した[98]ことに対して，5月20日，「（大）使館に市川の通訳をできる人がいなく，派遣する事ができない．現に榎本と相談して，探しているところです．」と徐は返事した[99]．その後，解約のことを知った徐は「榎本から届いた書簡の内容を報告し，日本側の諸般の事情を考慮して市川を1年間ぐらい天津に留用したらどうか」と提案したが李に断られた[100]．李鴻章は，市川招聘の経緯を説明し，恭将軍に強く反対された理由をあげて，榎本に再度説明しなさいと指示した[101]．徐は李鴻章の姪にあたる．

おわりに

　以上の検証を通じて，李鴻章は，対日警戒論と協力論を同時に展開し，日本に学ぶべきだという考え方も持ち合わせていた一面がうかがえる．また，矛盾に満ちたように見えるこの対日観は，李の対日外交を推進していく過程に顕著に現れており，特に日清戦争後の下関講和交渉過程に一層明白な形となって現出するようになった．つまり，弱肉強食の国際社会を目の当たりにした李鴻章は，柔軟性に満ちる外交政策をもって日本との交渉に臨んでいたのである．

　このように，1885年前後の日本人技師の招聘過程を明らかにすることによって，先行研究と異なる次の3点を筆者は強調したい．第1に，近代中国における最初の日本人技師は1905年ではなく，1895年でもなかった．少なくとも本稿の使用した史料に基づくと，1887年まで遡るべきであろう[102]．また最初の日本人技師が洋務派の望んだ鉱山技師であったことを証明したことによって，日本語の教習がはじめだという通説を覆すことができたはずである．第2に，清末の中国にとって「日本人技師」の招聘は，従来の「洋匠」＝西洋人の招聘とは，違って「同文同種」のような発想も含まれていた．なにしろ関係者たちが，優秀な技術を持つ東洋人，衣服も生活習慣も中国人によく似ている諸要素を重要視していたことが従来の「洋匠」を雇う時にないアイデアを発掘したことは，経済発展における文化の役割に目覚めたと言える．第3に，1882年以降，技師の派遣を中国進出の絶好のチャンスとして活かそうとした日本側の対応に，政治的にも，経済的にも，また技術的にも多種多様戦略が見られること．第4に，洋務派の官僚は，「洋匠」を終始「中体西用」を実現手段と見ていた．ただし1880年代から「日本人技師」の出現と増加によって，「洋匠」の数が減少し，その役割も徐々に低下してくる．特に民国期に入ると「洋匠」がさらに激減し，多くの「日本人技師」

が，ますます活躍するようになった．それに伴って，洋務派たちの「中体西用」思想も部分的に変貌せざるをえなくなったのではないか．いずれにせよ，「洋匠」より，複雑な要素を持ち合わせる「日本人技師」に関する研究は，近代日中関係史との関連で行う必要性が自明であろう[103]．

日本人の技師による中国市場への進出，あるいは顧問による中国への直接，間接的な浸透と支配の歴史は，竹添の思惑通りに展開されてきた．即ち，技師が次第に顧問へと変身し，日本の中国進出と結びつくこと，また日本の対中勢力拡張の道具になる可能性が初期にも示唆されたものとして，注目されるべきであろう．

もし，このような見方が成立するとすれば，清末の日中関係史に関する従来の研究を再検討すべきであろう[104]．即ち，1898年から1907年までの日中関係を「忘れられた黄金の十年」と定義し，その背景状況を検証し，また，近年来，主に文化交流の側面から日中関係史をとらえようとする手法と傾向を改めて，政治，外交，経済，社会から多面的に行うべきであろう．この意味において，1880年代において日本人技師を招聘する背景と交渉の過程を考察することは，研究史上の断層を埋める役割を持つものといっても過言ではなかろう．

＊本稿は，2005年度中央大学共同研究プロジェクト「未来志向の日中関係学：歴史の省察から協調的発展へ」の研究成果である．

1) 汪向栄著・竹内実監訳『清国お雇い日本人』朝日新聞社，1991年，300頁．
2) 汪敬虞「中国資本主義現代企業的産生過程」『中国経済史研究』1986年第2期，55-58頁．
3) その理由は，「軍用工業とその他の工業が金属原料を必要とすることと他方，石炭工業の開発がいくらかの成果が見られたことによって，（中国）社会では金属鉱山を開発することに重大な関心を示したからである．」そのために，「一時的に，上海では，相次いで資本を集め，鉱山を採掘するブームを呈していた．1881年から1894年までの間，各種の金属鉱山の会社及び工場は，22カ所も数えた．」張国輝著『洋務運動与中国近代企業』中国社会科学出版社，1979年，217頁．
4) 蘇梅芳「李鴻章自強思想之研究（三）天津教案後至中法戦争時期（1870-1884）的自強之計」『国立成功大学歴史系歴史学報』第18号，1993年12月，225-227

頁参照.
5) （美）費正清編・中国社会科学院歴史研究所編訳室訳『剣橋中国晩清史』(1800-1911)（下）, 中国社会科学出版社, 1985年, 89頁.
6) 「竹添進一郎発井上馨宛書簡」1882年1月21日,『清国にて鉱山発掘の為本邦鉱山師招聘方依頼一件』, 日本外交史料館3-8-4-16（以下日本外交史料Aと略す）.
7) 『捷報』1884年12月3日.
8) 荒尾精『鴨緑江林業誌』丸善商社書店, 1892年8月, 455-6頁.
9) 「1898年までに清政府から派遣された延べ400人以上の外国駐在および視察外交官の中で, 日本関係者が130人以上を超えて, 一番多いと言われている. 53人の外交官によって, 書かれた118部の外国事情という書物の中でも, 日本に関係するものが15部を数えている.」楊易『晩清外交官和維新運動』, 1997年北京大学歴史学部大学院修士論文, 4-7頁.
10) 「李鴻章発曾国藩宛書簡」1872年正月26日,「但有貝之財, 無貝之才, 不独遠遜西洋, 抑実不如日本. 日本蓋自其君主持, 而臣民一心併力, 則財與才日生而不窮.」中国史学会主編中国近代史資料叢書『洋務運動』（五）, 上海人民出版社, 1961年, 472頁.
11) 「曾国藩発潘偉帥宛書簡」『曾忠襄公全集』（諸札巻19, 葉36下）同上,（七）, 192頁.
12) 1877年12月16-17日の間, 唐廷枢は「請開採開平煤鉄併興辦鉄路稟」の中で「東洋傚西洋開採, 煤色頗高, 出数亦多, 售価三元至六元不等, 合至上海, 四両至六両零, 故英国来煤不踊躍.」と指摘した（前掲『洋務運動』（七）, 122頁）1881年4月23日, 李鴻章は, 上奏文『直隷開辦鉱務折』の中で, 唐廷枢が経営している開平炭鉱について, ここの石炭は「可與東洋頭等煙煤相較, 将来愈深愈美, 尤勝東洋」と触れた（同上, 139頁）. 1881年以降, 李鴻章は, 毎年日本から大量の銅を輸入していた. なお, 明治16-18年の日本銅の対清国輸出は, 次の表を参照されたい.

明治16-18年の対清国輸出表（単位, 斤）

年	（生銅）	（熟銅類）
（16年）	518,306	1,664,260
（17年）	2,451,199	2,299,917
（18年）	3,744,364	1,352,49

『明治前期産業発達史資料』別冊27（1-3）による.

13) 1887年4月13日, 唐炯は「督辦云南礦務唐炯奏」の中で「至機器一事, 日本自変用西法以来, 一切製造皆用本国之人, 其開場之法先望雲気, 須驗水土石三項相符然後相度応用何等機器, 次第施工, 故能確有把握.」と指摘した（前掲『洋務運動』（七）, 3頁）.「維新以前における我国固有の採鉱及精錬の方法は, 機械

力の応用なき時代としては其発達実に極度に達したるものと謂ふ可し.」「一般鉱業は遂年衰頽の一方に傾き, 遂に徳川幕府の末期に至り, 惨澹たる状態を呈し, 佐渡, 生野を始めとし其他全国の諸鉱山は衰頽の極に達し, 坑夫の如きも活路を失して糊口に窮するに至れり.」その後, 明治新政府は鉱山の開発と保護を奨励し, 大きな組織の改革をして,「英, 米, 佛, 獨諸国より七十八名の鉱山技師, 土木技師, 地質学者, 諸般の教授及坑夫を招聘し」, 西洋の進歩した採鉱・冶金の技術を導入するに力をいれた (滝本誠一, 向井鹿松編纂『日本産業資料大系(4) 水産業, 鉱業』中外商業新報社, 1926年, 474-75頁).

14)「竹添進一郎発井上馨宛電報別信第一号別紙」(朱氏より問合依頼之件)(1882年1月21日, 日本外交史料A).

15)「朱其詔, 字翼甫. 納為知県, 累至道員. 歴任江浙漕運事.(中略)遇伏暴漲, 嘗三日書夜不睡, 親督弁兵搶護, 始免潰決, 民皆徳之. 拡充天津電報学堂, 成材益廣.」(清史稿, 列伝239, 12頁, 孫毓棠編『中国近代工業史資料』第一輯, 1840-1895年, 下冊, 科学出版社, 1957年, 674頁). 1897年, 李鴻章は, 左宗棠が福州船政局で多数の外国人を雇っていることを批判したが, 彼自身も多くの外国人を雇って軍事訓練を行ったのである. 李鴻章は, 1862年4月, 江蘇巡撫に就任し太平軍に対抗するために, 匯軍に1000丁以上のライフル銃を装備し, 6-7名のEVER-VICTORIOUS ARMY (常勝軍) 西側コーチを招聘していた (劉廣京「儒家務実的愛国者—李鴻章実業的形成階段, 1823-86」『ハーバードアジア研究雑誌』30, 1970年, 第16頁).

16)「竹添進一郎発井上宛書簡」1882年1月19日, 日本外交史料A. 朱道台 (其詔) 為勘察熱河的銅鉱所雇用的幾個徳国人, 被迫離開了勘察地点.(中略)此鉱最近巳委徳璀琳 (G. Detring) 経管, 他曾把鉱石寄往徳国化験, 結果甚為良好；朱道台僅負名義, 実際上一切工作的進行均由徳璀琳主持.」(孫毓棠編『中国近代工業史資料』第一輯, 1840-1895年, 下冊, 科学出版社, 1957年, 672頁).

17)「竹添進一郎発井上馨宛書簡」(1882年1月19日, 日本外交史料A).

18)「工部卿佐々木高行発井上馨宛書簡」1882年3月20日,「1, 日本全国中に大小300あまりの銅鉱山あり, その中に最も産出多地は羽後国秋田郡阿仁伊予国宇摩郡別山などである. 2, 官山阿仁鉱山一日採出高二十四噸で, およそ一割二部を制出する. 3, これまで日本国の古法により採鉱せしか方今欧州の新法を引用しピルツ炉装置中なり器械は独逸舶来品を用ゆ, 4, 銅坑の長さは直通横道を合わせて大凡百十五マイル, 5, 坑数は現行の分三十三, 6, 鉱質, 合銀銅, 含銀　7, 職工1657人, 8, 私山別子銅山一日採出高大凡二十九噸純銅大凡一割を制出す, 9, 坑数二, 10, 鉱質硫化鐵硫化銅の混合して塊状をなしたるもの, 11, 職工千七十八人.」(日本外交史料A).

19)「竹添進一郎発井上馨宛書簡」(1882年3月8日, 日本外交史料A).

20)「竹添進一郎発井上馨宛書簡」(1882年4月12日, 日本外交史料A).

21)　彭沢周『明治初期日韓清関係の研究』塙書房, 1969年, 245頁.

22)「周馥発竹添進一郎宛電報」(1882年4月16日, 日本外交史料A).
23) 馬昌華主編・匯系集団与近代中国『匯系人物列伝―文職・北洋海軍・洋員』(黄山書社, 1995年, 3-11頁を参照).
24) 前掲『明治初期日韓清関係の研究』245頁.「竹添進一郎発井上馨宛書簡」(1882年4月12日, 日本外交史料A).
25) 1882年3月17日, 御史奏「開平煤穴開採, 有傷慈安風水」,「奏命暫停施工. 李鴻章令停銅鉱而煤鉱照旧. 外伝此為慈禧左右宦者向李鴻章詐財, 迫李鴻章行賄之挙.」(竇宗一(儀)編著『李鴻章年(日)譜』, 友聯出版社, 1975年, 138頁).
26)「4月17日, 鴻章離天津赴安徽省視母病」(前掲『李鴻章年(日)譜』138頁),「24日, 鴻章母死, 奉諭「穿孝百日即回署任」(同上139頁).
27)「美」劉広京, 朱昌峻編, 陳降訳校『李鴻章評伝』(上海古籍出版社, 1995年12月参照).
28)『万国公報』.
29)『天津領事日記』は, 次のように記している.「1. 兵庫県下但馬の岡本喜一郎, 唐島新介の二人に百弗ずつの月給にて神戸辺に於いて私に支那人に雇われ渡清に付, 上海にて品川総領事心配致くれ, 夫々契約書をも作らせ, 雇い主と結約之上順徳府の鉱山に赴いた. 李鴻章は二人の鉱師について次のように述べた「二人鉱師の鑑定せし処にてはとても該鉱山に見込み無之旨にて多分不日帰津する由に聞けり同鉱山は嘗て欧人にも鑑定為致候所同様之鑑定なりし. 是に因して見れば日本之鉱山師も亦必ず其業に精なることを知れりとて賞賛致候」という. 1884年2月5日, 332頁.
30) 同上.
31)「井上馨発原敬領事宛電報」(1884年4月9日, 日本外交史料A).
32) 原敬領事は, 4月18日に井上馨の書簡を受領した. 5月5日, 井上馨は, 再び鉱師招聘の要注意事項に言及した.「第1に, 最初より年限を決め, 三年か五年. 第2に, 月給として鉱師三百両, 補助百両, 通訳七十両でなければならない. 第3に, 日本出発から天津着までについて鉱師百両, 助手六七十両, 通訳四五十両が必要である.」と (日本外交史料A).
33)「原敬領事発井上馨宛書簡」, (1884年5月6日, 日本外交史料A).
34) 同上.
35) 同上.
36)「原敬領事発井上馨宛書簡」(1884年5月23日, 日本外交史料A).「又序に鉱山師は貴意如何に哉, 御不用ならは其旨回答致すべしと申候所, 彼事は目下尚詮議中に付き, 暫く待呉れ度と申候に付, 尚回答次第可申進候.」.
37) 同上.
38) 同上.
39) 前掲『天津領事日記』, 336頁.
40) 馬建常と李宗岱が署名した中国語書簡.「啓者査山東出産銅鉛之地甚多現已看

定数処欲行開採惟未知何処所産最富意欲延請看鉱師四処踏看然後定議開辦昨奉李中堂諭及貴領事曽経談及貴国鉱務寮有深於歴練確有把握之員可以看鉱兼能開鉱者為此函請貴領事転致貴国外部代聘賢能精於看鉱兼明於開鉱之法者為佳如無両事兼長者則請先聘看鉱之員前来至開鉱一節務須善用西法其看鉱師擬送月俸約洋銀2百枚副助之員送60枚通詞月送30枚伙食在内往来川資在外其開鉱師俟看準以後再行議聘如果延聘之人能奏実効於山東鉱務大有裨益則感領盛情無既知此布即矣頌升祺不備　李宗岱　馬建常」，日本外交史料A．

41)　「原敬領事発井上馨宛書簡」，(1884年6月1日，日本外交史料A).
42)　同上．
43)　「井上馨発原敬領事宛書簡」，(1884年7月23日，日本外交史料A).
44)　「原敬領事発井上馨宛書簡」，(1884年8月13日，日本外交史料A).
45)　同上．
46)　原敬の中国語返信は，次の通りである．「復者襄接来函以山東鉱務欲請日本鉱師等因当経将一切詳情函稟外務省昨接準批復内開所請之鉱師如係遍閲博已経看定之鉱山而択其最富旺者開採之此即精於看鉱兼明於開鉱之法者也其薪水一切載在附単如未経看定之鉱山使鉱師四処踏尋査看鉱苗之有無以及査出已経看定之鉱山興旺与否而不閑于開鉱者因未悉鉱山之在何処有遍歴山野之労且看定鉱山之興旺興否亦非易事其薪水自応稍貴故此本領事将其要規詳晰点訳繕呈尊覧未知尊意如何希即示復為荷此復順頌升祺附規単一紙　名另具8月13日」，日本外交史料A．以下は，別紙の要規である．「一，自鉱師従日本起身之日及至開鉱之時鉱師毎日薪水津銀二百両幇辦毎月五十両，起身之月以日換算，一，至鉱開工以后薪水鉱師毎月三百五十両幇辦毎月一百両通詞毎月七十両閑工之月以日換算，一，自日本至津以及由津至日本所有往来盤費鉱主付給毎人洋銭一百四十元，一，由津至開鉱之地所有内地行路一切盤費皆由鉱主承管不与鉱師等相干，一，凡開鉱所用機器及制造鉱物所用之物件皆鉱主承管辦理，一，鉱師之年限応以幾年為満及倘有疾病帰国停止等事応如何辦理俟鉱匠到津与鉱主面議詳妥可也，聘請察看鉱苗之鉱師使巡行各処始知鉱苗之有無及鉱苗之興旺与否而止(只)看鉱者開列如左，自日本起身以后毎月薪水津銀三百両辦百両通詞八十両，以下各款仍照前辦理」，(日本外交史料A).
47)　「芝罘領事代理松延弦発井上馨宛書簡」，(1885年8月3日，日本外交史料A).
48)　1885年，李鴻章は，伊藤博文と四回目の会談をした後，次のような感想を述べていた．「伊藤久歴欧米，極力模仿，実有治国之才，専意於通商睦隣，富国強兵，不欲軽言戦争，幷呑小邦．大約十年内外，日本富強必有可観．此中土之遠患，而非目前之近憂，望諸公及早留意是幸」．(伊藤長く欧米に滞在し，極力模倣，実に国を治める才能を有し，通商をもって隣国と仲良くし，富国強兵に専念し，決して軽々に戦争と小国併合を云わず．約十年の内に，日本の富国強兵は見処がある．此れは中国将来にとっての脅威であり，目下の憂いではない，諸公は速やかに留意されたし）と．つまり，李鴻章は，日本に警戒心を有しながら，決して今すぐの脅威ではないと認識し，伊藤にかなり好感を持ち信頼している一面を伺うこと

ができよう（前掲『李鴻章年（日）譜』，179頁参照）．
49) 「芝罘領事代理松延弦発井上馨宛書簡」，(1885年8月3日，日本外交史料A)．
50) 「井上馨発松延弦・波多野承五郎宛書簡」，(1885年9月15日，日本外交史料A)．
51) 「松延弦発井上馨宛書簡」，(1885年9月30日，日本外交史料A)．
52) 「波多野承五郎発井上馨宛書簡」，(1885年10月17日，日本外交史料A)．
53) 同上．
54) 「波多野承五郎発井上馨外務大臣宛書簡」，(1885年10月26日，日本外交史料A)．
55) 同上．
56) 「松延弦発井上馨宛書簡」，(1885年11月20日，日本外交史料A)．
57) 「井上馨発波多野承五郎宛書簡」，(1885年11月21日，日本外交史料A)．
58) 前掲『李鴻章年（日）譜』(185頁)．
59) 『申報』1883年3月29日．前掲蘇梅芳論文212頁．
60) 「李鴻章発徐承祖宛電報」(1887年9月11日)，「この前，黒龍江から金鉱山を鑑定する人を捜してほしいと頼まれ，ちょうど榎本(武揚)より「市川が鉱山学を勉強しているので，天津に派遣するようと協議した」(「前因黒竜江托代覓開金之人，適夏（榎）本云，市川練習鉱学，商遣来津」(前掲『李鴻章全集』(一)電稿一，854頁)．
61) 「李金庸発李鴻章宛書簡」(18887年5月6日)，「初7日黒竜江到着，輸送道路の観察を急務として，更に漠河に視察に赴く予定です．(中略)鉱山師は，何時来られましょうか」(「初七抵江省，擬探運道為先務，再往漠河察看．未知鉱師何時可到」(前掲書，808頁)．
62) 「李鴻章発李金庸宛書簡」(1887年5月6日)，「米国人鉱山師は到着したが，まず熱河へ鑑定するに赴くことを上奏するから，予期通りにいけない」(「美鉱師甫到，先奏赴熱河勘鉱，尚難克期東行．」(前掲書809頁)．
63) 「恭将軍発李鴻章宛書簡」(1887年5月13日)，「鉱山師はいずれ天津に戻るから，早く来てほしい，同行に間に合うなら最高である」(前掲書810頁)．
64) 「李鴻書発恭将軍宛書簡」(1887年5月14日，同上)．
65) 「李鴻章発徐承祖宛書簡」(1887年6月7日)，「市川来時，乞由使館派能訳俄語，耐労苦者偕行．津無俄翻訳．」(前掲書829頁)．6月10日，徐は「大使館は市川の通訳を派遣できず，いま榎本と相談しているところ」(『市川通事使署無人派，現与榎本商覓』)．と李に返事した（同上832頁)．
66) 外務省は，市川文吉訪中のために，以下のパスポートを発給した．「明治20年7月22日，第1774号，非職元外務省準奏任御用掛市川文吉右は漫遊の為清国へ」(日本外交史料館)．
67) 「波多野承五郎発井上馨宛書簡」，(1887年8月13日，日本外交史料A)．市川文吉の赴任地が，「愛輝城の西，黒爾根城及斉斉哈爾城の北に当り，黒竜江岸を距るを清里にて凡そ三百里の地に有之」と波多野は報告した．
68) 「波多野承五郎発井上馨宛書簡」，(1887年9月11日，日本外交史料A)．

69)「李鴻章発徐承祖宛書簡」(1887年9月21日,前『李鴻章年(日)譜』,854頁).
「波多野領事発井上馨宛書簡」(1887年9月11日,日本外交史料A).
70)「竹添進一郎発井上馨宛書簡」(1882年1月21,日本外交史料A).
71)「原敬領事発井上馨宛書簡」,(1884年5月6日,日本外交史料A.原敬領事関係文書研究会編書類,篇一,『原敬領事関係文書』第四巻,日本放送出版会,454頁).
72)「原敬領事発井上馨宛書簡」,(1884年6月1日,日本外交史料A).
73)「原敬領事発伊藤博文宛書簡」,(1884年1月30日,日本外交史料A).
74) 前掲『原敬領事関係文書』第4巻,407頁.
75) 同上.
76)「竹添進一郎発井上馨宛書簡」(1882年3月8日,日本外交史料A).
77) 同上.
78) 梅渓昇著『お雇い外国人―明治日本の脇役たち』(日経新書,1965年,71-75頁)参照.
79)「明治元年から18年に至る18年間は,欧米における新知識の輸入応用に多忙なりし時期にして,則ち採鉱法,探鉱法,動力の使用,坑内測量法,製図法等を外国より輸入し以て鉱山技術の刷新を計った.明治18年に,これらの外国人技師の指導を受けた日本人技術者は,各民営鉱山に入って外人に代わったのである.明治18年は,多数のお雇外国人は日本から撤退した.同上479頁.この年は,1874年の最高時に(503)較べて大幅に減り,1879年に較べても(278)総数が半減して141名となった.この年は,日本におけるお雇外国人政策の転換期でもあった」(同上73頁).
80) 同上,216頁.
81) 月給の件について,青木は,井上馨宛てた書簡の中で,次のように記している.「一昨日に鉱山技師の件について昨日某欧米人ドイツ人を話して,示談三百五十両より少なからず四百両より多からずして適当な人物を招聘できると.」(『井上馨外務大臣文書』,国立国会図書館憲政資料室).
82)『日本外交文書』第15巻,264頁.
83) 彭沢周の研究によれば,「朝鮮の鉱山開発について,李鴻章は,早くからそれに注目している.(中略),日本が朝鮮の金・銀・銅及び石炭の諸鉱山の採掘権を奪取すべきである,と唱えている.1882年8月31日,朝鮮駐在の馬建忠は,金宏集に「日本人が貴国の鉱山採掘権狙っている.貴方が我国に到着したら,この開発の事を中堂(李鴻章)に依頼していただきたい.中堂の主催下に,貴国の鉱山を採掘することは日本人の強要をあきらめさせるのみならず,貴国を強化することもできる,と述べたに対して,金は「たとえ我国が日本に10万円の賠償金を支払っても,鉱山の採掘権を日本に許すわけには行かない」と答えた(前掲『明治初期日韓清関係の研究』,377-8頁).
84) 同上.

85) 『日本外交文書』第4巻, 332頁.
86) 同上.
87) 『清光緒朝中日交渉史料』上冊（文海出版社, 1963年, 148頁）.
88) Detring, Gustav von（1842-1913）は, ドイツ人で, 1864年に中国税関に入り, その後税務司に就任. 李鴻章との関係は深く, 天津に30年以上滞在して, 10回にわたって, 英国租界工部頭取を歴任した（中国社会科学院近代史研究所翻訳室『近代来華外国人名辞典』, 中国社会科学出版社, 1978年, 110頁）.
89) 坂野正高『近代中国政治外交史』（東京大学出版会, 1973年, 381頁）.
90) 「李鴻章発黒竜江恭将軍宛書簡」（1887年8月24日）,「李阻其去, 応議.」(前掲『李鴻章全集』(一)電稿一, 848頁）.
91) 同上.
92) 「李鴻章発徐承祖宛書簡」（1887年7月24日, 同上, 854頁）.
93) 前掲蘇梅芳論文, 212頁を参照.
94) 前掲『李鴻章年（日）譜』185頁.
95) 1883年中仏戦争終結の際, 同じような事態が発生し, 47名の御使が連名で李鴻章の退任を要請した（苑書義著『李鴻章伝』人民出版社, 1994年, 271頁参照）.
96) 「松延弦発伊藤博文宛書簡」（1887年9月29日, 日本外交史料A）. 12月7日, 波多野は, 伊藤博文宛てた書簡の中で「吉林知府として現に黒龍江道台の事務を兼任する清官李金傭氏同館来訪し, 日人技師を招聘する意志」があることを伝えた. 翌年1月11日, 青木外務次官は, 波多野宛に「新要請に対し, 適当な人物なしと回答すべし」と指示した（日本外交史料A）.
97) 同上.
98) 「李鴻章発徐承祖宛書簡」（1887年6月7日, 前掲『李鴻章全集』(一)電稿一, 829頁）.
99) 「徐承祖発李鴻章宛書簡」（1887年6月10日, 同上, 832頁）.
100) 「徐承祖発李鴻章宛書簡」（1887年9月11日）.「昨日, 大鑑を拝受, 市川事に異変があることを知った. 先ほど, 榎本から書簡を受け取り, 市川からの書簡をもらって, 頗る驚いた. 度々の依頼により代わりに探して推薦した技師です. 市川が猛暑を顧みず天津に赴いた. 出発直前に, 夫人が危篤だったにも関わらず,（中堂に）大事な仕事があると彼は考えているから, 遅れることなく予定通りに着いたのである. 今度, 急に辞めさせたことで, メンツがなかった. 甥としては（徐は李鴻章の甥）, 約束を果たし, 思いやりを示すために, できれば一年ほど市川を留用することができないか」と提案した（同上854頁）.
101) 「李鴻章発徐承祖宛書簡」（1887年9月11日, 同上）.
102) 「中国政府の日人顧問として最も早いのは, 管見するかぎりで1896（明治29）年広東省の東文学館日本語教習となった長谷川雄太郎である.」（南理知樹編『近代日中関係史料』第Ⅱ集, 龍渓書舎, 1976年, 2頁）.

103) 拙稿「辛亥革命期における日本人顧問」(『アジア研究』, 1992年12月, および「民国初期における日本人顧問」『国際政治』, 1997年5月参照).
104) 山田辰雄編『日中関係の150年―相互依存・競存・敵対』(東方書店, 1994年, 3頁). 李侃「清末中日関係何来"黄金十年"?」(戚其章・王如絵主編『甲午戦争与近代中国和世界』人民出版社, 1995年, 1142頁), Douglas, Reynolds Doujima「CHINA, 1898-1912-The xin-zheng Revolution and Japan」Council on East Asian Studies, Harvard, 1993年.

第 2 章

日本に留学した中国知識人
―― 周作人と民俗学：性の問題を中心に ――

子 安 加 余 子

は じ め に

　中国は明治日本を模範として自らの国民国家の形成に着手し，19世紀末から20世紀初頭にかけて，中国知識人は西洋の近代的学問を多く日本を経由して受容した．日本留学経験を持つ代表的な人物に，周作人（1885-1967）がいる．20世紀の初頭，兄の魯迅に伴われて日本に渡った周作人は，西洋全般の学術思潮を広く摂取し，帰国後「人間の文学」（「人的文学」『新青年』5巻6号1918年12月）等の著作で新文化運動を担った重要な人物となる．周作人は日本人女性と結婚したことに端的に表れている様に，生涯を通じて日本と深い関わりを持ち，著名な知日家としても知られるようになる．その後，日本占領下の北京に成立した臨時政府下で，北京大学文学院長に就任し，1941年には華北政務委員会の教育総署督弁を務めた．これら「偽職」就任による対日「協力」の問題は[1]，周作人の後の運命を決定づけ，中華人民共和国成立後の中国国内における周作人研究の空白を招くこととなる．中国で周作人研究が可能になるのは，1980年代に入ってからである．これと前後して，周作人関連の著作や研究資料の出版が盛んになるが，ほぼ同じ頃，影印出版され始めた重要資料があった．1920～30年代の中国で隆盛した，中

国民俗学に関連する雑誌や書籍である．それを契機に，日本を経由して輸入された西洋の近代的学問のうち，「民俗学（folklore, Volkskunde）」の存在が改めてクローズアップされていく．こうした傾向は，対象研究に必要な他者の視線が改めて問い直された近年の文化研究とも密接な関係にあり，民俗学に関わった知識人の仕事を検討することで，民俗学の意義や問題点が明らかになってきたことを示している[2]．さらに，中国民俗学研究に取り組んだ知識人の1人だった周作人と民俗学の関係もまた明らかになってきた．

周作人は主に中国民俗学運動の草創期に活躍したが，その後組織的な運動とは距離を置きながら独自の民俗学のあり方を模索した．周作人と民俗学の関係に対して，近年関心を寄せる中国の研究者も次第に増えてきたが，研究論文はなお少数である[3]．

中国知識人が民俗学に接したとき，これまで顕在化しなかった問題が浮上した．民衆との乖離である．中国の伝統的読書人は民間と直接交渉を持ったり，民衆と物質的精神的連帯感をえることは困難だった．そうした中，彼ら知識人は西洋の価値観を受容する過程で，自民族を再発見する大きな契機を得，同時に，他者（西洋）の学問に拠って自国の風俗を客体化しながら，中国の「近代」のあり方を問い直すようになる．一方で，魯迅が「偽士は去るべし，迷信は存すべし．これこそ今日の急務である」（「破悪声論」『河南』8期1908年12月）と喝破したように，西洋近代を盲目的に崇拝する知識人へ警鐘を鳴らす声もあった．

周作人が最初に取り組んだ民俗学研究は，日本留学から帰国後，郷里の紹興で試みた童話，童謡の収集作業であり，その経験を生かして，後に北京大学で民俗学運動に参加する[4]．本稿では，周作人が新文化運動以前に日本で受容した西洋近代の学問のうち，特に優生学の受容のあり方に注目し，彼の近代的「国民」像を検討しながら，帰国後，彼がいかに民俗学への認識を形成していくのか，性の問題を中心に検討したいと考える．

1．周作人と優生学

　周作人と民俗学の邂逅は，彼の日本留学期（1906-1911）に遡る．学問的探究心が非常に強かった周作人は，日本で数多くの書物を渉猟した．特にラング（Andrew Lang）やフレーザー（S. J. G. Frazer）を愛読し，イギリスを中心としてヨーロッパで19世紀末に新興した人類学に注目した．次第に民族，宗教，考古，民俗（神話，風習）を包括する新たな総合的学説，文化人類学が周作人にとって最大の関心事となっていく中で，そのうちの1つと位置づけて性道徳・性心理学にも注目する．それら性科学の中でも周作人が特にエリス（Henry Havelock Ellis）から多くを学んだことは，すでに指摘されている通りである[5]．周作人本人も自己紹介文「周作人自述」（1934年12月作）[6]の中で，「読んだ書物の中で彼（周作人自身を指す――筆者注）に最も影響を与えたのは英国エリスの著作である」と述べている．その言葉通り，周作人は生涯を通じてエリスに言及し高く評価するだけでなく，エリスの書物から人生と社会に対する見解を形成しえたこと，また文化批評をする上で最大の啓示をえたことに深い感謝の意を表した[7]．

　周作人がエリスに対して本格的な言及を開始するのは1923年以降であり，エリスの代表作『性の心理』（Studies in The Psychology of Sex）[8]を購入閲読した頃と大よそ一致する（英文に長けた周作人は，原書を購入している）．エリスの『性の心理』に関しては次節で詳述するので，ここでは『性の心理』に触れる以前の時期に遡り，進化論を受容する過程で注目していた優生学に対する言及を検討し，合わせて周作人の性科学への関心のあり方を明らかにしたい．ちなみにエリスは『性の心理』を発表する以前の時点で，有力な優生論者の1人だった．

　周作人が日本留学を終えて帰国するのは辛亥革命直前の1911年9月であり，1917年北京へ赴くまでの間，郷里の紹興で教育活動に従事した．周作

人は浙江省立第五中学校で教育の現場に立ちながら，紹興県教育会の会長に選出され，『紹興県教育会月刊』(後に『紹興教育雑誌』に改名)の編集を担当する．同じ頃，兄の魯迅は北京で民国政府教育部の役人として活躍しており，周氏兄弟は北京と紹興で教育に携わる者として歩調を同じくしていた．当時周作人が発表した文章は児童に関するものが多い．周作人は教育の根本に児童を据えて，進化論的見地から童謡や遊戯が人類学と関係する点を指摘した[9]．また「紹興の童謡童話を求める通知」(「徴集紹興児歌童話啓」，『紹興県教育会月刊』4号1914年1月)を発表して童謡の収集を呼びかけてもいる．これら児童教育論も含め，当時周作人が提案した教育論は，民族の改良を第一に掲げたものが多い．進化論が本格的に中国に紹介されるのは，ハクスリー(Thomas Henry Huxley) *Evolution and Ethics* の翻訳書『天演論』(厳復訳1898年)によるが，周作人は『天演論』が刊行されてまもなく，南京江南水師学堂時代(1902年)の国文の授業で読んでいた[10]．その後日本留学中において，当時の自分自身の文学観を表明した重要な論文を二編発表し，独自の近代的国民国家像を描いていく．そして帰国後，教育を進化論的に解釈し，遺伝を重視する立場を明確にしていった[11]．例えば『越鐸日報』に発表した「望越篇」(1912年1月18日)では，「遺伝」を仏教の「業」に置き換え，「一国の文明の消長は民族の業を以って拠り所となす」[12]と述べている．関連して，周作人が『紹興県教育会月刊』創刊号(1913年10月)に発表した，「遺伝と教育」(「遺伝与教育」)に注目できる．

「遺伝と教育」は冒頭で，「進化論が起こってから諸種の学説はすべてその影響を受けて変化が生じた．遺伝の法則はすでに確実となり，教育方針はこれによって変化し，教育効果及び限界が明確にされる．」[13]と述べた．周作人の論述の根底に，遺伝決定論ともいえる主張を見ることができる．周作人は個人の性質の差異を作り出す原因に，「性別」，「民族」(原文"民種")，「遺伝」，「外縁」の4点をあげ，前二者は最も顕著で，後二者は特に重要だとした．容姿の違いのみから判断する「性別」は自明のこととし，そこには性差を考慮する姿勢が希薄である．「民族」は遠縁の遺伝であり，4つ目の

「外縁」と調和するものだとした．「外縁」とは仏教用語で物事の成立を促す外来作用であり，いわゆる「環境」を指すと考えられる[14]．周作人は以上の4点が個人差を生み出す原因であるとしながらも，実際には「遺伝」を主とみなして，1人の人間の思想や行いは後日に現れるが，その根本は生を受ける前にすでに決定されている点が仏説の業と異なるとした．遺伝の優位性が確固としたものであれば，教育に応用することで遺伝の質そのものを改善していくことを目指そうというのが，周作人の立場である．そこで彼が注目したのが優生学だった．周作人は遺伝と教育の関係を次のように述べている．

> いま遺伝の説を教育に応用して教育を施行する．すなわち外縁を利用して抑揚を行えば，その遺伝の性質は次第に規則化し，善性となって後世に遺されていく．（中略）教育のことは，時勢にしたがって完全な人を養成し，社会と人間の幸福を図らねばならない．それゆえ社会科学と呼ぶが，法律や宗教などと道は異なるものの行き着くところは同じであり，すべて善を植え悪を取り除くことにある．外縁は間接的なものであるため効果は普遍的ではない．また世の中には優生学者がおり，英国で起こったもので，進化の理と，種を選び良きものを残して淘汰を行い，すべての知者たちを最高のものにすることは，事実教育の基本事業であり，全教育者が注目しなくてはならない[15]．

優生学（eugenics）とは，1883年，イギリスの遺伝学者ゴールトン（Francis Galton）が，従兄弟のダーウィン（C. R. Darwin）の進化論から啓発され構想したもので，当時欧米各国の思想文化界に与えた影響力は甚大だった．ゴールトンは，人間には人間の進化に関与すべき力が備わっていると考え，社会改良の為に市民の質の向上に努力すべきことを掲げた．そこでは生殖や性愛，また性欲といったものが民族や国家レベルでコントロールされるため，国家の存続と個人の性的営為が一体のものとみなされた．19世紀以来，西洋文化の世界支配の根底には近代科学の発展があり，列強からの圧迫を受け文明

化の遅れを危惧していた知識人たちは，優勝劣敗法則である進化論を進んで受け入れた．そこに「科学」としての優生学が，日本経由で中国へ紹介され始めたのである．彼ら知識人たちの多くが進化論と並行して，優生学を抵抗なく受容したことはすでに指摘のある通りである[16]．周作人もその1人であり，20世紀初頭の早い時期に優生学に共鳴し，より良き民族の生産を謳っていたこととなる．

優生学的発想において優勢であったのは遺伝決定論であるが，社会的「適者」と「不適者」を分別する基準については，論者間において意見の隔たりが生じていた．個人の形成に対しても同様，遺伝に加え「環境」がどの程度影響力を有するのか一致した見解はみえず，遺伝の重要性は前提としながらも，環境の意味や影響力をより重視する論者もいた．エリスは後者に属する優生論者であり，生殖と環境の双方を重視し，相互に影響し合うものだととらえた．周作人もまた遺伝と環境の相関関係について，日本留学中からたえず関心を抱き続けていた．新文化運動時期には特に，中国社会の堕落した国民性を先天性の梅毒患者にたとえ，変わらぬ国民精神を暴くと同時に，「遺伝」と「外縁」（環境）の関係が国民の進歩・改良を左右するという考えを示している[17]．周作人の優生学の源流がエリスにあるという判断は容易にはできないが，同じ優生論でもエリスのそれにきわめて近い点が存在することは確かである．

周作人はその後，北京大学文科の教授となって新文化運動を担う中心人物となっていく．彼がそこで取り組んだ重要な仕事の1つが，種の繁殖とも不可分な女性問題だった．周作人はまず，男女は対等であるという観点から双方に貞操を要求した与謝野晶子「人及ビ女トシテ」を「貞操論」と改題して翻訳した（『新青年』4巻5号1918年5月）．続いてカーペンター（Edward Carpenter）著『成年の愛』（*Love's Coming of Age*, 1898）を中国に初めて紹介する[18]．彼は生殖にかかわる問題として女性の出産に言及する中で，男女平等の観点から生殖を社会の職務であるととらえ，出産時の女性に対しては社会が扶養の義務を担い，それによって生物学的な性差を回避すべきだ

という立場に立った．以後，男女両性関係の問題は周作人が生涯問い続けるテーマとなっていく．同じ頃，武者小路実篤らによる「新しき村」運動を絶賛し，国内における同様の組織団体「工読互助団」に助力する姿勢は，女性解放が周作人の理想的人道主義に内包される問題であったことを示す一例であり，互助組織に支えられた女性の解放が，周作人が当時描いた社会改造の現実の形としてあったとも言えるだろう．

しかし周作人はその後，木原葉子氏が指摘する通り，性の個別性を認め，女性を性的側面からとらえ直していくようになる[19]．すでに人道主義的側面から1人の「人間」として女性を発見していた周作人は，女性の中の「性」（女性性）を新たに発見することとなった．同じ頃，すでに性科学へ接近しており，彼に女性の「再」発見を促した要因として，エリスの存在が大きく浮かび上がってくる．さらに同じ頃，周作人はエリスの主張と共通するストープス（Marie Stopes）に注目し，性差を認めた上で相互の欲求を調節し合うこと，その際，「両性関係は女性を本位にしなくてはならない」[20]という主張を高く評価した．その後次第に，女性問題の柱に「性の解放」[21]を据え，並行して両性関係に対するとらえ方に変化を生じさせていくのであった．

性科学とは，性を隠蔽し抑圧する概念やタブーを打破し，性に対して道徳的言説ではなく，医学や心理学的言説の対象として語るために生まれた研究分野である．主導的役割を果たしたのが，エリスやカーペンターであり，男女の性を明らかにする性科学が，次第に女性解放論に対して門戸を開いていく．エリスの大著『性の心理』は一般に，女性のセクシュアリティ（性的特徴，衝動）を承認した書であると同時に，近代的な性観念形成の基礎を作ったと評価される[22]．特に注目したいのは，エリスは生物学的性差やセクシュアリティの差異を直視し，そうした差異は個人の内部に属するもの（他者は干渉する権利を持たない）と主張した点である．そのエリスに啓発された周作人は，次のように述べている．

両性の関係は天下最大の私事であり，一切は自己が責任を負い，第三者

とは無関係である．たとえどれほど変態的であっても，犯罪とならなければ，社会には干渉する必要がない[23]．

優生学を受容した周作人だったが，女性性を発見した同じ頃になると，性を公に語る必要を感じていないことがわかる．以後彼は一貫して，性を個人のものとして語る姿勢を崩すことはなく，個人の正常なものとして性（性愛，性欲）をとらえ，中国に健全な性道徳樹立の必要を訴えていくようになるのだった．

次に周作人自ら「啓蒙の書」[24]と位置づけたエリス著『性の心理』と，その受容のあり方をみながら，性の心理研究を媒介に彼が語り始めたことが何であったのか詳しくみていくことにする．

2．エリス『性の心理』の受容

エリス（Henry Havelock Ellis）は1859年ロンドン近郊に生まれ，1939年に80歳の生涯を終えた．エリスは医師免許を取得した後，生来の文学的嗜好から臨床医学に携わることをやめる決心をする．以後彼は文筆活動と研究に専念する道を選んだ．当時イギリスのヴィクトリア朝は性に対する厳しい抑圧を強いていた．エリスは『性の心理』序文で，宗教の問題，労働の問題の次に眼前に立ちはだかっているのは性の問題である，性が人生の根底に横たわっている以上，性をいかに理解するのかわからなければ人生を学ぶこともできない，と述べた．彼の主張は，男女に性欲の存在と，互いにその充足を求める権利を承認するものであったため，社会的通念に対する反逆行為とみなされた．『性の心理』は1896年，第1巻『性的倒錯の研究』が刊行されるや英国内では発禁処分を受け，フロイトが活躍していたドイツで出版が叶う．第2巻も同様にドイツで刊行され，第3巻以後はアメリカにおいて公刊が可能となり，1910年までに全6巻が出版された．

『性の心理』は性の問題を人間心理の観点から眺めるにあたり，古今東西にわたる文献と事例を収集し，民族学，社会学，生理学，心理学の各方面から論じた大著といえ，彼の文才と合わせて評価する声が高い．エリスの論の大きな特徴として，性差が自明の事実であるとした上で，近代生活に適した人類を生み出す女性に，男性にはない優越性を見出していた点があげられる．エリスが，母性主義を唱えて名高いエレン・ケイ（Ellen Karolina Sofia Key）を非常に高く評価していたこともうなずける．また性科学において『性の心理』が画期的であった点は，サディズム，マゾヒズム，同性愛，フェティシズム等といった性的現象に対し，それらが正常な人々の中にも存在する性的変異，性的衝動の現れであると位置づけたことである[25]．性の問題を個人に属するものととらえ，性的欲望が生殖の為にのみ存在するわけではないことを指摘しており，論述にあたっては，当事者による自己告白を第一資料とした手法が当時非常に新しかった．ここで『性の心理』を全体的に分析し，当時の性科学分野の中で相対化し，今日的な意義も含めて評価する準備はないが，彼の論点のうち周作人との関係において重要な部分を以下に紹介したい．

それは，『性の心理』のうち，分量が最も多い第6巻『性と社会』である．エリスは性的衝動の問題に対して，対象との関係を，より広くコミュニティの問題として取り上げ，性と社会の関係に注目した．『性と社会』では，性を「個人の性愛」と「社会の生殖」に区別し，結婚観の改革を掲げている．エリスによれば，結婚の直接的目的は相互愛の完成にある．結婚が個人の道徳的責任において行われる個人的な事業である以上，国家に結婚を管理する権利はない．言い換えれば，結婚における性愛は，それ自体に意味と価値が備わっており，結婚は生殖の為のみにするのではないことになる．一方，結婚の間接的目的の中には種族の繁栄があり，女性は妊娠，出産という社会的行為を果たすと同時に，社会に対して直接的責任を負うことになるとした．家族は個人間の契約関係で成立するものでありながら，種族の維持という社会問題が発生する場であり，その際，生殖が公私間の境界に位置づけられている．エリスのいう個人の性的関係は社会化された時点で矛盾を来たすし，

性に対する社会的介入という発想が，人種政策に結びつく危険性を孕むものだということは言うまでもない．だがそれまで，生殖という最終目的を逸脱しない道徳的文脈で語られた性を，社会（生殖）と個人（性愛）に関わる「別個」の主題として論じようとした試みには注目できる．性に対する社会的介入が，一方で性に対する新たな語りを生み出したことになる．エリスはさらに性的本能を積極的な行為であると認めて性教育の必要を訴え，社会的に有用な行為であり続けるために，各人に性的自制の能力を備えさせることが文明の進歩であると主張した．また性的本能には均衡の取れたバランスが肝要だとし，「極端な放縦も悪いが，極端な抑制も悪い」[26]という，性の「中庸」とも言える論点を導くに至るのだった．

周作人はエリスのそうした結論に至る議論を踏まえて，エリスは「イギリスの有名な優生学及び性の心理学者，また文明批評家」[27]であると評した．日本留学中からエリスの書を購読し始めた周作人は，以後1937年までに計27冊を購入した[28]．特に『性の心理』に関しては，1923年の日記に全6巻を購入閲読した記録が残っている．その翌年には最初の本格的なエリスの紹介文，「エリスの言葉」（「藹理斯的話」，『晨報副刊』1924年2月23日）を発表する[29]．

「エリスの言葉」に引用されるエリスの言葉の中で，周作人が最も共鳴したのは，「歓楽と節制の二者は並存し，かつ反発せず相互に補完する」，「終始二重（禁欲と耽溺——筆者注）の理想を尊重する者こそが，生活の法をわきまえた明智の大師である．（中略）一切の生活は，建設と破壊との，吸収と放出との，永遠なる構成作用と分解作用の循環である」という主張であった．これはまさに『性の心理』第6巻（『性と社会』）の結論部分であり，周作人は他の文章においても，エリスの言葉としてたびたび引用している．そして，同じ1924年11月，有名な生活の芸術論（「生活之芸術」『語絲』1期）を著すに至るのである．

周作人は「生活之芸術」の中で，禁欲と耽溺の調和が生み出す美的生活を1つの芸術だとみなして，続けて『中庸』の冒頭にいう「天の命ずる，これ

を性と謂い，性に率う，これを道と謂い，道を修むる，これを教と謂う」を引用しながら，礼節と中庸を重んじる中国固有の「礼」の復興を求めた．「礼」とは，中国の伝統思想において，社会秩序を維持する為の生活規範の総称であり，儒教では最も重要な道徳的観念として，その細則が『礼記』，『儀礼』などの経典に記されてきた．周作人は人間らしいあり方，また生活の法として「礼」をとらえ，すでに消失してしまった「本来の礼」を取り戻そうとしたと言える．周作人が禁欲か耽溺の両極端でしかない中国に，新しい生活の法として，「調和」を重んじていること，その解決法として導く論点が，彼が引用したエリスの言葉と近似している点に注目できる．周作人の生活の芸術論は従来さまざまに評価されてきたが[30]，エリスとの関係に注目すれば，「生活之芸術」の核心的な論点である禁欲と耽溺の調和を，エリスが論じた性の「中庸」に読み替えることが可能ではないだろうか．

当時，周作人の「生活之芸術」が議論を呼ぶことはなかったが，彼の弟子の１人とも言える江紹原（1898-1983）は真っ先に反応を示し，両者はその後書簡形式のやり取りを開始することとなる（やり取りは『語絲』を中心に断続的に１年ほど続けられ，後に江紹原がそれらを「礼部文件（一～九）」と名付けた）[31]．江紹原は「礼の問題」(「礼的問題」,『語絲』3期1924年12月）を発表して周作人の提案に共鳴し，理解を示した上で，礼をあまりに理想化しすぎてはいないかと反論した．両者の相違は，周作人が生活の法として「礼」を掲げたのに対し，江紹原は人類学的見地から原始社会を例に文化の複合体として，具体的には「法術」，宗教，道徳，衛生，芸術的要素によって形成されるものとして「礼」をとらえた点にある[32]．江紹原は中国の「本来の礼」も文化の複合体であるべきだと述べ，さらに，伝統的礼の実態解明に力を注ぐ姿勢を示した．それ以後，江紹原は古代文献に記された礼の実例をあげ，現代に残る礼の実態と比較対照しながら，時代や知識が「進歩」するにしたがい，「本来の礼」に礼教の箍がはめられていく過程を見出していく．周作人は江紹原の良き理解者となると同時に，文明を装いながら，その中身は文明とは程遠い礼教に潜む後進性に対して，江紹原と共に「文明の

野蛮」(似非文明) という言葉を用いて厳しく批判した (「礼部文件 (三, 五～七)」).「礼部文件」を契機に江紹原は礼俗研究を本格化させたが, 一方の周作人は,「文明の野蛮」批判と並行して, 科学の洗礼を受けてなお近代中国が継承した「野蛮性の遺物」(原文"蛮性的遺留")を追求する過程で, 古代から現代まで「文明」を司る根幹に, 性にまつわる迷信が存在することを発見していくのだった.

周作人は「生活之芸術」を発表する少し前,「可哀相な者」(「可憐憫者」,『晨報副刊』1922 年 10 月 5 日) の中で, 自然界に生息する生物の美しさは人間界に置かれると醜い存在となる, 同様に「野蛮人」も本来はみな慇懃で仲睦まじいのに,「文明人」の間に入ると残酷になると述べたエリスの一節 (『随感録』 Impressions and Comments, 1914-1923) を受けて, 呪詛すべきは偽文明, 偽道徳であると述べた. その後「道学芸術家の二派」(「道学芸術家的両派」,『語絲』19 期 1925 年 3 月) の中で, 原始社会における男女の関係がいかに厳格なものだったかを強調する一方で, そうした厳格さを貫く勇気の無い者だけが卑劣な漁色者になるのだと断じている. つまり, 原始社会が持つ自然の姿を高く評価する一方, 彼らを野蛮視する近代文明の価値観こそが, 野蛮世界を作り上げているのではないかと見ている. 周作人は, 野蛮視を容易に内在化してしまう近代社会の眼差しを敏感に感じ取っていたと思われる. この当時, 彼の批判の矛先は「文明の野蛮」に集中していることがその証である. その例をもう少し以下にあげていく.

周作人は「犬が絨毯をひっ掻く」(「狗抓地毯」,『語絲』3 期 1924 年 12 月) の中で, 次のように述べた.

> 人間社会の中にも多くの野蛮 (或いはまだ禽獣) 時代の習性が残っている. それらは本来はすでに無用な, 或いはむしろ有害なものになっており, 今なお時々それらの習性が現れると, 罪悪となり, また他の様々な荒唐無稽な迷信的悪習になったりするのだ.

周作人はさらに，原始人の思想が生殖崇拝に支配されていること，それゆえに性に関する迷信が豊富である．なぜなら彼らにとって両性関係は，自然世界を支配する神力が宿る行為と一体のものだったからだと述べた．近代社会はどうかと言えば，「好んでくだらない事にかまうが，両性関係に対して最も厳しい」と述べている．周作人は原始社会に対して，近代社会の文化より劣ったものとはみなさない立場から，原始の，自然な状態が生み出す彼らの行為や性観念を否定していない．むしろ，原始社会の性の迷信は近代文明の視線に晒されることで本来の姿を喪失し，先祖からの遺産が新たに別物となって生命を保ち続けることを感じていた．一方で，「野蛮性の遺物」を継承せざるをえない文明社会では，近代の価値観が生み出した性の迷信（「文明の野蛮」）にも対処せざるをえない．その解決策を模索しながら，芸術的な趣味の涵養を訴えて，新たな両性関係の誕生を望んだ周作人だっただけに，礼教を重んじる偽道学者の思想に対する批判には激しいものがあった．翌年の1925年，「シャーマン教の礼教思想」（「薩満教的礼教思想」，『語絲』44期1925年9月）を発表して，次のように述べた．

　　礼教を重んじる者の思想は結局，性交渉を出ず，しかもこの交渉の中に宇宙の存亡，日月の満ち欠け，家国の安危，人民の生死，すべてがある．（中略）これは野蛮なシャーマニズム思想でなくて何だというのだ．私は中国を理解するためには礼教を研究しなくてはならず，礼教を理解するにはシャーマン教から着手しなくてはならないと信じている．

周作人は近代社会に残る性の迷信がシャーマニズム的民間信仰となって国民思想を支配している現状を見て取り，以後，鋭い国民性批判を開始するようになる．以前，「礼とは神秘的なものではない．人と人が付き合う条理にすぎず，各自が節制することにすぎない」[33]と述べていた周作人にとって，原始社会の礼はすでに存在せず，中国人は「礼教と迷信の二重の網に落ちてしまった」[34]のだった．性の迷信は「罪悪」へと姿を変え，同時に排除す

べき対象へと変化したと言える．

　周作人の「文明の野蛮」批判はさらに，迷信が色濃く残る農村社会へも向けられるようになる．例えば，「農村を改良するのを妨げている最大の原因は，民自身の旧思想にあり，この旧思想の主力は道教思想だ」(「郷村と道学思想」,（「郷村与道学思想」)『語絲』101 期 1926 年 10 月）と述べ，民衆に対してどれほどの解決策を考案しても，彼らが結局は迷信の網から抜け出せないこと，そんな彼らを救うことに限界すら感じている様子がうかがえる．周作人は大病を患う 1921 年前後，思想的動揺と混乱を機に「科学による啓蒙への無限の信頼を失い」[35]，民衆を労農と一体であると見なして，彼らに不信の念を募らせたことがあった．だが周作人は，こうした民衆不信の思いから啓蒙対象として民衆と向き合うことを選択することもなかった．同じ頃,「王と術士」(「王与術士」,『語絲』126 期 1927 年 4 月）を著し，若干の元老が統治している中国の現状に対して，「現在我々は明主を夢想しないが，族長がより好ましいとも思えない」と述べ，啓蒙者の出現に積極的な姿勢を持ち合わせていないことがわかる．その後，「私自身は群衆を信仰しないもので，共産党や無政府党と同じ道を行くことはできない」(「談虎集・後記」1927 年 11 月）と告げるに至る．

　早期に優生思想を受け入れ，良き国民の誕生に中国の将来を託していた周作人だったが，新文化運動以後，今度はエリスの性の心理研究を媒介に中国にセクシュアリティの問題を問い始めるようになる．並行して，彼の中で優生学に対して，かつての近代国民国家形成の論理からとらえる必要が薄れ，同時に，性に対する文明批評を主軸に据えていくようになる．その過程で，周作人は文明社会が野蛮視の眼差しを生み出すという近代文明のメカニズムを発見し，また一方で，迷信が色濃く残る世界として民衆社会を見つめながらも，彼らを啓蒙することには抵抗を示した．以上の経過を経て，1930 年頃から周作人が語り始めたものとは，「草木虫魚」といった彼が生来好んだ対象だった．周作人が「草木虫魚」を通じて，改めて民衆をとらえ始めていく様子を次に検討したい．

3．猥褻と「民俗」

　中国民俗学運動は新文化運動の中心地，北京大学において始動した．北大教授陣のうち，劉半農らが1918年2月1日の『北京大学日刊』に「北京大学徴集全国近世歌謡簡章」を発表し，後に「歌謡研究会」が発足，定期刊行物『歌謡』が創刊される．中国における最初の民俗学の仕事は，国民の声を発掘しようと取り組んだ歌謡の収集だった．こうした動きは突然起こったものではなく，魯迅が1913年2月に『教育部編纂処月刊』（1巻1冊）で「美術普及に関する意見書」（「儗播布美術意見書」）を発表したあたりに遡ることができる．「意見書」は魯迅が各地の歌謡，俚諺，伝説，童話を収集整理することの必要と，その教育的意義を主張したもので，当時，魯迅と歩調を同じくしていた周作人と共に，兄弟は美術や児童文学に関する共同活動を行った[36]．両者は組織的な民俗学運動が起こる以前の早い時期から，民俗学的な関心を寄せる思想的な準備があった．

　歌謡研究会の主任だった周作人は後年，『歌謡』創刊40周年を記念して著した文章「ささやかな回想」（「一点回憶」，『民間文学』1962年6期）の中で，自分が研究会に貢献したことは「猥褻な歌謡」への関心を喚起したことだと回想した．事実『歌謡』創刊にあたり「簡章」の原案に設置された「征夫野老，遊女怨婦の辞の，淫藝に渉らないで自然に趣を成しているもの」という制限が周作人の提案で撤廃され，代わって「歌謡の性質は無制限とする．たとえ迷信や猥褻に関わるものでも研究の価値があるので，合わせて記録送付すべきである．あらかじめ寄稿者が選択を加える必要はない」と改めた．同様の趣旨は『歌謡』「発刊詞」で再度主張された．だが，中国の伝統的な価値観に照らせばタブー視された猥褻に対して，学術的な光を当てようとする試みは，多くの困難に直面せざるをえなかった．周作人は数回にわたる挫折を繰り返しながらも，「そこから中国民衆の性の心理を探れる」[37]ことを

確信し，猥褻に対する学問的な理解を求めることをやめなかった．彼の猥褻な歌謡に対する興味関心のあり方の中に，エリスの影響を見て取ることが可能であろう．

1920年代，周作人は主要な活動の場として自ら雑誌『語絲』を創刊した．『語絲』は魯迅が参加したという観点から評価されることが多かったが，『語絲』の最盛期を築いた功労は積極的な編集態度でのぞんだ周作人にある．さらに中国民俗学の系譜をたどれば，「礼部文件」が発表された場であったことに代表されるように，『語絲』が民俗学史上においても重要な位置を占めること，その際，周作人の役割が大きく作用したことがわかってきた[38]．その1つとして，彼が呼び水となったことで，民間の伝説や，鳥や獣，草木虫魚にまつわる話が毎期のように寄せられた他，『歌謡』では収集に至らなかった猥褻な歌謡が，『語絲』で再度収集を呼びかけた結果，初めて一応の成果を得る（残念ながら，当初計画していた『猥褻歌謡集』や『猥褻語彙』の刊行を実現するまでには至らなかったようだが）[39]．

一般に口承文芸は文字化される過程で，聞く者や読者を説得するための文学的レトリックや，美学的要素が付加された[40]．それゆえ，歌謡収集に関わった多くの知識人は，新文芸の実践（新体詩の創作）の材料として歌謡をとらえた．そうした考え方は，当時すでに口語文の全面的使用を提唱し，『新青年』に口語詩を発表していた胡適によって支持され，『歌謡』にも強い影響力を持った．だが，周作人は「人間の文学」に表れているように，新文学において，新しい人間観，倫理観，審美観を重視していた．歌謡の猥褻，粗野な言辞を「雅」に改変することを許さない彼の立場は，独特であり，当時としては画期的であった．だがその後の1930年10月，周作人は「私自身の歌謡に対する意見が些か動揺，いや，或いは変化したといった方が良いかもしれない」[41]と告げ，かつて抱いた歌謡に対する思いを修正するのだった[42]．

1920年代後半の国民革命は知識人に大きな衝撃を与え，それを契機に文学界全体に様々な波紋が広がっていく．各地で国民革命に参加していた文学

者たち（北京大学の教授陣を含む）は四・一二事件（1927年）の後，次々と租界のある上海に集まっていった．周知のように，周作人はそのような状況下にあって北京に留まる道を選択し，「閉戸読書論」（1928年11月作，『永日集』所収）を書き，「革命をやらない文学」[43]を標榜したが，歌謡に対するとらえ方の変化も同時期に起こったことは押さえておきたい．一方，民俗学運動もまた，北京大学の教授が南方へ移動するのに伴い，北京大学から廈門大学，中山大学へと活動の中心を移動させ，広州の中山大学で民俗学研究の黄金期を迎えていた．北京を離れなかった周作人は，広州「民俗学会」と一線を画し，以後独自に民俗学研究を進めていくのだった．

　周作人は1930年5月，周囲に残っていた友人と雑誌『駱駝草』を創刊した．『語絲』を継承した『駱駝草』もまた，民俗学史上に位置づけることが可能な雑誌となる．周作人が『駱駝草』に発表した代表作が，一連の「草木虫魚」に関する短文である．当時の周作人は実作面では低迷期に入る時期とされるが，「草木虫魚」以外にも，「言志」（自己を表現する）と「載道」（道義を説く）という文学の2大潮流を論じて，自らを言志派に明確に位置づけた文章（「冰雪小品選序」『駱駝草』21期1930年9月）を発表しており，多くは語らない時期にあって『駱駝草』が彼自身にとって重要な発表の場だったことがわかる．民俗学に対してはどうだったのかと言えば，関心の強さは変わらず，むしろ正面から向き合っていくようになる．『駱駝草』創刊号（1930年5月）に発表した「草木虫魚」の一篇，「水の中のもの」（「水裏的東西」）にある次の一節に注目したい．

　　人は疑いを抱くかもしれない．どんなにひまでも，河水鬼（水郷である紹興に古くから伝わる鬼の一種——筆者注）などというものを語ることはあるまい，と．その通りである．河水鬼は語らなくても大いによい．だが，河水鬼の信仰およびそれを信仰する人は注意に値する．我々はふだん，天国か或いは地獄がどんなところか夢想するだけで，よくわからない．この凡俗な世間を眺めて，そこにはどんな人がいるのか，彼らは

何を考えているのかを知ろうとはあまり思わない．社会人類学と民俗学はその一角を照らす灯りなのである．

周作人は「河水鬼」に加え，「河水鬼」の信仰と，信仰者に目を向け，こうした「凡俗な世間」をあるがままにとらえることを望み，それが民俗学の研究対象であると示した．ここで当時の周作人が「言志」の立場に立つと表明したこと，すなわち自己の確立を謳っていたことを考え合わせてみよう．

近代的な自我や自己を定義するためには，他者の存在や視線が不可欠となる．周作人が「信仰する人」をありのままに眺めようとする姿勢には，かつての優生学に基づいて形成を望んだ近代的「国民」像といった視線は感じられない．民衆観に一定の変化を生じさせていく過程は，周作人が自らの中に他者の存在を認め，また自己を他者化する視線を獲得していこうという動きを伴っていたと考えられるが，その際の「他者」はすでに「西洋」をそのまま意味するものではなかったと思われる．同じ『駱駝草』第6期（1930年6月）に発表した「達生編等を擁護する」（「擁護達生編等」）の中には，文字化されていない風俗を広く収集し研究することによって，「国民思想の真相」が得られることを期待する姿があった．優生学の位置づけが彼の中で変化を見せたことが端的に示すように，西洋近代の価値観を他者としてそのまま受容することには，迷いがあった．そうした中，「信仰する人」をあるがままに眺めようとする姿勢をえた周作人は，そこに改めて民俗学の意味を見出したといえる．こうしたプロセスを経て次の活動を開始するとき，周作人は執筆の低迷を脱していた．

1934年1月，林語堂が主催する小品文雑誌『人間世』が創刊される．その巻頭を飾るかのように，周作人は自分の写真に添えて「五十自寿詩」と題する戯れ歌二首を掲載した．満50歳を迎える年頭にユーモアを交えてその心境を吐露した周作人に対して，多数友人が和韻していくが，左翼側からは相次ぐ批判を被ることになる．批判の原因を作った戯れ歌の一連に，「街頭に終日鬼を談ずるを聞き，窓下に通年蛇を画くを学ぶ」[44]とある．「鬼を談

ずるを聞く」ことに関して，周作人は「鬼の生長」(「鬼的生長」,『大公報・文芸副刊』60 期 1934 年 4 月 21 日) を書いて補足した．周作人は民衆の死後の世界観 (「鬼」) に対して強い興味関心を抱くと同時に，「河水鬼」と同様に，鬼を信仰する人々へと視線を向けて，次のように述べた．

  私は鬼を信じないが鬼の事柄を知ることは好きだ．これは一大矛盾である．私は人間が死後鬼になると信じなくとも，鬼の後ろには人間がいると信じている．（中略）我々が鬼を語るのを聞くということは，実際には鬼を語る者の心中を聞いているのに等しいのだ．

民間を司る根幹に「祖先崇拝」(『毎週評論』10 期 1919 年 2 月) や，生殖崇拝を指摘してきた周作人は，そこに鬼の存在を見出していたが，自分自身は徹底した「神滅論」,「無鬼論」者であることをたびたび語っていた．そんな周作人が，今度は鬼を信じる民の言葉に耳を傾けようとした．これは何を意味するのであろうか．翌年彼は「鬼を語る」(「説鬼」, 1935 年 11 月作,『苦竹雑記』所収) を書き，その理由を説明する．鬼の実情を知ろうとするのは日常では知りえない「人情」がわかるからであり，鬼の中に見出される民の姿を理解できるからだ．鬼の生活を詳細に書き出せば，そこから「中国民族の真心を見ることができる」というものだった．

周作人に対する左翼側からの批判は，現実から退いた「消極的」態度と社会の「無益性」に集中した．しかし同じ頃に周作人が述べた，「我々は畢竟一人の中国人であり，本国に対するさまざまな事情に対して無関心ではいられない」[45] という言葉を無視することはできない．周作人にしてみれば「知っているから期待し，非難する」道と，「知っているから期待せず，非難しない」道があり，自分はこれまで前者の道を歩んできたという自負があった．だが空言がいかに無益かを悟るうちに，自分の積極性がむしろ恥ずべき態度に思えて，知っているからこそ取れる後者の道を否定しないようになる (「苦茶随筆・後記」1935 年 6 月)．周作人は批判を浴びながら，一体いつに

なれば真に風月や趣味だけを語ることができるのかと自問して(「苦竹雑記・後記」1935年11月)，草木虫魚や鬼に代表される「民俗」を語り続けようとしたのである．ここで周作人が再三にわたって自らの態度を「積極的」だととらえていた意味を考えてみたい．

　周作人は1944年に「私の雑学」(「我的雑学」，『苦口甘口』所収)を書き，彼の幅広い学問思想の源泉やあり方を自ら解き明かした．中でも日本研究に言及するうち，日本理解において文学芸術面から模索してきたが，苦労の半分程しか成果があがらない過去の経験に鑑みて，それよりも国民の生活感情を知ること，具体的には民間伝承から探求することがその国を知る最良の手段であると述べた[46]．特に「中国人民の感情と思想は鬼に集中している．(中略)よって中国を理解したいと思えば礼俗研究をしなくてはならない」という言葉に注目すれば，礼の問題を主軸に据えて中国の文明批判をしてきた周作人にとって，鬼こそが民衆の世界観を代表するものだったと言える．周作人が「鬼」を通じて民を語ることは，中国の国民性と不可分の問題へ言及することを意味し，その意味において，彼の政治的な言論活動の中に「積極性」を認めることは難しくない．だが周作人が実際に鬼の生活に関して執筆に取り組んだ形跡はなく，中国民族の真心を見たいという願望以上に，鬼に対して具体的な探求を試みてもいない．その姿勢はその後も一貫しており，例えば江紹原の仕事を高く評価しながらも，民俗学を独立した学問として認めうるか否かと問われれば，民俗学を学問体系に取り込むことに強く抵抗する姿勢を示した[47]．なぜなら，清末から1930年代に至る民俗学ないし民衆に対する考え方は，周作人の中ですでに一定の変化を見せており，最終的に，「あるがままに」民衆世界を尊重することが，彼の選んだ民俗学のあり方だったからである．

　一方，現実の政治権力と戦い身を危険に晒しながらも，プロレタリア文学運動を遂行する上海文壇の作家群が，彼の行為を理解することは困難だった．また周作人自身が理解をえようとしていたようにも見られない．その原因の1つとして，彼の上海観によるものがあった．以前周作人は「上海気質」

(「上海気」,『語絲』112 期 1927 年 1 月) の中で, 自分は閑話を好むが「過度」と「俗悪」な上海気質の閑話は好きになれないと述べ, この上海気質を作った原因が「性の問題」にあると述べた. そして, 新たな性知識と性道徳を拒む上海の性観念は, 旧態依然としたものがあり, そうした伝統に対する「厳正」ぶりを鋭く批判した. 文化や政治を含むあらゆる「礼」において健全な性道徳を重要視していた周作人の眼に, 上海は性の「中庸」が欠如した場所と映ったようだ[48]. では上海の作家は, 民衆の存在を忘れ去っていたのだろうか.

文学のマルクス主義化を進めてきた上海のプロレタリア文学作家たちも, 同じ頃,「文芸の大衆化」運動を開始し, 大衆読者を獲得することの困難を実感する長い道のりを歩み始めていた. 文芸の大衆化運動は左連の結成と同じ 1930 年に起こり, 左翼文壇で激烈な論争が起こった. 彼ら知識人は現実に文字を持たない大衆を対象とすることの困難に直面して, あるべき大衆像を想像しながら理論闘争を展開する. その後九・一八事変を経て, 眼前に迫る危機に直面することで, その必要性が改めて認識されていった. それは同時に知識人の階級問題, 言語, 表現形式, 大衆教育と多岐にわたる問題が現実味を帯びて浮上することを意味し, 彼らは具体的解決策を講じながら, 大衆が受容できる文芸の創作や普及の為に奔走した[49]. 作家が労農大衆を革命の主体に据えていくとはいっても, 運動側の与える文芸と大衆の文化的要求は容易に結びつくものではなかった. 困難を生じさせる根本をたどれば, 知識人と大衆の乖離という問題が存在した. 知識人と大衆・民衆との距離という点では, 周作人も同じ問題を抱えていたはずであり, この点においては, 周作人もプロレタリア文学作家と同じ苦悩を背負っていた. だが双方の運動の性質や評価が両者を大きく隔てた. その原因や評価についての検討は別稿で改めて論じたいと考えるが, 大衆・民衆のとらえ方に注目すれば, 双方の立場の違いは明白で, さらにこうした立場の違いが後の北方文壇 (京派) と南方文壇 (海派) の質的相違を顕在化させる一因になったのかもしれない.

おわりに

　再び周作人が自らを紹介した自己紹介文「周作人自述」をみると，その結びは「もしもフロイト派の児童心理が理解できなければ，彼（周作人自身を指す——筆者注）の思想態度を批評するに，どんな言い方をしようとも，全く駄目であり，全くの徒労である」という言葉で締め括られている．周作人の思想形成において，性科学が与えた衝撃の大きさから考えれば，この末尾の文章から，英米圏の学術界にフロイトを紹介したことでも有名なエリスが想起されないだろうか．周作人はエリスの性の心理研究に触発されて，生活と芸術の真諦を学んだ．その大きな契機となったのは，進化論的，優生学的思考からではとらえきれない性の問題（性の「中庸」）を発見したことであった．この発見は，周作人がすでに近代の「国民」像の形成という枠から離れる上で，重要な役割を担うものだったと位置づけられる．

　周作人と民俗学の関係において歌謡研究はその重要な位置を占めるが，猥褻な歌謡に代表されるように，彼が研究対象としたものもまた，エリスを通じて学んだ性の問題と密接なものだった．周作人の民俗学研究の中で，性の問題は重要な課題の1つだったと言える．その後次第に，民衆の世界観（信仰対象）に留まらず，信仰する人々，民衆へと関心対象を広げていく．すでに民族主義的な視線を放棄していた周作人は，民俗学が資料以上の価値を持つべきではないという立場に立ち，「あるがまま」に民衆をとらえ直そうと試みたのだった．だが果たして，民衆をあるがままにとらえることは可能なのだろうか．

　周作人は民俗学を学問体系に取り込むことに抵抗する姿勢を示したが，「ありのままの民俗や媒介を経ない民俗といったものは，いわゆる民俗社会においても存在しえないもの」[50] である．周作人が「いつになれば真に風月や趣味だけを語ることができるのか」と心の声を洩らしても，民俗学が具え

るナショナルな働きを全く排除することは不可能であった．知識人として民俗学研究に取り組む以上，本人の思いとは別に政治性を帯びることは避けられず，その矛盾に周作人が無自覚だったとは思えない．だが彼は，あくまで民族主義的な視線を排除したところで，民俗学研究を進めようと試みた．1人の中国知識人が，民衆や民衆世界を尊重しようと試みたプロセスは，さまざまな迷いや葛藤と無縁ではなかったことがうかがえ，西洋近代の学問の枠組みからではとらえきれない，中国民俗学研究の足跡をそこに見出すことが可能である．日本を経由して受容した「民俗学（folklore, Volkskunde）」はすでに，中国民俗学として，発展の可能性を有していたと言えよう．

1) 「偽職」就任による対日「協力」の問題に関して，木山英雄（2004）『周作人「対日協力」の顛末―補注『北京苦住庵記』ならびに後日編』（東京：岩波書店）参照．
2) 中国における「民俗学（folklore, Volkskunde）」の受容のあり方については，拙稿（2005）「近代中国と民俗学―周作人・江紹原・顧頡剛」（『福井大学教育地域科学部紀要』第Ⅰ部人文科学（国語学・国文学・中国学編）第56号）参照．
3) 一方，日本では早く飯倉照平氏が周作人の仕事を評価するにあたり，民俗学との関係が重要な切り口だと考え，「その根底にあって絶えることのなかった，彼の民衆文芸ないしフォークロアへの関心が，それらの仕事の根源を支えた，切り離しがたいなにものかであった」（1967「初期の周作人についてのノート(Ⅱ)」神戸大学文学部文学会『研究』40）と指摘していた．
4) 詳細は，拙稿（2006）「周作人と歌謡―中国知識人と民俗学に関する考察」（『日本中国学会報』58）参照．
5) 小川利康（1988）「周作人とH. エリス――一九二〇年代を中心に」（早稲田大学大学院『文学研究科紀要別冊』15）．
6) 陶明志編（1934）『周作人論』上海：北新書局所収．
7) 周作人（1936.12）「瓜豆集・題記」，周作人（1937.12）「関于自己」（『宇宙風』55期）
8) 現在入手可能な邦訳本に，佐藤晴夫訳（1996）『性の心理（全6巻7冊）』東京：未知谷，があり，本稿もこれを参照した．
9) 周作人（1913.12）「児童研究導言」（『紹興県教育会月刊』3号）．
10) 周作人（1926.10）「我学国文的経験」（『孔徳月刊』1期）．
11) 「重要な論文二編」とは，周作人（1908.5, 6)「論文章之意義暨其使命因及中国近時論文之失」（『河南』4, 5期)，周作人（1908.12)「哀絃篇」（『河南』9）である．この間の事情に関する先行研究として，根岸宗一郎（1997）「周作人におけ

12) 原文「一国文明之消長,以種業成因依.」.
13) 原文「自進化之説起,諸種学説,皆受其影響,而生変化.遺伝之律既漸確実,教育方針,而因之而変,教育之効用及其限止,亦随以明定.」周作人はまた同誌同号に英国教育者Gorst『教育と優生』の一部を「民種改良之教育」と題して訳出している.
14) 周作人は当時すでにテーヌ（Hippolyte Taine）の「人種」観を受容していたが,テーヌは一国の文学が「遺伝」・「環境」・「時代」の三要素により形成されるととらえていた.注11根岸論文参照.
15) 原文「今以遺伝之説応用于教育,則施行教育,即是利用外縁以行揚抑,使其遺伝之性漸就準則,化為善性,復遺于後.（中略）教育之事,在応順時勢,養成完人,以為社会与其分子謀幸福,故社会科学,与法律,宗教等殊途同帰,皆旨在植善而去悪.唯外縁間接,其効不溥.並世有善種学者,創于英国,本天演之理,択種留良,以行淘汰,欲使凡智各群,各造其極,実為教育之基本事業,凡言教育者所不可不致意焉.」.
16) 坂元ひろ子（2004）「恋愛神聖と優生思想」（『中国民族主義の神話—人種・身体・ジェンダー』東京：岩波書店所収）.
17) 周作人（1919.1）「論"黒幕"」（『毎週評論』4号）,周作人（1919.2）「再論"黒幕"」（『新青年』6-2）.当時の魯迅もまた周作人と近い立場に立った（魯迅1919.11「我們現在怎様做父親」『新青年』6-6）.ちなみに末弟の周建人は,1920年代初頭から優生学を本格的に中国へ紹介した1人だった.
18) 周作人（1918.10）「愛的成年」（『新青年』5-4）.
19) 木原葉子（1987）「周作人と与謝野晶子」（『東京女子大学日本文学』68）.また周作人（1921.10）「欧州古代文学上的婦女観」（『婦女雑誌』7-10）,周作人（1921.8.10）「小孩の委屈」（『晨報副刊』）参照.
20) 周作人（1923.4.18）「結婚的愛」（『晨報副刊』）.
21) 周作人（1928.2）「性的解放」（『新女性』2-2）,周作人（1927.12.1）「北溝沿通信」（『世界周報・薔薇周年紀念周刊』）.
22) 荻野美穂（1994）『生殖の政治学』東京：山川出版社,216頁.
23) 周作人（1923.12.1）「読報的経験」（『晨報五周年紀念増刊』）.引用箇所はエリスが『性の心理』で述べる内容とほぼ同じである.
24) 周作人（1936.8作）「東京的書店」（『瓜豆集』所収）.
25) 太田省一（1994）「社会衛生の登場—H.エリスの議論を手がかりとして」（『和洋女子大学紀要』34集文系編）参照.
26) 『性の心理』第六巻『性と社会』「第六章性的抑制の問題」.
27) 周作人（1922.10.5）「可憐憫者」（『晨報副刊』）,周作人（1924.9作）「科学小説」（『雨天的書』所収）他.
28) 周作人（1937.12）「関于自己」（『宇宙風』55期）.また回想文「東京的書店」

により，エリスの処女作『新精神』から『現代の諸問題』に至るまで，すべて丸善から購入したことがわかる．
29) 周作人がエリスの視座を用いて最初に書いた文化批評は，マンデスの作品を論じた，周作人（1923.11.10）「読紡輪的故事」（『晨報副刊』）である．
30) 最も新しいものとして，伊藤徳也（2007）「デカダンスの精錬―周作人における『生活の芸術』」（『東洋文化研究所紀要』152）がある．
31) 「礼部文件」に関する先行研究として，小川利康（1995，1996）「江紹原と周作人（I）（II）」（『大東文化大学紀要人文科学』33，34号），小川利康（1997）「『礼部文件』における江紹原のスタイル」（早稲田商学同攻会『文化論集』11）参照．
32) 詳細は，拙稿（2006）「中国知識人と民俗学に関する一考察―江紹原の迷信研究」（『お茶の水女子大学中国文学会報』25）参照．
33) 周作人（1922.8.10）「礼之必要」（『晨報副刊』）．
34) 周作人（1927.4）「香園」（『語絲』129期）．
35) 尾崎文昭（1983）「陳独秀と別れるに至った周作人――九二二年非基督教運動の中での衝突を中心に」（『日本中国学会報』35）．また関連して，小川利康（1990）「五四時期の周作人の文学観―W. ブレイク，L. トルストイの受容を中心に」（『日本中国学会報』42）参照．
36) 例えば，魯迅が立役者なって成功させた「全国児童芸術展覧会」（北京）を受けて，周作人は紹興で「小学校成績展覧会」を開催した．紹興での展覧会は，期間としては1914年7月21日から一週間程，北京のそれに比べれば規模は小さいが，周作人は北京展覧会を受けて改善の工夫を試みている（周作人1914.6「学校成績展覧会意見書」『紹興県教育会月刊』9号，周作人1914.9「小学校成績展覧会雑記」『紹興県教育会月刊』10号）．また周作人の日記から，紹興の展覧会に最も協力したのが弟の周建人であることから，これらの仕事を周氏三兄弟による共同活動の足跡とみることが可能である．
37) 周作人（1925.10）「徴求猥褻的歌謡啓」（『語絲』48期）．
38) 『語絲』の中国民俗学史における役割に関して，拙稿（2002）「Folkloreをめぐって―『語絲』と江紹原を中心に」（『中国研究論叢』2）参照．
39) 周作人（1926.10）「酒後主語八 関于『猥褻歌謡』」（『語絲』99期）．
40) 岩竹美加子編訳（1996）『民俗学の政治性―アメリカ民俗学一〇〇年の省察から』東京：未來社，36頁．
41) 周作人（1930.10）「重刊霓裳続譜序」（『駱駝草』24期）．
42) この間の詳細については，拙稿（2006）「周作人と歌謡―中国知識人と民俗学に関する考察」（『日本中国学会報』58）参照．
43) 周作人（1928.11作）「燕知草跋」（『永日集』所収），周作人（1928.12作）「大黒狼的故事序」（『永日集』所収）．
44) 原文「街頭終日聴談鬼，窓下通年学画蛇」．
45) 周作人（1935.3.24）「関于写文章」（『大公報・文芸副刊』144期）．

46) 「我的雑学・十四」．周作人は日本民俗学の中で特に柳田国男から多くの示唆を得ている．今村与志雄（1976）「魯迅と周作人と柳田国男と」（『理智と情感』東京：筑摩書房所収），趙京華（1995）「周作人と柳田国男」（『日本中国学会報』47）参照．
47) 周作人（1931年7月作）「英吉利謡俗序」（『看雲集』所収）．
48) 周作人（1925. 8. 12）「与友人論章楊書」（『京報副刊』），周作人（1925. 8. 21）「答張崧年先生書」（『京報副刊』）参照．
49) 丸尾常喜（1972）「左連前期における文芸大衆化の問題」（『東洋文化』52），阪口直樹（2004）『中国現代文学の系譜』東京：東方書店，参照．
50) 岩竹美加子編訳（1996）『民俗学の政治性――アメリカ民俗学一〇〇年の省察から』東京：未來社，46頁．

＊周作人の作品は主に，陳子善，張鉄栄編（1995）『周作人集外文（上下）』海口：海南国際新聞出版中心，鍾叔河編（1998）『周作人文類編（全10巻）』長沙：湖南文芸出版社，止庵校訂（2002）『周作人自編文集（全36書目）』石家庄：河北教育出版社に拠った．

第 3 章

敵か？ 友か？
―― 日本人が見た蔣介石の新生活運動 ――

深町　英夫

はじめに

　1934年3月20日，日本の在杭州領事館事務代理の松村雄蔵は広田弘毅外務大臣に，「最近当地民間ニ澎湃トシテ喧伝セラル丶新名詞」として新生活運動を紹介した．実はこの運動は民間人の発起によるものではなく，国民政府軍事委員会委員長である蔣介石が江西省南昌市で発動し，これに呼応した全国各地の党・政府・軍当局が，大衆を動員して推進したものである．新生活運動は「礼・義・廉・恥」という抽象的な道徳理念を掲げながらも，その基本文件である『新生活須知』は，「頻繁に入浴すること」・「ボタンをきちんと留めること」・「飲食の際に音を立てぬこと」・「家を頻繁に掃除すること」・「所構わず痰を吐かぬこと」・「駅・埠頭での乗降の際には1人ずつ順番に進むこと」といった，日常生活上のさまざまな行為をめぐるきわめて具体的で広汎かつ瑣末な規定から成り，これを人々に遵守・励行させるべく度々，学校・職場・交通拠点・娯楽場・街路等で検閲活動が行われた[1]．

　松村は，「一見平凡且ツ陳腐ナルカ如キ題目カ今更事新ラシク而カモ党政界ノ要人ニヨリ大々的ニ唱導セラル丶ハ如何ナル理由ニ基クヤ此等ノ説明ハ人ニヨリ区々タル」ことを伝え，「支那ニトリテハ目下内外多事ノ際消極的

ト思ハル、斯カル問題ヲ大童トナリ宣伝シツヽアル当局ノ態度」に関して，「支那内部ノ腐敗堕落ヲ真ニ自覚シ根本ヨリ立直ホシノ必要ヲ痛感セル結果ナリト観ル者或ハ中央当局カ政策転換ノ為メノ『カモフラージ』ニ過キスト観ル者等アリ，要スルニ本問題ト云ヒ既報ノ中国文化学会ノ成立ト云ヒ孰レモ外見茫乎トシテ要領ヲ得サルカ如キモ其ノ動キニ対シテハ相当注意ヲ払フヘキ要アリト思考セラル」と，強い関心を示しながらも困惑を隠さない（中国文化学会に関しては後述）[2]．

　この時期の日中関係をめぐる先行研究を最大公約数的に要約するならば[3]，1933年に塘沽協定が締結されて満洲事変以来の軍事衝突が一応の終結に至ると，日本側では広田外相が「協和外交」を掲げ，在華公使館を大使館に昇格させるなどして両国関係の安定化を目指し，中国側では「安内攘外」を唱えて勦共戦を優先する蒋介石と，親日派と目される行政院長兼外交部長の汪精衛が対日宥和政策をとったものの，国民政府を敵視する関東軍・支那駐屯軍は華北分離工作を推進したため，中国側では親日派が国内的支持を失い，代わって幣制改革を実施した欧米派が台頭し，日本側では広田外交が中国のみならず欧米に対しても行き詰まり，二・二六事件を経て両国の対立は深まっていったということになろう．

　しかし，華北分離工作をめぐる外務省・陸軍中央・現地陸軍という三者の関係，換言すれば結局は誰が膨張政策を推進したのかという重要な課題に対しては，研究者間に見解の相違が存在するようだ[4]．酒井哲哉は陸軍中央も工作を支持したため外務省はこれを抑制できなかったととらえ[5]，井上寿一は陸軍中央・外務省が現地陸軍の牽制を試みたが失敗したと見る[6]．臼井勝美は陸軍中央のみならず外務省も工作を支持したと説き[7]，臧運祜も「協和外交」の実態は陸軍と変わらぬ膨張主義的なものであったと唱える[8]．鹿錫俊によれば中国側の対日接近の「策略の側面」だけを見た日本陸軍に対し，外務省は「誠意の側面」のみを見ていた[9]．安井三吉は広田外交が中国の分割・支配を図る陸軍の枠組に沿うものであったと述べ[10]，内田尚孝は中国側の塘沽協定破棄要求が外務省・陸軍中央に工作を支持させたと論じる[11]．

第3章 敵か？ 友か？ 117

服部龍二は広田外交が当初は日中提携を目指したが，次第に陸軍に妥協して工作を支持するに至ったと考える[12]．

　しかし，蔣汪合作と形容される当時の中国国民政府において，軍権を掌握し新生活運動の主唱者ともなった蔣介石という人物を日本人がどのように認識し，それが日本の対中姿勢にどのような影響を及ぼしたのかは必ずしも十分に研究されておらず，ともすると汪精衛と共に単なる親日派として性格づけられている場合すらある．特に，蔣介石の発動した新生活運動を日本人がどのようにとらえたのかには，これまで全く注意が払われてこなかった．しかし，後述する通り彼とその運動に対して，当時の日本人は実にさまざまな興味深い反応を示しており，これを分析することによって上述の問題をめぐり，なんらかの新たな観点を提起できるのではないだろうか．そこで本稿では日本の外交当局と，その政策に一定の影響を及ぼしたと思われる民間世論の，この奇妙な運動に対する認識を検討し，当時の日本人の中国観の一端を描き出すことを試みる[13]．

1．疑心暗鬼を生ず――外交当局

(1) これはどうしたことか――運動との遭遇

　中国各地に駐在する日本の外交官は，新生活運動に敏感に反応した．この運動が，20世紀初頭から度々行われてきた日貨排斥の再来ではないかと，彼等は警戒したのである．満洲事変以来の激烈な排日運動は，ようやく下火になっていたとはいえ依然として散発的に発生しており，これを取り締まるよう各地の公館は中国当局に繰り返し要求した[14]．それが言わばトラウマとなっていたのだろう，この奇妙な大衆動員が反日的性質を持つか否かに，彼等の関心はまず向けられたのである．

　運動開始直後に在長沙領事代理の高井末彦は，新生活運動大会で演説した指導者達が，「例ニ無ク排日的言辞ヲ弄シタル者皆無ニテ頗ル真面目ナル態

度ニ終始」したことを報告したが[15]，在天津総領事の栗原正は次のような懸念を示す．

　　新生活運動ノ条件ニ人民ハ須ラク国貨ヲ使用スヘシ外国貨ノ使用ヲ許サストアリ而シテ彼ノ指ス外国貨ハ日本製品ヲ指スモノナルコトハ此新生活運動直後ヨリ南京，杭州各地ノ排日貨運動カ積極的ニ抬頭シ来レルヲ見テモ其一端ヲ窺知シ得ヘク華北ニ於テモ北平人民自衛会抗日会等近来漸次活動ヲ始メ天津市内ノ商民救国会モ又総会ヲ開キ排日貨方針ヲ決議スル事実アリ新生活運動ノ普及ト共ニ排日貨運動ハ漸次再燃シ将来再ヒ往年ノ如キ激烈ナル状態ヲ招来スルニアラサルヤト懸念セラル、所アリ（中略）要スルニ新生活運動ハ其一部ノ作用トシテ今後モ相当ニ日貨排斥運動ヲ盛ナラシムルニアラサルヤト推測スルニ難カラス[16]

このような懸念の背景には，日本外交当局の蔣介石に対する警戒心があったようだ．駐華公使の有吉明は，「本運動ハ申ス迄モナク蔣介石ノ独裁ヲ目指ス中国『フアシスト』ノ運動ナル処之カ領導ニ当リ居ルモノハ藍衣社ノ文化運動指導機関トシテ南昌ニ設立セラレ居ル中国文化学会（別途報告）ナルカ常ニ藍衣社系ト対立シツツアルCC団モ本運動ニハ完全ニ合作シ居ル模様ナリ」と報告する[17]．「藍衣社」も「CC団」も蔣介石腹心の秘密組織として存在が信じられており[18]，特に「藍衣社の行動は相当排日的で，華北を分離しようとする軍部出先の考えと正面衝突していた」と，当時の外務次官であった重光葵は後に回想している[19]．在上海総領事を務めていた石射猪太郎の回想によると，「わが軍部は蔣氏を眼のかたきにした．排日抗日を巧みに利用しつつ，自己の覇権を確立せんとする中日国交上の障害物というのが，彼らの蔣介石観であった．」[20]

このような蔣介石への警戒心を，実は軍部のみならず一部の外交官も共有していたことが，新生活運動に際して表面化したのである．上述の栗原は，「此ノ新生〈活〉運動ナルモノハ一面ニ於テ蔣介石ノ予テヨリ企図セル独裁政

治ノ一手段トシテ彼ノ新政治運動ノ煙幕ニ利用宣伝サレ居ルモノト見ル向モ頗ル多キ」ことを伝え[21]，さらに蔣介石が運動を開始した動機を次のように解釈する．

　　新生活運動ハ独逸ノナチス運動ニ則リ国民ヲシテ実生活ノ上ヨリ民族的意識ヲ明確ニシテ国家主義思想ノ下ニ統一シ以テ独裁政権確立ノ手段トナサントスルモノニシテ現在蔣介石ノ目標トスル独裁政治実現ノ為メニハ極メテ適当ノ手段ナリ（中略）蔣介石ノ新生活運動ハ真ニ国民ノ福利増進国家ノ興隆ヲ念頭ニ置キテノ計画ニアラスシテ自己ノ政治的野心即チ独裁政治実現ノ方法トシテ考案サレタルモノナルカ故ニ不純ノ点アルハ当然ナリ[22]

なお，新生活運動の中で地方当局により恣意的・暴力的な検閲活動が行われ，その被害を在留日本人も受けた事例が，在蕪湖領事代理の吉竹貞治によって報告されている．

　　時刻ヲ定メ多数ノ軍警市中ヲ巡邏シ通行人ニ対シ　一，左側通行ノ励行　二，服装ノ整備　三，禁煙　等ヲ励行セシメツツアル処其取締振ヲ見ルニ全ク新生活運動ノ精神ヲ穿違ヘ弊害甚タシキモノアリ即チ本運動ハ蔣介石ノ厳命ニ依ルモノナリト称シ内外人ヲ問ハス無暗ニ強制実行シ甚タシキニ至ツテハ拳銃ヲ擬シ通行人ヲ脅カシテ通行停止ヲ命シ暑気烈シキ折柄涼ヲ採ランカタメ僅カニ一二ノ釦ヲ外シ居ル者又ハ吃煙スル者ヲ発見セハ之ヲ遠慮ナク咎メ立ツルニ反シ市中ノ放尿者及商店及住宅内ニアル裸体者等ヲ黙許シ其取締振甚タ矛盾多ク特ニ外国人ニ対シ斯カル態度ヲ以テ臨ムコトノ甚タ不穏当ナルコト勿論本邦人ニモ二三其ノ禍ヲ受ケタル者アルニ鑑ミ之ヲ等閑ニ附シ置カムカ如何ナル問題ヲ惹起スルヤモ難計キニ付キ本月四日小官ハ当地安徽省第二区行政督察専員ニ対シ本運動ノ趣旨ニハ賛成ナルモ本邦人ニ対シ本運動ヲ強制シ不祥事ヲ惹起セサル様

厳重警告シ置キタリ[23]

　このように新生活運動の中で生じた暴力的・抑圧的事件すら，むしろ反日的独裁者という蔣介石の人物像と，少なからぬ親和性を持つものであったかもしれない．

　こうして新生活運動は当初，蔣介石の独裁権力確立を目的とした大衆動員だと解釈され，その一環として日貨排斥が推進されることが警戒されたのである[24]．ただし，このような見方は新生活運動の思想や活動の全面的な分析・検討に基づくというよりは，むしろ蔣介石に対する先入観と，運動に関する断片的な見聞とから導き出されたものであり，それゆえにこの運動が反日的であるか否かという点に，もっぱら関心が集中したと考えられる．

　しかし，在上海総領事館警察部が作成し1934年12月に広田外相へ提出された，『中国ニ於ケル新生活運動ノ概観』と題する報告書は，おそらく各地公館からの報告を利用しながらも，上記の断片的・表面的な憶測とは異なり，きわめて慎重で透徹した分析を行っている．この報告書は「概説」・「新生活運動ノ理論ト内容」・「運動方法及各地ヘノ実行命令」・「各地ニ於ケル運動概況」・「新生活運動ト教育及孔子誕辰紀年日」・「本運動実施ニ当リテノ挿話」・「新生活運動ニ対スル左翼側ノ論評」・「新生活運動ノ対日的意義」・「結言」の各節から成る．

　まず，新生活運動が「民心ヲ振作シ幾分ニテモ生活改善ヲ行ハシメ民族ヲ救フ基礎ヲ作ル」べく，「最モ卑近ナル而モ中華民族ノ積弊ノ根本ト見ルヘキ病弊ニ触レタル衣食住行ノ生活革新運動」であると共に，「提倡者蔣介石ニ本道徳運動ノ中心トシテノ人気ヲ集メ国民ノ後援ヲ得乃至ハ反対ヲ和ケテ剿共国内反蔣勢力圧服，対日外交等ノ諸工作ヲ彼ノ自由ニ遂行シ進ミテ来ルヘキ五全大会ヲ彼ノ有利ニ展開」させんがための，「一石数鳥ノ遠大ナル意図ノ下ニ出テタルモノ」であると，蔣介石個人の権力確立との関連を指摘しながらも，「蔣ハ強力ナル独裁政治カ中国ヲ救フ道ナリト信シ居レルモノノ如シ」と，そこに利己的動機を超えた一定の積極的意義を認める[25]．

そして，新生活運動が「儒教ノ道徳ヲ採用セリトハ言ヘ必スシモ固陋ナル国粋復古主義ニ非ス時勢ニ順応シテ転移スヘキヲ説キ又欧米ノ科学技術ヲ利用スヘキヲ説ケル等比較的健実ニシテ進歩的ナル一ノ文化運動」であるととらえ，「民衆殊ニ知識階級ニハ一大警鐘トシテ大イニ反省セシムル所アリタルヘク民心転換乃至蔣介石ノ人気取リノ趣旨ニ於テハ或程度迄成功シタルヤニ認メラレ」ると，きわめて肯定的な評価を下しているのである[26]．

ただし，この運動の実効性に関して同報告書は，むしろ懐疑的な見解を示す．すなち，行きすぎた検閲活動の事例として，「苦熱ノ都ト称セラルル漢口ノ市長ハ新生活運動委員長ヲ兼任シ居レルカ偶々七月上旬市内ヲ巡視中三名ノ肌脱キ者ヲ発見スルヤ脊ニ『野蛮人』ト大書セル幟ヲ負ハセ市内ヲ引廻シタルニ市民ハ幸福ナル野蛮人ト戯言ヲ呈シタル笑話的事実」を紹介し[27]，また日常生活における規律や清潔を追求する意欲・条件を官吏・民衆が欠いており，新生活運動が中国社会の現実から乖離していたことを，次のように指摘する．

(一) 知識階級以外ノ一般民衆ヲシテ真ニ本運動ノ精神ヲ理解セシメ新生活ニ入ルノ熱意ヲ持タシムルハ甚タ期待シ難クサレハトテ之ヲ法令等ニ依リ強制セントスルモ幾許ノ効果アリヤヲ疑ハル

(二) 本運動ノ指導者タル軍人，官吏，党幹部等モ亦其ノ大部分カ旧習ニ染マリ居ル人物ナルヲ免レサル為彼等自身生活改善ノ意思アリトハ謂ヘ，何ノ程度迄新生活ノ規範ヲ遵守シウルヤ又一時遵守シ得タリトスルモ何時迄之ヲ持続シ得ルヤ頗ル疑問トセラレ従ツテ民衆ニ対スル感化力モ疑ハレサルヲ得ス．而シテ本回ノ新生活規範ノ内容ハ中国人ニトリテハ厳格ニ過キ殊ニ中流以上ノ生活ヲ為セル者ニハ到底永ク遵守シ得サル項目多シト悲鳴ヲ挙クル者相等アルモノノ如ク某官吏ノ如キハ秘ニ本運動ヲ批評シテ「本運動ハ成ル程結構ニハ相違ナキモ永年ノ伝統ニ依ル官吏民衆ノ生活ハ一片ノ宣伝文，一回ノ講演位ニテ改マル筈ナシ況ンヤ其ノ要スル所余リニ過大ナルニ於テヲヤ只現在官公吏ハ已ムヲ得ス禁煙ノミハ

実行シ宴席ニ於テ酒ヲ節シ居ルモ這ハ表面且ツ一時的ノコトニシテ自宅其ノ他人目ニ付カサル場所ニ於テハ何ヲスルモ自由ナリ本運動カ所謂『五分鐘的熱心』ニ終ラサレハ幸ヒナリ」ト言ヘル趣ニシテ右ハ偽ラサル告白ト認メラレ本運動ノ効果ハ寧ロ悲観スヘキモノアルヲ感セシム[28]

そして，新生活運動の「前途ハ蓋シ遼遠ナルヘシ」と述べるのだが，それでも「一ノ政治的軍事的権力者タル蒋介石カ例令自己ノ為ニセントスル動機モアリ前述ノ如キ脱線的実行モアリ又効果モ左程期待シ難シトスルモ此ノ遠大ナル倫理的ナル実生活上ノ運動ヲ起シ極力之ヲ唱道シ同人ノ幕下亦其ノ意ヲ体シテ運動ノ進展ニ努力シツヽアル点ハ中国ニ於ケル健実ナル一傾向トシテ注目スヘ」きであると，この運動の意義をむしろ積極的に認め，さらには「其ノ理論並ニ規範ハ我国ニ於テモ他山ノ石トシテ研討スルノ価値アルヤニ思料セラル」とまで説くのである[29]．

日本に対する姿勢をめぐっては，「『[新生活——引用者]須知』ニ衣食住ノ資料ハ国貨ヲ用フヘキコトヲ明示シ居リ又目標ニ依ル運動区分ニモ国貨運動ヲ本運動ノ一部門トシテ掲ケ居レル」ことを理由に，「本運動ノ反面ノ効果トシテ日貨排斥ヲ予想スヘク又運動指導者ニ依リテハ本運動ニ藉口シテ激烈ナル排日貨運動ヲ煽動スルヤモ計リ難ク相当注意ヲ要スル」ことを認めつつ，「本運動本来ノ趣旨ニテハ排日貨ヲ直接目的トセルモノトハ認メ難ク従ツテ本運動ノ進展ニ依リテ従来ノ排日貨運動カ更ニ急激ニ悪化スヘシトモ考ヘラレス」と，この運動を従来の日貨排斥とは明確に区別する．

そして，単なる表面的な「親日／反日」という二項対立図式をとらず，蒋介石が「安内攘外」政策に基づいて新生活運動を発動した意図を，次のように「長期抵抗」という概念を援用することにより，正確に把握している．

本運動ヲ中国ノ対日政策全体ノ上ヨリ観察（対内政策ハ別トシテ）スルニ本運動ハ蒋介石カ抗日ヲ中止シテ剿共ニ努メ居レル態度，九一八紀念日等ニハ直チニ失地ヲ回復スヘキヲ説カスシテ専ラ国力ヲ充実スヘキヲ

説ク態度等ト軌ヲ一ニシ即チ無益ナル抵抗ヲ避ケ先ツ専ラ国内平定国力充実ニ意ヲ用フヘク内固リテ後外ニ対セハ必ラス勝利ヲ得ヘシトノ所謂長期抵抗ノ意図ニ出テタル一ノ基礎的運動タル意義ヲ有スルモノト認ムヘシ（従ツテ単ニ現在ノ効果ノミニ付テ論スレハ民衆ノ抗日気勢ヲ削キ本運動ニ転換セシメント図レルモノトモ謂ヒ得ヘシ）[30]

日本陸軍も蔣介石の「長期抵抗」の意図を見抜き，国民政府の親日政策を「偽装」ととらえていたが[31]，この報告書には，「長期抵抗」を日本への敵対的姿勢と見なす警戒心が，ほとんどないことに注意すべきだろう．

総じて言うならば『中国ニ於ケル新生活運動ノ概観』は，蔣介石を反日的独裁者と決めつける先入観からは自由であり，むしろ新生活運動を通じて中国人の病弊を根絶し，中国の国力を向上させようという蔣介石の真意も，またこの運動が直面した絶望的なまでの困難も，公平かつ正確に描き出している．そこには，あえて容易ならぬ課題に取り組んでいる指導者としての蔣介石に対する，一種の敬意すら滲み出ているのである．

このような見解が外務省内部において，はたしてどの程度まで共有されるに至ったのかは明らかでない．広田外相や重光次官の新生活運動に関する見解を物語る資料も，管見の限りは存在しない．しかし，この報告書に見られる中国の国民創出・国家建設の努力に対する理解・共感よりも，むしろ「長期抵抗」が日本の国益を損なうのではという疑念・警戒ばかりが突出して，その後の外務省の対中政策決定に少なからず影響を与えていくことになったのではないか[32]．

(2) 衣の下の鎧——運動への反応

当時の日本人には，確かに蔣介石の「長期抵抗」に対する警戒心が存在した[33]．1934年9月26日に在華公使館一等書記官の若杉要が，蔣介石により行政院駐北平政務整理委員会委員長に任命されていた黄郛と会見し，「我カ国民ノ一部ニハ国民党ヲ背景トスル南京政府ヲ支配スル蔣介石ノ日本ニ対ス

ル真意奈辺ニアルヤヲ疑フ者アリ」と述べ,「独逸ヨリノ軍事顧問招聘又ハ米伊等ヨリ軍器購入ノ事実ニ照シ蔣カ終局ノ目的ハ国内ノ統一ヲ完成シタル上ハ日本ニ対シ復讐的ニ反撥又ハ挑戦セントスルニ非ヤ」と質している[34]．

さらに11月2日，若杉が蔣介石と直接に会見した際に,「我方ノ根本方針ハ朝野共日支提携ニアルモ国民ノ一部殊ニ軍部ノ一部ニ於テハ支那カ果シテ統一ノ可能性アリヤ又貴下(蔣)カ之ヲ統一シタル暁ニ於テ果シテ日本ト提携シテ東亜(脱)ノ責ニ任スルヤ否ヤニ付疑念ヲ懐ク者鮮カラス従テ出先官憲ニ於テ往々ニシテ右国策ト矛盾スルカ如キ行動無キニシモ非サル」ことを述べたのは[35]，関東軍・支那駐屯軍の対中敵対姿勢の背景を成す，このような蔣介石への警戒心を示唆したものだろう．11月中旬，中国各地に駐在する陸軍武官が青島・上海で相次いで秘密会合を開き,「国民政府ヲ打倒シ親日区域ヲ拡大スルノ国策ヲ遂行スルコト」を申し合わせ[36]，また「武力ニ訴ヘテモ蔣介石ノ排日態度ヲ改メシムル覚悟アル旨」が，蔣介石・黄郛に伝えられたという[37]．これが翌年には華北分離工作として表面化するのだが，彼等の中国国民党政権への敵意は従来から一貫したものであったとはいえ，それに新生活運動をめぐる上述の蔣介石観が刺激を与えた可能性も否定できない．

当時，外務省は広田外相の「協和外交」方針の下で日中提携を図っていたとはいえ，在華公使館を大使館に昇格させた他に実質的進展はなく，逆に中国側が親日姿勢をより明確に表明するよう強く求めた．これは陸軍の対中敵視の根拠を取り除き，その暴走を抑止する必要があったためとも解釈できるが，むしろ汪精衛の背後にあって排日運動の黒幕と目された蔣介石への不信感を，外務省も陸軍と共有していたことを示すものとも考えられる．すなわち日本外交当局には，汪精衛という衣の下に蔣介石という鎧が透けて見えたのではなかろうか．

1935年1月30日に蔣介石と会談した有吉公使は,「日本国民中ニハ蔣介石ハ支那政界特ニ党部ニ対シ絶大ノ勢力ヲ有スルニ拘ラス主トシテ党部ノ指導ニ基ク排日抗日カ今尚終息セサルハ蔣ニ於テ対日関係改善ノ誠意ナキ証左ナリト思惟スルモノ鮮カラス」という状況を説き,「両国関係ノ改善増進ノ

為ニハ事実ヲ以テ此等ノ疑念ヲ解クコトモ亦極メテ必要ナレハ此ノ点ニ付テモ充分留意セラレンコト」を求めた[38]．これを受けて蔣介石は2月2日に国民党機関紙『中央日報』紙上で，国民の反日行動を諌める声明を発表する[39]．なお，同月に在重慶領事の中野高一からは，新生活運動1周年記念大会の参加者が，「何レモ新生活運動ノ意義及将来ニ対スル希望等ヲ述ヘタルニ止マリ何等排外的言辞ヲ弄スルモノナカリキ」ことが報告されている[40]．

しかし，蔣介石を敵視する陸軍による華北分離工作はむしろ本格化し，支那駐屯軍参謀長の酒井隆が5月29日，軍事委員会北平分会代理委員長の何応欽と会見し，東北・華北における抗日活動が「蔣介石ノ反日工作ノ反映」であると唱え，「蔣介石ハ日本ヲ敵国ト認ムルヤ又ハ友邦ト認ムルヤヲ明ラカニシ其ノ対日二重政策ヲ放棄」すると共に，「藍衣社」や国民党党部を華北から撤退させることを求めた[41]．

そして，このような蔣介石の対日姿勢への不信感は，やはり陸軍のみならず一部の外交官にも共有されていたようだ．国民政府が排外的言論・行為を禁ずる敦睦邦交令を公布し[42]，河北省から国民党党部を排除することを定めた梅津・何応欽協定が成立した6月10日[43]，在漢口総領事の三浦義秋は蔣介石の腹心で湖北省政府主席を務める張群に，次のような懸念を表明した．

　　蔣介石ノ対日態度ニ疑念ヲ挟ムハ貴下ノ言ハルル如ク必スシモ日本軍部ノミニ止ラス多数有識者ハ勿論日支関係ニ付相当穏健ナル考ヲ有スト信スル自分ニ於テモ亦然ルヲ言明セサルヲ得ス（中略）党部ノ如キハ蔣介石ノ根本方針カ真ニ日本ト握手スルニ在リトセハ其ノ意図ヲ酌ミ率先シテ党員並ニ民衆ヲ其ノ方向ニ指導スヘキニ拘ラス各地ノ事例ハ全然之ニ反セリ（中略）中央党部ハ排日運動ト距離遠カラサル国貨提唱運動，学生国貨年運動等ヲ全国的ニ起セルカ如キ（現ニ漢口ノ学生ハ之ヲ排日運動ト解シ其ノ意味ノ作文ヲ新聞ニ投稿シ居レリ）比比皆然リ蔣介石カ真ニ日支親善ニ志スニ於テハ其ノ熱意ノ迸ル処必スヤ日本識者ノ認識スル所トナルヘク其ノ間軍部ト否トノ別無キハ勿論ナルヘシ

これに対する返答の中で張群は，「新生活運動ノ如キモ婦人ノ服装又ハ髪形ニ迄干渉スル意思ハ無カリシモノ」であると釈明しており[44]，やはりこの運動が日本の陸軍軍人のみならず外交官の間でも，蒋介石に対する警戒心を刺激していたことをうかがわせる．外務省が総じて陸軍の華北分離工作に対し手を束ねて傍観し，むしろ陸軍の意を汲んだ高圧的な「広田三原則」のような，よりいっそうの「親日的」政策をとるよう汪精衛政権に迫っていたことの一因が，ここにあるのではなかろうか．

同年11月1日，対日宥和政策をとってきた汪精衛が狙撃された事件を契機に辞任し，後任の行政院長には蒋介石が，外交部長には張群が就任し，12月25日には汪精衛の腹心で外交部常務次長であった唐有壬が暗殺された．汪・唐と接触することの多かった在南京総領事の須磨弥吉郎は，「蒋介石は果して何を目途して前面に出たのか，何が故に張群を外交部長に据ゑたのか．口では何といはうと彼等が日本に対して如何なる政策を執らんとするのか」と不信感を示す．そして，激化しつつあった抗日学生運動に関して，「蒋介石等は北叟笑みつつ之を理由として対日政策を加減せんと企図しつつある」と憶測し，「蒋介石ももう少しどつしりせねば駄目である，この一年もの間，やれ蒋汪合作だ，やれ対日親善だなんと大きな口を敲いて置き乍ら，自分は何もする積りはないのではないか，そして表面に蒋〔汪――引用者〕，唐等を立てて犠牲にして了つたのである」と非難する．須磨が蒋介石を「オポチュニスト」と謗るのは，蒋の親日姿勢が汪・唐のような確固たるものではないことを意味するのはもちろん，衣の下から鎧が機を見て姿を現したと彼が感じたことをうかがわせる[45]．

その後も，新生活運動の国貨服用宣伝が「日貨排斥ノ目的ニ出テタルモノニアラス且ツ其ノ場限リノ一時的運動ニ過キサルヲ以テ茲数日セハ自然消滅スヘキ旨」の中国当局による釈明が伝えられ[46]，在芝罘領事代理の田中作が「新生活運動中ニ排日的言動ヲ織込ミ居ラサルヤニ関シ注意シツヽアル次第ナル処（中略）別ニ排日的言動アリタルヲ認メス」と報告したように[47]，新生活運動が排日運動に転化することが依然として警戒され続けた．在福州

総領事の内田五郎が林銑十郎外相に送った次の報告は，このような転化を防ぐべく依然として日本側が，蔣介石の腹心である陳儀を主席とする福建省政府に圧力を加えていたことを物語る．

　　注意スヘキハ本運動ノ排日化ニシテ特ニ福建省政府ハ厳重ナル排日運動取締ヲ行ヒツ､アル為一般ノ排日底流ハ此種合法運動ニ名ヲ仮リ発漏セントスル傾向アリ依テ当館トシテモ特ニ此ノ点ニ注意ヲ払ヒ昨年八月夏季衛生運動ノ際ハ偶々日支関係緊張中ナリシヲ以テ公安局ニ対シ遊行，提灯行列等ノ中止ヲ求メ之ヲ中止セシメ又秋季節約運動ノ際ハ国貨提唱ニ名ヲ仮リ店頭商品ヲ国貨，非国貨ニ分チ陳列スヘク強制シ暗ニ排日貨ヲ煽動セル為日貨ノ売行キ著減セルヲ以テ直チニ陳儀ノ注意ヲ喚起シ之ヲ中止セシメタリ[48]

そして西安事件を経た1937年になっても，在宜昌領事の田中正一は蔣介石が「巧ニ民衆心理ヲ把握シ他面自己ノ勢力扶殖ニ資セントシ新生活運動ヲ提唱シタルコトハ衆知ノコト」であると述べ[49]，在九江領事の白井康も「西安事件ニ再ヒ抗日ニ転向セントセル大衆ニ対シ本件運動ノ再検討ト再提唱トヲ強制セルハ蓋シ党政幹部カ蔣介石ノ威光保持方策トシテ最モ苦慮セル所ナリ」と考えており[50]，新生活運動が蔣介石の独裁権力確立の手段であるという解釈が，中国駐在の日本外交官に定着していたことをうかがわせる[51]．

総じて言うならば，新生活運動に遭遇した日本外交当局は，その国民創出・国家建設という真意を理解した上で，これにいかに対処すべきかを検討しようとはしなかった（その意味で，『中国ニ於ケル新生活運動ノ概観』は例外的である）．むしろ，「汪精衛＝親日派＝衣」/「蔣介石＝反日派＝鎧」という先入観のゆえに，後者への警戒を強め前者にさらなる譲歩を迫るという，陸軍と同様の高圧的な対中政策を採用したように思われる．その結果として，汪精衛の対日宥和路線は中国国内で支持を失って破綻し，両国関係改善の希望を捨てていなかった蔣介石も対日抵抗の意志を固めざるをえなくなり，疑

心暗鬼を生ずる結果となってしまったのではなかろうか.

2．リトマス紙──民間世論

(1) 我田引水──文明論

　民間世論においても早くから新生活運動は度々報道・論評されているが，この運動は国民政府の根本的な政策転換だととらえられた例が多い.

　例えば『東京朝日新聞』は，「従来国民党が民族復興を説き，不平等条約の撤廃を主張しながらその具体的実行方法にいたつては全く抽象的かまたは実行不可能なものであつたのに対し，蒋が民族復興の新コースを日常生活の改善においたのは各方面で論議されてゐる国民党修正の第一歩とされ注目されてゐる」と，同運動を反帝国主義政策からの脱却と見做し，「満洲事変以来小児病的抗日，排日貨運動を継続して日本を窮地に追ひ込むつもりのものが，却て支那自身の疲弊を来し，このまゝ推移すれば破綻に陥ることを蒋，汪ら軍政の要人が自覚したことは争はれぬ事実で」あると，反日路線の破綻を指摘する．そして，「過去屢次の共産軍討伐の失敗や福建事変の経過などを考察した結果，支那の指導階級の間には支那自体の再認識論が起りつゝある．新生活運動はこの再認識の結論として到達したもので，支那の改造は大衆に呼びかけ，その日常生活の改善から出発せねばならぬといふことになつたものである」と，中国の窮状は中国人自身に原因があるという見解を示唆し，「その説くところ理論の徹底を欠いてゐるが，日常茶飯事の改革から始めようとするところがいかにも蒋介石らしい実際的なやり方である」と，自己革新としての新生活運動に好感を示すのである[52]．

　また，「本運動において蒋介石氏は日本人の日常生活を模範とすべきことをしばしば力説し」たことも注目された[53]．確かに蒋介石は新生活運動を発動するに当たり，中国人が外国人に軽侮されるのは知識・道徳を欠いているためだと説き，日本人に倣うことによって外国人の中国人に対する心証を

改善し，ひいては中国の国際的地位を向上させるよう唱えたのである[54]．

こういった蔣介石の「自業自得」論・「日本模範」論に対する多分に手前勝手な好感を，次の論評はより露骨に表現している．

> 彼はこの運動を力説するに当り，彼の観る日本観を引用し，明治維新以来の日本公衆衛生思想の発達，国民生活の規律あり統制あり，そのまゝ礼義廉恥の精神に合致せる所以を推賞し，日本に学ぶべきを強調してゐるのである．この新運動の特質は，支那のもつとも短所であり，弱点とするところに始めて気がついたと思はれる点にある．民国以来，支那の革命運動が，上すべりして少しも地に着かず，徒らに小児病的□□【2字判読不能】を繰返すに過ぎ無かつたのは，指導者その人を得ず，脚下の国民的欠陥を放置して毫も顧みるところが無かつたからである．此事は対外的には一層小児病化し，内部を修明するところ無く，本末を顛倒して，いはゆる革命外交に狂奔し，不平等条約廃棄の目的を達せんとする本旨とは益々背馳せざるを得ざる羽目となつたのである．まづ内部から，しかも手近の生活問題から建て直さんとする新運動の発生を見ることとなつたのは，遅まきながら，支那に取つて甚だ有意義の企てたるを失はない．（中略）新生活運動は，支那の現実に即して生れたところに其意義と価値とがある．（中略）その運動たるや極めて地味であつて，一時の御祭騒ぎや，宣伝騒ぎで目的の達せられるもので無い．（中略）新生活運動の本旨は，支那の今日，何よりも卑近にして適切なるものであり，此運動にして成功するならば，支那の前途に多大の光明をもたらす望み無しとしないのである[55]．

そして，一部で新生活運動の参加者が，「暴力破壊団と化し外貨殊に日貨の排斥」を行ったことを伝えながらも，これは「民族復興のスローガンの下に提唱された新生活運動も藍衣社系の者に巧に操縦され一種の秘密結社組織に変化」したためで，蔣介石が「新生活運動を履き違へて常軌を逸せぬやう

各方面に訓電を発した」と、日貨排斥が運動の本旨ではないととらえていたのである[56]。

これと同時に、新生活運動が伝統道徳を宣揚したことの意味が関心を呼んだ。例えば『読売新聞』は、国民政府による孔子祭祀の復活に関する報道の中で、これは「民国革命以来二十有余年、為政者によつて禁圧に近きまでの圧迫を受け、空しく泥土に委して顧みられなかつたこの東洋の聖教を、再び垢塵の間より引出して、国民精神の指標たらしめんとする」ものだとアジア主義的な共感を示し、それが「新生活運動に関聯し、寧ろその帰結として行はれ出したものであるはいふまでもない。（中略）蔣介石の名を以て全国的に宣布された新生活運動なるものは、これを要約すれば、いはゆる孔孟の教への還元に外ならない」と説いている[57]。

同様に『東京朝日新聞』も、「孫文の国民革命以来時代遅れの道徳として久しく無視されてゐた儒教が最近蔣介石氏の新生活運動から再び国民道徳の基本として新運動の指導原理と認められるに至つた」と、やはり新生活運動の復古的側面に着目し、「孫文氏の三民主義革命華やかなりし頃偶像破壊の対象としてまづ孔子を血祭りにあげたモダーン支那も最近内外の諸情勢は三民主義思想の根本的修正を要請され、儒教道徳の原理を新生活運動に取入れ欧化支那より再び東洋支那に還らんとして居る」と、西洋化・近代化を目指す三民主義に東洋・伝統への回帰として新生活運動を対置した[58]。そして、このような路線転換を「蔣介石氏の思想的躍進であり現南京政権の唯物的三民主義の破綻デモクラシーより王道主義への転換を意味する」ときわめて肯定的に評価しつつも、同時に「然して王道政治と覇道政治の実際政治上の混同に乗ずる現南京政権のファッショ化とも見るべく蔣介石氏独裁政治確立への準備工作として大いに注目に値ひする」と、その政治的動機との関係にも注意を払っている[59]。

これに対して大阪朝日新聞記者の太田宇之助は、『支那』誌上でやや慎重な解釈を披瀝する[60]。彼は孔子祭復活に関して、「之を以て国民党が三民主義を修正して大転向を為したものであると見るのは早計であり（中略）国民

党の三民主義修正といふのではなく寧ろ孔子に対する再認識が行はれたといふべきであらう」と唱え,「元来国民党は一般に政治革命に重点をおき之に主力を濺ぎ,西洋流の政治組織の研究に没頭して,支那固有の政治社会文化の諸問題に対しては稍等閑に附した嫌ひがあり,従つて孔子とその学説に関し深く省る余裕を持たなかつた」ことを認めつつも,「国民党としては決して孔子に反対したわけではない」のであり,「世上国民党が従来孔子に反対であつたかの如くに伝へられるのは,武漢政府時代に共産系が盛んに孔子反対の運動を行つたによる誤解である」と,むしろ国民党内部において急進的儒教批判が例外的だったと考える.しかし,「その昔若く気を負うた国民党の革命青年はいまや党の領袖であると共に老熟の境に入つてゐる.そして彼等は支那の内にある宝を探し求めるやうになつた.孔子に対する再認識が初まつたのである.(中略)国民党も年を経ると共に,国際関係に就き苦難を経ると共に,段々と主義も穏健となり実際的となつて来て,之と共に国粋主義の色彩が加はつて来た」と,やはり結局は国民党の保守化・穏健化を指摘し,次のように新生活運動をその表れと見なしている.

> 蔣氏が過般首唱した新生活運動はとりも直さず,支那固有の旧道徳の鼓吹であり,孔子の教へを伝道するものだといふ.(中略)多年に支那民族の思想を支配して来た,深い根底は新しい欧米の思想や国民党の力を以てして,断じて短年月に移せるものではない.そこで国民党は近年に至つて寧ろ之を支那民族の結合と支那統一に利用することが最も策の得たものであると考ふるやうになつた.国民党が内憂外患にもまれ抜いて苦難を具さに経た末に漸く孔子を再認識すると共に之が利用に想到したのだ.

そして,「孔子の思想に国民党の三民主義と一致するものありと牽強付会しても恐らく支那の青年は承服出来ないであらう.(中略)国民党が孔子を迎へるはよし,而も極端に走らば更に反動の反動が起ることを予期せざるを

得ない」と，三民主義と儒教思想との融合の可能性には若干の懸念を示している[61]．

　総じて言うならば奇妙なことに，中国各地に駐在し新生活運動が排日運動に転化するか否かを，小心翼々として注視していた外交官よりも，民間の記者達の方が運動の思想内容を具体的に分析・議論していた．無論，新生活運動の対日態度も世論の関心対象となってはいるのだが，儒教宣揚との関連は外交当局がほとんど注意を払っていない点である．しかし，新生活運動の性質・意義をめぐる民間の議論には，概して我田引水の観があることは否めない．すなわち，「東洋＝伝統／西洋＝近代」という二元論的文明論の枠組に基づき，これと対応する「穏健＝親日／急進＝反日」という，二者択一的な中国国民党政権の2つの路線を想定して，蔣介石が発動した新生活運動は後者から前者への政策転換だととらえ，おおむね好意的・積極的な評価を下している．これが，上述の「長期抵抗」という新生活運動の真意や，日常生活の規律化・清潔化という運動の近代的性質を無視した，やや皮相な議論であることは言うまでもない．その意味では民間世論も外交当局と同様に，「親日／反日」という二者択一を主要な評価基準として，性急に新生活運動の性格づけを行う傾向を帯びていたのである．

(2)　毀誉褒貶——政治論

　他方，蔣介石が新生活運動を発動した政治的動機をめぐって，賛否両論が戦わされている．

　例えば『東京朝日新聞』は運動が発動された直後に，「『礼義，廉恥』のオブラートに包んだファッショ運動」として新生活運動を紹介し，「一部の評論家は新聞等でこの運動を批評し，藍衣社は陰性のファッショであり，新生活運動は陽性のファッショである．何となれば蔣介石が運動の目的を国民生活の軍事化においてゐるのを見ればわかるといひ，蔣の独裁は益々拍車をかけられるだらうと皮肉つてゐる」ことを伝えた[62]．

　同年5月，新生活運動の発祥地である南昌を訪れた同紙記者の木下猛は，

やはり蔣介石を「独裁官」と呼びながらも，その威光により「実に堂々たる近代都市の体裁を整へ」るに至ったこの都市における運動の成果を，むしろ次のように絶賛する．

　少くとも幹線路に面したところでは，支那街に特有な例の黒板金文字の掛看板や，軒に吊した旗帳のケバケバしい広告が少なく路面は清掃されて交通整理が行き届き，散歩しても非常に気持ちがいい．だが，左様な外観よりも，一層外来者の注意をひくのは，道行く人の足どりの活発なことである．どの顔にも，どの顔にも明朗さが溢れてゐることである．ほとんど外国人といふものゝ住んでゐない純然たる支那街で，かやうに清新で，活力の漲つてゐるところを僕はまだ知らない．（中略）感心したことはさういふ横丁や細路にも紙片一つ散らばつてゐず，塵の山がなく支那街らしい臭気のなかつたことである．さすがに蔣介石氏のお膝下であり，今や燎原の火の如く全支那に波及しつゝある新生活運動発祥の地だと思つた．蔣介石氏が，今日の支那を衰亡の危機から救ふべく提唱した精神運動は，先づお膝下の南昌を試験台として行はれた．新生活運動の六項目の標語の中には「均整」と「清潔」もある．この標語をそのまゝ具体化したのが今の南昌である．煙草好きの僕は出がけに必ず一本の紙巻に火をつけるのが習慣である．ところが案内の曽君は，そのたびに「すみませんが，煙草を吸ふのは止して下さい，巡警がうるさいから」と注意してくれた．南昌の町では，往来で喫煙するのは厳しい御法度である．よくも徹底したものだ．町の隅々まで清掃したやうに綺麗なのも道理千万だと思つた．（中略）無秩序と不潔と緩慢と不確実が，今日の支那の病弊であるならば，真剣に新生活運動の徹底を企図し，実行しつゝある蔣介石氏の着眼は，確に卓越してゐるといはねばならぬ．将来，もしこの計画が真に全支那を打つて一丸とする大運動と化することを期待し得るならば，恐らく支那は，最も力強い勢ひをもつて更正するに相違ない[63]．

このように，新生活運動による規律・清潔の追求自体はおおむね肯定的にとらえられたものの，検閲活動の抑圧的性格も指摘されている．すなわち，夏に中国を訪れたある日本女性は，「支那服の袷の暑さは又格別，然し新生活運動は『礼』の項目に属することでせうか，ボタンをちやんとかけることを可なりやかましくいつてゐます．道で呼びとめられてゐる人など見ましたが服装のことや左側通行のことで迷惑をかけるのは学生と苦力が一番多いさうです」と伝える[64]．

翌1935年に入ると，蒋介石の独裁志向に関する消極的評価が多く現れた．読売新聞記者の田中幸利は『東亜』誌上で同年の中国情勢を展望して[65]，「蒋介石はその絶大な武力のほかに，彼が独裁コースの傍系的擁護機関として，藍衣社組織，新生活運動，而してまた孔教復活運動をもつてゐる」と説き，蒋介石の反民主的傾向を次のように強く批判する．

> 更に新生活運動及び孔教復活運動に至つては，「専制国には法律が存在せず，唯道徳と儀礼が存在する」といふモンテスキューの言葉が直ちに想起される．（中略）五・四運動以来の支那における孔教排撃の理由は，それが封建的な「奴隷の教」であるといふことではなかつたか．蒋介石自身も北伐革命の初期には，これに似た言辞を吐いたのではなかつたか．この論法を以てすれば，彼等は再転して茲に，「奴隷の教」を大衆に強んとするとも云へるわけである．蒋介石の新生活運動及び孔教復活運動が，もつと単純平明な動機に出でたものであり，卑近な日常生活の精神的向上を目的としたものであることは，理解し得ないでもないが，孰れにせよこれらの運動が，彼の独裁コースに磨きをかける役割にはなり得る[66]．

京城帝国大学助教授（支那語学・支那文学）の辛島驍も，新生活運動が国民党政権の統治強化を企図した，反共・反民主的文芸政策にすぎぬと否定的評価を下した[67]．

「新生活運動」は礼義廉恥を叫ぶ．修身斉家治国平天下を叫ぶ．まさに「中国の教へに還れ！」である．若しも之れを皮肉に翻訳して言へば，「バタ臭い洋鬼子の共産主義や社会主義は棄て、了へ．国家社会への異状な関心，言ひ換へれば我が国民党の政治を監視し批判するが如き態度は，暫く之れをやめよ．諸君は大言壮語することなく政治は一切暫く我等にまかせよ．而して諸君は先づ諸君自らの身辺の生活を反省せよ．礼義廉恥に就きて日に三度省みよ．是れさへ奉じてゆけば中国人はやがて凡てゼントルマンとなる事が出来，その時こそ中国の国権の恢復も容易になり，諸君の体面も立派になり得るのだ．よそ見をしないで何時も自分の胸さきだけを凝視してゆき給へ！」といふことになるであらう[68]．

ここでは日本陸軍の蒋介石敵視とは異なり，彼の対日姿勢よりも中国国内政治における新生活運動の意味が，むしろ批判の根拠となっている．

これとは逆に，同年夏に読売新聞に派遣されて中国を取材した評論家の室伏高信は[69]，新生活運動下で「若い党員たちは酒も飲まない．麻雀もやらない，阿片はもちろん，売女もこの南京街からは一掃された」ことを称賛し[70]，「あらゆる偏見が，この点でも日本の所謂支那通の間に断ちがたい何等かの因縁となつてはゐないであらうか．邪推，臆断，政略的解釈——実に日本と支那とのこの二大国民の善意ある諒解を妨害する以外には何んの役にもたたない，悪意に満ちた解釈か，でなければ左翼小児病的な解釈が，あまりに多くわれわれの真の理解を妨げてゐるやうなことはないであらうか」と，おそらくは蒋介石の独裁志向を新生活運動の目的ととらえる議論を批判する．確かに上述の田中や辛島の議論は，必ずしも新生活運動の思想・活動を詳細に分析しているわけではなく，専ら「独裁／民主」という単純な二元論を前提に，言わば頭ごなしに蒋介石を悪玉と決めつけている嫌いがある．

しかし，実は室伏も同様な二元論的・二者択一的な枠組に基づき，中国国民党の三民主義を次のように全く否定的にとらえている．

これは破壊の原理ではあるが，建設の原理でないと，われわれは先づい
ふであらう．これは封建主義打破の一つの原理ともなり，また打倒帝国
主義の一つの原理ともなつた．けれども国民革命後八年の経験が偽りな
くわれわれに教へてゐるやうに，革命後の一大建設の時期において，三
民主義がみじめなほどの無能ぶりを暴露したことも争へない．ありてい
にいへば，三民主義は西洋文明のはき古した古下駄でしかない．これは，
時候後れの舶来思想である．少くともこれは十九世紀のものであり，十
九世紀の西洋のものであり，廿世紀のものでもなければ，東洋のもので
もない．

そして彼は，「国民党は支那の歴史と現実のうへから原理と政策とを引き出すことを忘れてゐた」と，むしろ復古的新生活運動にこそ現代的意義を認める[71]．すなわち，明治維新・ナチ運動や「ソヴェートの教訓」と新生活運動との類似を指摘し，「世界の最新の動きが支那数千年の伝統と衝突し，これを打ち破り，またこれと調和し，東西文明が現実に調和する．ここにこの運動の世界的な意義がある」と，反近代西洋主義的な立場から同運動への好感を示し[72]，さらに「新生活運動は旧慣の打倒，個人的また社会的な生活革命の運動でもあるが，これとともに旧道徳の復興，支那文化の再評価，孔孟の精神を呼びかへさうとする一つの大きな復古の運動で」あり，「われわれはこゝに新生活運動の世界史的な意義を見る」とまで称えるのである[73]．

ところが，日中全面戦争が勃発した後の1939年になると，小説家の立野信之は『読売新聞』紙上で，新生活運動に関して全く異なる見解を次のように述べている[74]．

一体，支那の若き男女の，そのやうな西洋かぶれとも見える西洋臭さは，いつ頃から流行りだしたのだらうか？　私は支那に古くからゐる人に訊いてみようと思ひながら未だに果さないが，若しも私の独断に誤りがなければ，蔣介石の所謂「新生活運動」から生れたか，或はそれによつて

第3章 敵か？ 友か？　137

拍車をかけられたものではあるまいか．蔣介石の「新生活運動」は一種の先進欧米諸国の模倣運動であり，支那を資本主義的な近代国家たらしむべく努めた，民衆再組織の運動であつた．抗日意識も見方によれば，西洋文物取入れの一単位と同列のものである．蔣介石の政策は，東亜の特殊性を見誤つたゝめに今や大きな錯誤に当面してゐるのだが，現在北京などに在る支那の若き青年男女の西洋かぶれの姿態を見てゐると，時代に取り残されたやうな憐れの感を催さざるを得ない[75]．

このように立野は，依然として「東洋＝伝統＝親日／西洋＝近代＝反日」という，二項対立図式を前提としながらも，蔣介石の発動した新生活運動を前者ではなく，後者に属するものと見なしている．換言すれば，運動開始当初の日本世論と同じ枠組に基づきながらも，日中両国が敵対関係にある現状から回顧して，この運動に対して全く正反対の評価を下したのである．二者択一的な認識・評価の恣意性が，ここに現れている．

このように，日本の民間世論は蔣介石の発動した新生活運動に対して，賛否両論のさまざまな反応を示した．だが総じて言うならば，「東洋／西洋」・「伝統／近代」・「穏健／急進」・「親日／反日」・「独裁／民主」という，二元論的・二者択一的な枠組を議論の前提として設定し，そのいずれにこの運動が属するものであるかを論じると共に，それに対する肯定／否定いずれかの態度を表明している．そして，このような議論は往々にして，各論者の時代状況下の思想的・政治的立場に基づく，やや機械的なものであった．換言すれば，新生活運動の論理や実態の詳細な分析に基づいて評価が下されたわけでは必ずしもなく，むしろ運動に対する多分に反射的な反応が，さまざまな論者の思想的・政治的傾向を示す，一種のリトマス紙として機能していたのである．

おわりに

1934年秋に蔣介石が側近の陳布雷に命じて，徐道鄰の名義で執筆させた論文「敵か？　友か？――中日関係の検討――」は，あまりにも有名である．その中で彼は，「日本人は究極的にわれわれの敵となることができず，わが中国も結局は日本と提携する必要がある」と説き，「日本に解決を図る誠意がありさえすれば，中国は土地侵略を放棄し東北4省を返還するよう求めるだけでよく，その他の方式に固執するには及ばず，過去の懸案は誠意をもって相互の利益となるような解決を図るべきだ」と唱え，「互いに敵となって共に滅びることになるか，それとも友好を回復し共に時代の使命を担うか」と問いかけている[76]．

その二者択一的な題名とは裏腹に，この論文は中国の独立・統一を日本が脅かしている現状を踏まえつつ，それゆえに中国人が性急に日本人を敵視することを諫め，むしろ長期的に忍耐強く友好関係を構築していくべきことを説いているのである．これこそ，先に述べた「長期抵抗」の真意であろう．しかし，同論文が中国各紙に転載されたことを広田外相に報告した有吉公使は，これが「徒ニ過激ナル言辞ヲ用ヒス（中略）従来ノ煽動的論文ト稍々趣ヲ異ニ」する，非敵対的な議論であることを認めながらも，「結局ハ殆ント其ノ罪ヲ日本側ニ帰シ従テ之カ打開ノ原動力ハーニ日本ニアリトナシ」ていると，その友好的な色彩の不十分さに不満を隠さない[77]．

本章で見てきた通り，蔣介石の新生活運動に遭遇した日本の外交当局も民間世論も，多くはこの運動に対する肯定／否定いずれかの評価，特にそれが日本に敵対的なものであるのか，それとも友好的なものであるのかという二者択一的な判断を下すのに急で，上述の「長期抵抗」の真意が理解された例はきわめて少ない．換言するならば，アジア主義的立場からの好感であれ，自由主義的観点からの嫌悪であれ，あるいはもっと一般的な排日運動への恐

怖であれ,この運動が当時の中国で発動・推進された意味を慎重・詳細に分析することなく,往々にして自身に対する利害得失を速断したものであった.つまり,外務省の官僚も民間の言論人も,中国に生起する事象が日本に対して持つ当面の意味を憶測して一喜一憂し,国民創出・国家建設という近代化の途上にある中国と,いち早く近代国民国家を築き上げた日本とが,いかに向かい合うべきかという本質的な課題に,ほとんど考察が及んでいなかったのである.外務省が陸軍の華北分離工作に対して妥協的あるいは同調的だったのも,このように短期的国益に拘泥する近視眼的な利害関心に囚われていたためではなかろうか.民間人も蔣介石が当面の敵か友かを性急に見極めようとするばかりで,当局の膨張政策を批判し日中関係の長期的な構想を提起しえた例は少ない.

2国間に領土問題のような困難な懸案が存在する場合,相手国の自国に対する姿勢に敏感になりがちではあるが,たとえ当面は友好関係を確立できないとしても,それゆえに相手国を即座に敵視するのではなく,時間をかけて両国関係の漸進的改善を図るべきこと,換言すれば敵か友かという二者択一的判断を性急に下すのではなく,敵でも友でもない他者を許容し,これと共存すべきだという教訓を,ここから導き出すことができるのではないだろうか.

＊本稿は,2005年度中央大学共同研究プロジェクト「未来志向の日中関係学:歴史の省察から協調的発展へ」の研究成果である.

1) これは,「衣・食・住・行」の規律化・清潔化によって,中国人民を勤勉かつ健康な近代国民へと馴致し,中国の国力を増強し国際的地位を向上させることを図る運動であった.深町英夫(2003)「林檎の後味―身体美学・公共意識・新生活運動」(『中央大学論集』第24号);同(2004)「近代中国の職業観―新生活運動の中の店員と農民」(『中央大学経済研究所年報』第34号);同(2005)「日常生活の改良/統制―新生活運動における検閲活動」(中央大学人文科学研究所編『民国後期中国国民党政権の研究』八王子:中央大学出版部);同(崔恩珍訳)(2006)「新生活運動의系派背景」(『中国近現代史研究』第30輯);同(2008)「身体美学、公共意識与新生活運動」(中国社会科学院近代史研究所編『中華民国

史研究三十年（1972-2002）』北京：社会科学文献出版社）中巻；同（2009）「師か？　敵か？―蔣介石・閻錫山の留日経験と近代化政策」（貴志俊彦・谷垣真理子・深町英夫編『模索する近代日中関係―対話と競存の時代』東京：東京大学出版会）.

2) 松村雄蔵より広田弘毅宛「浙江省ニ於ケル新生活運動其他ニ関シ報告ノ件（其ノ一）」（昭和9年3月20日）外務省記録 I.4.5.1.12「中国ニ於ケル新生活運動一件」外務省外交史料館所蔵（以下同じ）.

3) 古典的な研究として，次のものがある．島田俊彦（1962）「華北工作と国交調整（一九三三年～一九三七年）」（日本国際政治学会 太平洋戦争原因研究部編『太平洋戦争への道』東京：朝日新聞社，第3巻）.

4) 主に中国側から当時の日中関係を検討した，下記の著作も有益である．劉維開（1995）『国難期間応変図存問題之研究：従九一八到七七』新店：国史館；家近亮子（2002）『蔣介石と南京国民政府 中国国民党の権力浸透に関する分析』東京：慶應義塾大学出版会，第6章；光田剛（2007）『中国国民政府期の華北政治―1928-37年』東京：御茶の水書房.

5) 酒井哲哉（1992）『大正デモクラシー体制の崩壊 内政と外交』東京：東京大学出版会，第2・3章.

6) 井上寿一（1994）『危機のなかの協調外交 日中戦争に至る対外政策の形成と展開』東京：山川出版社，第3・5・6章.

7) 臼井勝美（1998）『日中外交史研究―昭和前期―』東京：吉川弘文館，6・7・8.

8) 臧運祜（2000）『七七事変前的日本対華政策』北京：社会科学文献出版社，第3・4章.

9) 鹿錫俊（2001）『中国国民政府の対日政策 1931-1933』東京：東京大学出版会，結論.

10) 安井三吉（2003）『柳条湖事件から盧溝橋事件へ 一九三〇年代華北をめぐる日中の対抗』東京：研文出版，I.

11) 内田尚孝（2006）『華北事変の研究―塘沽停戦協定と華北危機下の日中関係 一九三二～一九三五年―』東京：汲古書院，第5・6・終章.

12) 服部龍二（2008）『広田弘毅 「悲劇の宰相」の実像』東京：中央公論社，第3章.

13) 本稿における民間世論の検討は，ごく初歩的なものにとどまるが，新聞論調と外交政策との関係をめぐっては，小池聖一（2003）『満州事変と対中国政策』東京：吉川弘文館，第9章を参照.

14) 外務省編『日本外交文書』東京：外務省，昭和期II第1部第3巻，192-219頁.

15) 高井末彦より広田弘毅宛「長沙ニ於ケル新生活運動ノ考察報告ノ件」（昭和9年4月9日）.

16) 栗原正より広田弘毅宛「新生活運動ト外貨駆逐策ノ関係」（昭和9年4月17

日）．
17) 有吉明より広田弘毅宛「上海新生活運動促進会成立ノ件」（昭和9年4月9日）．
18) いわゆる「藍衣社」の実態は，蒋介石腹心の黄埔系秘密組織である三民主義力行社で，外郭団体として中国文化学会を組織した．同じく蒋介石腹心の秘密組織だが黄埔系と対立したのが，CC系の青天白日団である．新生活運動は黄埔系が中心となって発起し，これにCC系も参加したことはおそらく事実だと思われる．深町英夫 前掲文（2006）を参照．
19) 重光葵（1978）『重光葵外交回想録』東京：毎日新聞社，157頁．
20) 石射は「われわれ外務省人の見るところは，丸きり逆」で，蒋介石は「国内に横溢する抗日論を戒め」ており，有吉大使は「彼は中日国交の関する限り，吾人の同志である」と語ったとも記しているが，これは戦後の回想であり割り引いて読む必要があろう．石射猪太郎（2007）『外交官の一生』東京：中央公論社，257-258頁．
21) 栗原正より広田弘毅宛「新生活運動ノ概要及当地ニ於ケル状況報告ノ件」（昭和9年3月27日）．
22) 栗原正より広田弘毅宛「新生活運動ト外貨駆逐策ノ関係」（昭和9年4月17日）．
23) 吉竹貞治より広田弘毅宛「新生活運動ヲ本邦人ニ強制実施ニ関シ報告ノ件」（昭和9年7月4日）．
24) 台湾総督府警務局長の石垣倉治も，「蒋介石多年ノ野望タル独裁的中国制覇ヘノ一変形トモ看ラルル点アリ目下全国的ニ暗躍シツツアル藍衣社ノ活動ト共ニ其ノ成行ニツキテハ相当注視ヲ要スルモノアリト認メラル」と，やはり同様の陰謀論を披瀝している．石垣倉治より拓務省管理局長・内務省警保局長・外務省亜細亜局長・関東庁警務局長・朝鮮総督府警務局長・指定庁府県長官・各州知事庁長宛「対岸ニ於ケル新生活運動ノ情勢ニ関スル件」（昭和9年5月7日）．
25) 石射猪太郎より広田弘毅宛「中国ニ於ケル新生活運動ニ関スル件」（昭和9年12月13日）附『中国ニ於ケル新生活運動ノ概観』2-3頁．
26) 前掲『中国ニ於ケル新生活運動ノ概観』67頁．
27) 前掲『中国ニ於ケル新生活運動ノ概観』62頁．
28) 前掲『中国ニ於ケル新生活運動ノ概観』68-70頁．（二）は高井末彦発広田弘毅宛「長沙ニ於ケル新生活運動促進会成立ノ件」（昭和9年5月11日）とほぼ同文であり，この報告に基づく記述だろう．
29) 前掲『中国ニ於ケル新生活運動ノ概観』70-71頁．
30) 前掲『中国ニ於ケル新生活運動ノ概観』66頁．
31) 島田俊彦 前掲文（1962）72-73頁．
32) 奇妙なことに現存する『中国ニ於ケル新生活運動ノ概観』は，「概説」・「結言」の全文に大きく×印を付し，欄外に「削除」と記してある．これが何を意味する

のか，またこれが以後の政策決定になんらかの影響を与えたのか否かは，全く不明である．

33) 蒋介石が日本人との直接の接触を避けていたことも，このような疑念の原因となったようだ．『日本外交文書』昭和期Ⅱ第1部第4巻上，在漢口三浦（義秋）総領事より広田外務大臣宛（昭和10年1月12日）4頁等．
34) 『日本外交文書』昭和期Ⅱ第1部第3巻，在中国若杉公使館一等書記官より広田外務大臣宛（昭和9年9月28日）37-38頁．
35) 『日本外交文書』昭和期Ⅱ第1部第3巻，在中国若杉公使館一等書記官より広田外務大臣宛（昭和9年11月2日）40-41頁．
36) 『日本外交文書』昭和期Ⅱ第1部第3巻，在中国若杉公使館一等書記官より広田外務大臣宛（昭和9年12月12日）48頁．
37) 『日本外交文書』昭和期Ⅱ第1部第3巻，在中国有吉公使より広田外務大臣宛（昭和9年11月27日）43-44頁．
38) 『日本外交文書』昭和期Ⅱ第1部第4巻上，在中国有吉公使より広田外務大臣宛（昭和10年1月31日）15頁．
39) 『中央日報』1935年2月2日第1版第2張「蒋委員長談中日問題」．
40) 中野高一より広田弘毅宛「新生活運動一週年紀念日状況ニ関シ報告ノ件」（昭和10年2月20日）．
41) 『日本外交文書』昭和期Ⅱ第1部第4巻上，在中国若杉大使館参事官より広田外務大臣宛（昭和10年5月[30]日）325頁．
42) 『中央週報』第367期，1935年「一週大事彙述」1頁．
43) 『日本外交文書』昭和期Ⅱ第1部第4巻上，在中国若杉大使館参事官より広田外務大臣宛（昭和10年6月[10]日）349頁．
44) 『日本外交文書』昭和期Ⅱ第1部第4巻上，在漢口三浦総領事より広田外務大臣宛（昭和10年6月11日）38頁．
45) 須磨弥吉郎（1964）「唐有壬之死」（『現代史資料』東京：みすず書房，第8巻）114-115頁．須磨は後年，汪・唐等が「難きを忍んで日華外交を荒だてないようにしていれば，なんぼなんでも日本軍部だって，そのうちにおとなしくなって，中国側のことも考えてくれるだろうと観念して，その為にもと，却って日本のために計っていた」と回想している．須磨弥吉郎（1956）『外交秘録』東京：商工財務研究会，28頁．
46) 三浦義秋より広田弘毅宛（昭和10年12月17日）．
47) 田中作より広田弘毅宛「支那ノ新生活運動二週年記念大会状況報告ノ件」（昭和11年2月26日）．
48) 内田五郎より林銑十郎宛「新生活運動状況報告ノ件」（昭和12年3月1日）．
49) 田中正より林銑十郎宛「新生活運動三週年記念日状況報告ノ件」（昭和12年2月22日）．
50) 白井康より林銑十郎宛「新生活運動三週年紀念大会状況報告ノ件」（昭和12年

2月23日).

51) 漢口駐在武官は特に警戒的だったようで，新生活運動促進総会副主任の鄧文儀が，「ファシスト団」（力行社の意か——筆者）の会合において，「新生活運動モ従来ノ『街頭ニ於テ煙草ヲ喫スヘカラス』等ノ標語ハ枝葉末節ニシテ党ハ将来斯カル形而上ノ虚偽表現ヲ芟除シ抗日実力ノ涵養ニ重点ヲ指向シ質ト量トニ於テ国民訓練ヲ徹底シ以テ有事ニ備フル如クセサルヘカラサル旨訓示」したと伝える．漢口武官より次官・次長宛（昭和12年2月4日）．また彼は，「蔣介石ノ提唱ニ其端ヲ発シ全支ヲ風靡シアル新生活運動ハ其規律公徳ノ遵守ヲ目標トスル文化運動ノ第一期ノ幕ヲ閉チ今ヤ其正体ヲ暴露シテ救国訓練ト化シ再転シテ抗日戦線ノ強化拡大ノ実行基調トナレリ而シテ其重点ヲ生活ノ軍事化ニ指向シアルハ注目ニ値ス」と，運動自体が抗日戦争の準備へと変質しつつあるともとらえている．漢口武官より次官・次長宛（昭和12年2月21日）．

52) 『東京朝日新聞』1934年3月29日夕刊4面「支那民族 復興の新コース 蔣介石氏を委員長に ファッショの『新生活運動』」．

53) 『東京朝日新聞』1934年3月18日朝刊3面「日本人を手本に生活を改善せよ 支那の新生活運動」．

54) 蔣介石は自身が日本留学中に学んだ身体観・社会観を普及させ，日本人に対抗しうる近代的国民へと中国人を改造することを企図していた．深町英夫 前掲文（2009）を参照．

55) 『東京朝日新聞』1934年4月8日朝刊3面「支那の新生活運動」．

56) 『東京朝日新聞』1934年4月7日朝刊2面「支那のファッショ運動 暴力団化す 蔣介石氏各地に訓電」．

57) 『読売新聞』1934年8月28日朝刊3面「社説 孔子祭の復活と新生活運動」．

58) 『東京朝日新聞』1934年6月3日朝刊2面「三民主義思想を根本的に修正 儒教道徳の返咲き」．

59) 『東京朝日新聞』1934年8月27日朝刊2面「蔣氏独裁の準備に 孔子記念祭を復活 王道，覇道の使ひ分け」．

60) 太田は1929年9月から上海通信局長を務め，1934年には同紙が設立した東亜問題調査会に配属されていた．朝日新聞百年史編修委員会編（1995）『朝日新聞社史 大正・昭和戦前編：大正元年（1912年）～昭和20年（1945年）』東京：朝日新聞社，345・374・422頁；東京都太田記念館ウェブサイト（http://www.iitown.net/ota/, 2008/07/30）．

61) 太田宇之助（1934）「孔子祭復活と国民党」（『支那』第25巻第10号）207-212頁．

62) 『東京朝日新聞』1934年3月29日夕刊4面「支那民族 復興の新コース 蔣介石氏を委員長に ファッショの『新生活運動』」．

63) 木下猛「厳戒を衝いて南昌へ（三）」『東京朝日新聞』1934年6月10日朝刊3面；同「厳戒を衝いて南昌へ（四）」『東京朝日新聞』1934年6月11日朝刊3面．

64) 『東京朝日新聞』1934年8月9日朝刊11面「電灯のない町から 山室嬢の第一信『支那にも新生活運動……』日支の家庭親善」.
65) 1937年9月に田中は, 同紙の上海総局長となっている. 読売新聞社社史編纂室（1955）『読売新聞八十年史』東京：読売新聞社, 368頁.
66) 田中幸利（1935）「蒋介石を中心とする一九三五年の支那」（『東亜』第8巻第1号）27-28頁.
67) 辛島に関しては, 京城帝国大学（1935）『京城帝国大学一覧 昭和10年』京城：京城帝国大学, 187頁を参照.
68) 辛島驍（1935）「国民党政府の文化政策と中国文壇の動向」（『東亜』第8巻第1号）36-37頁.
69) 『読売新聞』1935年7月6日朝刊2面「室伏高信氏を支那に特派」.
70) 室伏高信「支那游記[18] 親善への唯一つの道 平凡裡に真理ありか」（『読売新聞』1935年8月14日朝刊2面）.
71) 室伏高信「支那游記[20] 新生活運動とは何か 暴露された民族的弱点」（『読売新聞』1935年8月16日朝刊2面）.
72) 室伏高信「支那游記[22]『服務区』運動とは何か 新生活のコースと成績」（『読売新聞』1935年8月20日朝刊2面）.
73) 室伏高信「支那游記[23]『最新』と『最古』の握手 儒教復興の機運張る」（『読売新聞』1935年8月21日朝刊2面）.
74) 立野は1930年4月にプロレタリア作家同盟の書記長となったが, 日本共産党への資金提供容疑で逮捕され, 翌年2月に政治的転向を表明して保釈された. 戦後は1952年に二・二六事件を扱った「叛乱」で直木賞を受賞し, 日本ペンクラブの幹事長・専務理事を務めている. 立野信之（1991）『立野信之集』千葉：あさひふれんど千葉「立野信之年譜」.
75) 立野信之「西洋人の顔と東洋人の顔(三)欧米依存心の衰微」（『読売新聞』1939年12月17日朝刊6面）.
76) 秦孝儀主編（1984）『先総統 蒋公思想言論総集』台北：中央文物供応社, 巻4「敵乎？ 友乎？―中日関係的検討―」138, 162, 166頁.
77) 『日本外交文書』昭和期II第1部第4巻上, 在中国有吉公使より広田外務大臣宛（昭和10年1月31日）17頁.

第4章

中国抗戦の展開と宣戦問題

土 田 哲 夫

は じ め に

　近代日中関係史において日中戦争（抗日戦争）期の持つ重要性はいくら強調してもしすぎることはないだろう．東アジアの軍事強国，帝国であった日本は，中国との戦争を拡大し，国際的緊張を激化させ，さらにアジア太平洋戦争に突入し，敗れ，解体した．他方，中国は近代化の遅れた弱国であり，日中戦争により莫大な損害を蒙ったが，抗日ナショナリズムの昂揚，普及により国民統合を強め，長期抗戦を維持し，そして日中戦争の世界戦争への展開の中で，抗戦勝利と戦後の世界大国化を実現した．

　このように日中戦争期は，両国，さらに国際関係の歴史において決定的に重要な時期ということができる．では，中国はこの時期，どのような対外戦略，政策を展開し，自国の危機を打開し，生存と発展を図ろうとしたのか．日中戦争に対する諸列強，国際社会の対応はどうであり，また中国はこれをどのように認識し，どう働きかけようとしたのか．筆者は，そのような問題関心から中国抗戦外交とその国際環境に関する研究を進めており，本稿はその1つとして，日中戦争期の宣戦布告問題を取り扱うものである．

　宣戦布告は，もともと近代国際法では，国家が戦争を始めるにあたっての不可欠の手続きとされ，これを機とし，当事国間では戦争状態の存在が認定

され，戦時国際法規が適用されるものとされた．戦時法規の内容は広範で，敵国港湾封鎖，中立国船舶臨検，占領地行政，俘虜保護・使役，非参戦国の中立遵守などに関する規定が含まれる[1]．しかし，日中戦争は「宣戦布告なき戦争」(undeclared war) と言われるように，日中双方とも宣戦布告をしないまま，戦闘行為が累積し，戦線が拡大し，長期に渡る全面戦争となったものであった．このため，実質的に戦闘行為が続きながら，国際法的戦争状態になかったため，日中両国間では戦争と外交，謀略のいりくんだ複雑な過程が展開し，また両国と第三国との間では在華権益，対外貿易，宣伝等をめぐる複雑な関係が展開することとなった．

では，中国政府は日本の侵略を受け，断固たる抵抗の意志を内外に布告しつつも，なぜ対日宣戦布告を回避したのか．それはどのような状況認識や利害の計算に基づいていたのか．それは戦争と国際情勢の推移によりどのように変化したか．アジア太平洋戦争勃発以後，中国はいかなる考慮に基づき，対日独伊宣戦布告を行ったのか．このような問題を検討するのが本章の課題である．

このテーマに関しては，筆者はすでに「中国抗戦と対日宣戦問題」[2]を発表しており，満洲事変以後の中国の対日宣戦，断交論を概観した後，盧溝橋事件後，中国政府が断固たる対日抗戦を行うが，外交路線は閉ざさず，宣戦布告も国交断絶もしない方針を採るに至ったこと，中国が宣戦を回避した理由は，国際法上の戦争状態となれば，中国沿岸は日本海軍により封鎖され，対外貿易が途絶し，抗戦を維持できなくなると懸念したためであることを明らかにした．

本章では，この前稿に引き続き，首都南京陥落から太平洋戦争開始に至るまでの困難な時期，中国国民政府はどのように国際情勢を認識し，宣戦問題に対応しようとしたのか，またそれは国内政治や対日和平問題とどのような関連を持っていたのかについて，できるだけ資料に基づき検討を行う．なお，ここで扱う宣戦問題には，中国による対日宣戦の検討，決定と共に，日本による対華宣戦に関する中国側の予測と対応を含む．

1. 抗戦の危機と宣戦問題

(1) 日本の対華宣戦への懸念

　1937年12月13日,国民政府の首都南京は日本軍の猛攻の前に陥落した.国民政府はすでに重慶を臨時首都とし,抗戦を堅持すると宣言していたが,中国が対日抗戦の第1段階で敗れたことはぬぐえない事実であった.さらに,ドイツ仲介の講和交渉(トラウトマン講和)の挫折,近衛文麿内閣による「国民政府を対手とせず」との声明(1938年1月16日)は,和平による戦争終結の道をも閉ざすものであった.このような中で,抗戦開始期に策定した,対日抗戦を行うが宣戦・断交を回避するという方針の維持は,次第に困難になってきた.まず,中国側の対日国交維持方針にもかかわらず,日本側の圧迫により,事実上,日中国交は断絶することとなった[3].

　さらに,中国側の宣戦回避方針にもかかわらず,日本が正式に中国に宣戦布告を行うことが懸念された.1938年1月10日頃から,近衛内閣がこの問題を検討中という情報が報じられた[4].2月3日付の報道では,近衛首相は国会答弁で,今正式の対華宣戦を行うつもりはないが,将来的にはありうると表明した[5].

　中国は,日本が宣戦布告検討中という情報に敏感に反応した.1月15日,蒋介石(軍事委員会委員長)は日記に,「この1週間の間,敵がいわゆる「宣戦」,「国民政府否認」,「軍事行動継続」等の口実をもちいることから見るに,我が方への威嚇,圧迫は究極まで来たと言える」と記している[6].1月26日には,王正廷駐米大使がハル(Cordell Hull)国務長官を訪ね,今や日本の宣戦布告が近づいたと考えられるが,アメリカ政府はこの問題についてどのような態度をとるかと打診した[7].また,2月26日の国防最高会議では,王世杰教育部長が,「日本がもし中国に宣戦した場合のわが国の対策はいかにすべきか」について外交部が注意を払うようにと発言した[8].王寵恵

外交部長の指導力が弱かったのに対し[9]，王世杰は抗戦期，蔣介石の信任をえて重要な役職を歴任し，かなりの発言力を持っていた[10]．王の外交に関する見識は，蔣の側近である侍従室第二処主任陳布雷からも高く評価されていた[11]．

同年3月7日には軍事委員会参事室の座談会において，国際情勢，対外政策全般を討議する中で，日本の対華宣戦の可能性が議論された．参事室は，軍事委員会委員長（蔣介石）の諮詢機関であり，外交等の重要問題について調査，検討し，報告，提案を行った．参事室主任は1938年1月の設立当初，朱家驊が，ついで1938年4月末頃から王世杰が担当し，室員には優秀な国際問題専門家等が招聘された．その抗戦期外交政策決定における重要性はすでに先行研究によって指摘されている[12]．

この蔣介石を囲む会議の議論は，当時の中国の政策決定者およびブレーン達の対外認識を示す興味深いものなので，以下，宣戦問題にかかわるものを紹介しよう[13]．

その中で，王世杰は，「現在，外交面では3つの大きな問題がある」とし，第1に，英伊妥協の可能性とその満洲国等親日政権承認問題への影響，第2に，各国の実際的な中国援助を促進することを述べた後，第3に日本の対中国宣戦問題をあげた．王は言う．

　　第3は，日本のわが国への宣戦布告の問題です．日本がわが国に宣戦するかどうかはイギリスの態度により決まります．もし英独交渉が成功し，ヨーロッパが安定を獲得できたのなら，日本はきっと懸念するところがあり，わが国に宣戦布告はできないでしょう．逆に，英独交渉が失敗し，ヨーロッパは以後多事多難となれば，日本はきっと何はばかることもなく，公然とわが国に宣戦を布告し，その武力侵略の目的を達しようとするでしょう．

　　日本がもし宣戦布告を決めた場合のわが国にとっての利害如何については，さまざまな見方がありますが，私は利益は少なく，害が多いと考

第 4 章　中国抗戦の展開と宣戦問題　149

えます．もしひとたび宣戦となれば，わが国の海上交通はすべて断絶してしまいます．その場合，わが国はいったいどのように外交的に対応すべきか，英米仏露等の国がどのような態度を取ることを望むのか，いずれも事前に準備し，事前に各国に提起しておき，その時になって手遅れにならないようにすべきです[14]．（中略）

王世杰が発言した後，宣戦問題についての議論は続かず，参加者はもっぱら欧州情勢ならびに日英妥協の可能性を議論したが，少したって軍事委員会委員長の蔣介石がこの問題に関する自身の考えを述べた．

司会（蔣介石）：私の見るところ，日本がもしわが国に宣戦しようとするのなら，それはこの 2 カ月以内であろう．この期限を過ぎれば，イギリスの第 1 期海軍軍備が完成し，その極東兵力は充実し，またわが国の軍隊も 2 カ月の整頓，補充により強化することができ，そうなると日本は配慮せざるをえないからである．したがって，6 月より前がわが国にとってもっとも危険な時期である．ただし，3 月 15 日からアメリカ海軍は 45 日間の太平洋大演習を行うので，日本も密かに備えざるをえないだろう[15]．

実際には日本の対華宣戦布告という予測は実現せず，中国側の心配は杞憂に終わった．当時，首都南京陥落，奥地撤退という軍事的敗北の直後にあり，中国の対外関係についての悲観的感情が一般に広がっており[16]，中国政府としても日本が宣戦布告を検討中という情報に敏感にならざるをえなかったのだろう．

だが，その後，武漢における中国国民党臨時全国大会（1938 年 3 月 29 日〜 4 月 1 日）開催を経て，国民党政権が開戦初期の敗戦の衝撃と混乱から立ち直り，新たな抗日団結の体制を形成することに成功すると，日本の対華宣戦への懸念はしばらく語られなくなった．

(2) 言論界での対日宣戦論争

　1938年6月には，日本の対華宣戦ではなく，逆に中国による対日宣戦再検討という問題が主要な民間メディア『大公報』，『東方雑誌』に現れ，国民党機関誌の『中央日報』との間で論争が行われた．

　この論争の背景としては，日中和平交渉の動きと抗戦派の反発があると考えられる．

　5月26日，宇垣一成が外相に就任，日中戦争の和平解決に全力を注ぐことを課題とし，さまざまなルートで中国へのアプローチに努めた[17]．中国では，和平派はこれを機に講和の道を拓くべきだと考え，その活動を強めた[18]．蒋介石は1938年6月7日の日記で「敵国輿論は和平の道に転じたかのようであるが，敵軍閥は「講和」の陰謀においてもいっそう悪劣なので，慎重にも慎重でなければならない」と記しており[19]，日本は軍事攻勢から和平攻勢に転じたと認識し，和平の動きに警戒していた．そのような中で宣戦問題をめぐる論争が行われた．

　まず，6月12日には代表的な民間紙『大公報』（漢口版）「欧洲通訊」に，対日宣戦論を提起する論説が掲載された．同論説は，日本に宣戦布告すべき理由として，第1に，「宣戦はアメリカが中立法を実施するように迫るだろう」ことをあげ，第2に「宣伝面からいえば，宣戦の利益はきわまりない」，なぜならば，「われわれがもしいま宣戦すれば，一字一句もが世界の人々の視聴を強力に動かすだろうからである」と論じていた[20]．

　さらに，同月16日刊行の『東方雑誌』には，「対日宣戦問題は再検討すべきである」とする論説が載った．同誌は上海商務印書館刊行（1904－1948年），近代中国を代表する良質の月刊総合雑誌である[21]．その論説は，大略こう述べている．

　開戦時には対日宣戦について国内輿論で熱烈な議論が行われ，政府当局も慎重に検討をしたことであろうが，次第に沈静化した．実現しなかった理由が一体何なのかは十分明らかでないが，われわれの知るところ，「わが国は工業が立ち後れており，武器は外国の供給に頼っているので，宣戦布告後，

アメリカが中立法を施行し，各国が中立を厳守することになり，わが国にとって不利となる」というのが通常，対日宣戦に賛成しない最大の理由の1つである．この懸念には道理があるが，米国務省の発表によれば，実は本年5月のアメリカの武器輸出は日本向けのほうが中国向けよりも遙かに多く，「すなわち宣戦後，アメリカ中立法が実施されたら，その結果もっとも不利を受けるのは日本であり，我が国ではないはずだ」．したがって，先ほどの懸念は根拠を失う．さらに，いまや日本軍閥は広州等のわが国無防備都市に対する猛爆を行い，世界各国に非難されている．「われわれは，まさにこの時機を利用し，正式に天下に明らかに〔宣戦を〕布告し，名を正し，義を定めて，敵と戦い，敵に重大な打撃を与えるべきだ．したがって，今や対日宣戦の問題も再検討すべきである．」[22]

このようなメディアにおける宣戦論の登場に対し，国民党機関誌『中央日報』は主に『大公報』論文に標的を絞り，万異の名で批判論文「中国は日本に宣戦し得るか」を掲載した[23]．同論文は，大きくわけて法律上と事実上の2つの理由をあげて，宣戦論を批判した．まず，法律面では，宣戦布告は国際法上の戦争を意味し，かつては単に宣戦による交戦国及び中立国の権利義務関係及び得失を考慮すればよかったが，不戦条約締結後の現在にあってはそれだけではすまない．「日本に宣戦するならば，われわれは不戦条約に違反していないと十分な理由でもって説明しなければならない．だが，法律上，私はそのような理由を見つけ出せるとは信じない」．また欧州大戦（第1次世界大戦）終結以来，世界で宣戦布告をした国はまだないので，もしわれわれが日本に宣戦布告したら，疑いなくわれわれが最初の侵犯者になってしまう，とした．次に事実面では，「わが国には宣戦の利益はない」．われわれは海軍を持たず，対敵封鎖や艦船臨検は行いえず，外国商人は自由に日本に武器を輸出できるが，「われわれは大損失を蒙り，沿岸交通路が断絶するだけでなく，安南，ビルマも日本に監視されることとなる．」，もし宣戦を布告すれば，中立国は厳正な中立を守らなければならなくなり，わが国への好意的援助は違法となってしまう．また，宣戦により「世人の視聴を動かす」

というのもよい方法ではなく,「世人の視聴を動かすのは容易であっても,わが国にとって有利な見方にするというのはそう容易ではない」,とした.そして,最後に,万異論文はこう結んだ.「以上の種々の法律上及び事実上の理由に基づき,わが政府は以前,対日宣戦布告を決定しなかったのであり,将来ともそう決定するとは信じない.今後の戦争はきっとほとんどが宣戦なき戦争となるであろう」と.

この『中央日報』論説の執筆過程や真の筆者名についてはなお明らかでない(「万異」は「万人が異論を持つ」意味で,明らかにペンネームと考えられる).当時,『中央日報』の社長,総主筆は程滄波,また監督機関である党中央宣伝部は顧孟余部長が未就任で,周仏海副部長兼部長代理の指揮下にあった.一般的には,党中央機関紙『中央日報』の論説は,国民党中央の見解を表現するものとされるが,国民党政権自体,人的にも政策論的にもかなりの多様性を持っており,論説の内容にもある程度の幅がありえた[24].周知のように,当時,対日戦略については党政府指導者間でも意見が分かれており,周仏海宣伝部長代理は和平論に傾いていた[25].この頃,和平派は「芸文研究会」をもってその主張の宣伝に努めており[26],彼等の見解が本論説に反映されたとの解釈も可能であろう.

では,なぜ対日宣戦布告を主張する記事,論説が『大公報』や『東方雑誌』に掲載されたのだろうか.当時の中国の新聞,雑誌の中では,どちらも中立ないし体制寄りの正統的メディアであり,通常,左派系紙誌のように政府の枠を外れた過激な抗日論を掲載することはなかった.また『大公報』社長張季鸞は当時,蔣介石の参事室会談のメンバーで,その対外政策討議,作成にも関与し[27],また積極抗戦論の立場に立っていた[28].したがって,張季鸞は政府内の和戦の分岐について知悉していたはずであり,蔣の意向を承知の上で対日宣戦論を載せ,対日和平派の動きと言説を抑えようとした,と推定することも可能である.この解釈は,この後に述べる蔣の宣戦論主張及び和平派との対抗関係を考えると,十分に可能性があると思われる.

(3) 和平問題と対日宣戦論

1938年秋には，言論界ではなく，政府最高指導者間で対日宣戦問題をめぐり議論が展開された．蔣介石が突然，対日宣戦布告を提案し，汪精衛（党副総裁），孔祥熙（行政院長兼財政部長）等政府要人に盛んに働きかけ，汪らの反論を受けたのである．この論争は何を背景として起こったものだろうか．蔣はなぜ宣戦布告が必要だと考えたのだろうか．そのことを明らかにするために，まず，当時の軍事状況，国際環境と政府内の和戦両論の対立状況を確認してみたい．

1938年8月22日，日本は武漢攻略作戦を発動し，あわせて中国の補給路遮断を狙って広東作戦を開始，10月21日には広州，同25日には武漢を占領した．春以来，武漢を拠点に態勢を立て直していた国民党政権は軍事的，経済的にきわめて困難な状況に追い込まれた．ちょうど，ヨーロッパではミュンヘン協定（9月29日）により戦争の危機が暫時回避された時でもあり，中国首脳は列強の介入を働きかけ，危急を救うことを期待した．

中国は抗戦開始以来，ソ連が中国に軍事，経済援助を与えるだけでなく，対日参戦することを期待し，特に1938年7-8月の張鼓峰事件の際にはこの紛争が日ソ戦争に拡大するよう願ったが，ソ連は自国の安全を最重要視し，けっして対日戦の危険を冒そうとはしなかった[29]．蔣介石は，10月初め，中ソ相互援助条約の締結をソ連側に提案し，その中国抗日戦参加を促したが，ソ連側はこの提案に応じなかった[30]．

10月3日，蔣介石はAP記者への談話で，チェコ問題解決の例は，「平和の勝利を獲得しようとするならば，アメリカの国際問題参加がきわめて重要な要素であることを大いに証明するものだ」とその積極的な介入を求め[31]，ついで同7日には胡適駐米大使に打電し，ローズヴェルト大統領に直接要請した[32]．蔣電の内容は，アメリカのイニシアチブにより太平洋会議を開催し，極東問題の解決を期すことを求めたものであった[33]．だが，米大統領の返答は，中国に同情的だがきわめて慎重なものであった[34]．さらに，10月20日には王寵恵外交部長はジョンソン（Nelson T. Johnson）米大使に対し，中国

が「公平で理にかなった和平」を実現するためにアメリカが積極的に支援するように要請し、さらに駐米大使にもそのために米政府に働きかけるように指示した[35]。

また、両広（広東、広西両省）には英仏両国の権益が多く、日本の広東作戦は英仏、とりわけイギリスの強硬な反応を惹起し、日本との対立をもたらすと中国側は期待したが、英仏はヨーロッパの危機が持続する中、極東の事態に関与する余裕を持たなかった[36]。中国側は、英仏の冷淡さに強い憤激の情を抱いた。陳布雷は、「英仏諸国は毫も反応なく、憂憤名状しがたい」と日記に記している[37]。

武漢、広州の陥落という軍事的敗退と国際的孤立無援の状況は、国民政府内に激しい動揺と悲観的空気をもたらした。翁文灝経済部長は、いまや「和平も戦いもできず、政府の者はまったく挽回の策がない」と私信に記した[38]。10月26日の最高国防会議では孔祥熙行政院長はきわめて悲観的な財政報告を行い、出席者はみな意気消沈の状であった[39]。政府高官も、「現在、一般に人心はきわめて動揺している」[40]、「社会で和平を望む人は多い」[41]と認めた。

このような状況に、国民政府内の和平派は好機到来と考え、その活動を活発化した。孔祥熙が前年末以来、対日和平に傾斜していたことはよく知られていた[42]。また、10月中旬には汪精衛が上海に人を派遣して日本側と交渉していることが伝わり[43]、10月22日には上海ロイター電が、汪精衛が対日和平の条件を語ったと伝え、抗戦派の批判を招いた[44]。

汪精衛、孔祥熙等文民指導者が軍事的危機の下、状況を悲観し、和平に傾斜する中、蔣介石は断固たる対日抗戦継続を主張した。蔣は軍最高指揮官として、抗日戦争によりその指導権を強化し、最高の指導者となりつつあったのであり、抗戦国策の転換は政治的失墜につながりかねなかった。したがって、蔣は、1938年9-10月にかけて、日本側の和平提案が伝えられた際にも、盧溝橋事件前の原状回復を絶対の条件とし、決して応じようとしなかった[45]。

かくして、蔣は、10月28日、国民参政会開幕式に宛てて、「今後、抗戦

の前途は新たな段階に入り，ますます困難，危険となるのは隠すまでもない」と認めつつも，「いっそう勉励奮闘し，わが抗戦国策の達成を期す」意志を明らかにした[46]．また，10月31日，蔣は「国軍の武漢撤退に関し，全国国民に告げる書」を発表し，その断固たる抗戦継続の意志を表明し，また全国軍民のいっそうの奮闘をよびかけた[47]．蔣はまた，この声明を海外にも発表し，中国徹底抗戦の決意を知らせるようにとも指示している[48]．蔣は，軍事指導者として積極抗戦論をとることでその指導権を強化できたし，またそれにより，各党各派および国民の支持を獲得できたのである．

このように，軍事情勢の緊迫，和平論の台頭の中，蔣はより鮮明に積極抗戦論を打ち出し，さらに対日宣戦布告を提議することになったのである．

まず，1938年10月30日，蔣介石は孔祥熙等宛電で以下のように述べた．

重慶孔〔祥熙行政〕院長殿，並びに汪〔精衛〕先生，王〔寵恵外交〕部長にもご転送を請う．宣戦問題に関して，いまや切実に彼我の利害関係を検討すべきである．今わが国沿海各港はすべて封鎖され，したがってもはやわが海外交通についての懸念はない．もしわが国が宣戦布告すれば，アメリカは中立法を実施し，敵の鋼鉄・石油の来源を断つことになるので，実に敵を害するものとなるだろう．またわが国が宣戦した場合の国際連盟及び各国との関係について，詳しく検討し，切実に□〔判読不能〕すべきである．在外各大使，公使に直ちにそのように努めるよう命じられるよう望む．（中略）中正．三十日[49]．

これに対し，1938年11月1日，汪精衛は蔣に下記のように返電し，慎重論を述べた．

30日ご発電，拝領．（1）最近，米国借款の希望はいかがか．もしわが国の宣戦でアメリカが中立をとれば，借款を進められなくなる．（2）連盟及び各加盟国は，わが国の宣戦によって中立を守り，〔対日〕制裁，

〔対華〕援助及びベトナム・ビルマ経由の交通はみな中断されることになるのか，事前に在外各大使に打電してこの点を問い合わせ，確実に探明した後，可否を決定すべきである．(後略)[50]

しかし，1938年11月2日，蔣はなお宣戦論を棄てず，汪精衛宛電で下記のように提案してきた．

今期〔第2届会議．1938年10月28日-11月6日〕国民参政会において，何人かの参政員を使って対敵宣戦を請求する建議案を提出させるのはいかがか．ただしこれは拘束的決議とはせず，政府に送って参考とするものとし，また秘密決議案，非公開とする．これでよろしいか，兄に実行方のご検討をお願いしたい．ご返電を請う[51]．

国民参政会は各党派代表及び著名人を委員とする審査，諮詢機関であり，「戦時議会」というのは過大評価であるが[52]，戦時の世論に一定の影響力を持っていた．国民参政会の議長は汪精衛だが，委員の多数は積極抗日論の立場に立っており，11月1日には「蔣委員長の持久抗戦宣言を擁護する案」を全会一致で可決し，さらに和平論を批判する「日本侵略者のわが領土撤退前に和平を論じてはならない」案も採択した．後者は，華僑領袖陳嘉庚が汪精衛等の和平運動批判の狙いで出した提案「日寇未退出我国土之前凡公務員対任何人談和平概以漢奸国賊論」案を激論の上，修正可決したものである[53]．
　汪はもちろん，蔣の提案に反対した．

1938年11月2日，汪精衛発蔣介石宛冬戌電
(前略) 今朝，王寵恵兄が返電草稿を示され，検討の結果，対敵宣戦は有害無益と述べたが，すでにご覧になったか．また，先月末，敵の放送はわが方が宣戦を検討中であることをすでに探知していたが，これはどこから漏洩したのだろうか．こうすると，敵はすでに備えがあり，〔対

日宣戦を行っても〕徒に各国をして中立を理由に〔対日〕制裁,〔対華〕援助の一切の責任を免れさせ得るだけなので,得策ではないと思われる.なお,〔ご再考〕,ご決定を請う[54]．

汪はさらに翌3日にも蔣宛電で,党国指導者の一致した意見として,強く宣戦反対論を述べた．

近頃,また党国指導者の葉楚傖,陳公博,陳立夫諸兄と熟議した.宣戦の利害についていえば,宣戦の結果,アメリカは中立を実施し,もとより敵の鋼鉄,石油の来源を断絶できるが,同時にわが方の米借款の希望も断たれ,またその他各国も中立を口実に一切の制裁,援助の責任を放棄することになり,まことに利は少なく害が多い.また参政会についていえば,構成員はこのように複雑で,たとえ宣戦案を拘束的決議とせず,非公開としても,参政会外に情報が伝わることは止めようがなく,もし政府が宣戦布告しないのなら,必ずや抗戦の決心がないと攻撃されるだろう.これは自らを縛るものではないか.以上の2点をご検討の上,ご返信頂ければ幸いである[55]．

蔣は翌4日,こう返電した．

ご尊見はまことにそのとおりである.だが,宣戦問題はなお中央で切実にその利害を検討すべきである.いずれにせよ,国際情勢の変化と,中日問題の世界問題への拡大を促すことが期待できるならば,わが方にとって有利である.どうか専門家に切実に検討するよう指示されるよう望む[56]．

政府の多数要人の意見として対日宣戦は不利だと反対されたが,蔣は国際情勢の変化を促す上でなお検討の余地があるとの考えを保持した.対外的には,彼は11月3日,胡適駐米大使宛に打電し,中国が宣戦した場合,アメ

リカはいかなる態度をとるか問い合わせた[57]．

　さらに，蔣は，イギリス大使に対しても対日宣戦布告を示唆し，その積極的な対応をえようとした．11月4日，蔣は湖南省南嶽に来訪のカー (Archibald Clark Kerr, 1882-1951) 英大使との会談の際，かなり激しい調子で英大使につめよった．蔣は，まず日本の広州占領により，いまやイギリスの極東における権益，威信は危機に瀕していると日本の脅威を強調し，イギリスが実質的な中国援助をしないと批判し，イギリスはどのような極東政策を採るのか，日本を選ぶのか中国を選ぶのか明確にするべきだ，中・英はいま分かれ道にさしかかっている，もしイギリスがわれわれを拒否するならば，中国はほかの道を取る，また対日宣戦布告も検討している，イギリスはその場合どうするのか見解を聞きたいと述べた[58]．英大使の湖南訪問には，日本側の新たな和平条件を蔣に持っていき，調停を行うためだという内外の観測があったが[59]，蔣は逆に宣戦布告に言及し，断固たる抗戦継続の意志を表明しようとしたものであろう．

　この間，11月3日，日本政府（近衛文麿内閣）は声明を発し，「東亜新秩序」建設の意志を表すと共に，「国民政府ト雖モ従来ノ指導政策ヲ一擲シ，ソノ人的構成ヲ改替シテ更生ノ実ヲ挙ケ，新秩序ノ建設ニ来リ参スルニ於テハ敢テ之ヲ拒否スルモノニアラス」と，蔣介石の下野と抗日放棄後は和平交渉可能と表明し，中国側の分化と対日協力を慫慂した[60]．蔣は4日には，侍従室からこの声明内容について報告を受けた[61]．さぞ，危機感と対抗心を新たにしたことであろう．国民政府内では，この声明は以前の「国民政府を対手とせず」の声明を取り消したもので，これで中国は日本と和平交渉が可能になったと歓迎する者もいたからである．汪精衛の和平運動にかかわった陶希聖はその一人であった[62]．さらに重大なことに，蔣に近いはずの孔祥熙，陳立夫，蔣作賓もこれに注目し，中国政府として反応を表明することを決した．11月7日，行政院拡大紀念週において，孔祥熙は近衛声明に答える趣

旨の談話を行ったのである[63]。

蔣介石は，このような情勢を見て，11月10日，孔祥熙に電し，行政院拡大紀念週でのその談話の発表を禁じ，さらに対日宣戦について検討するよう命じた[64]．ついで，翌11日，蔣は長沙から孔祥熙，王寵恵に電し，英大使の重慶来訪，会談の際には中国の対日宣戦の意向を伝えるよう指示した．

　　私の英大使との談話要点はご到着と思う．同大使重慶到着後，わが中央同志は同趣旨で応対してもよい．もう1つ補足すべきことがある．すなわち，イギリスがなおも切実なる援助ができないのなら，中国は別の方法を考えるほか，対日宣戦布告をしようと考えるが，イギリス政府はどうお考えか，という部分に特に注意されたい．宣戦するかどうかは別問題として，これをもって英米に警告できる．というのも，中日が宣戦したら日本は極東で戦時国際法に基づき各国の行動に干渉でき，英米勢力を極東から駆逐するのは疑いなく，日本と英米の衝突を引き起こし得るので，まさにイギリスが忌み嫌うことであるからである．したがって，英大使が重慶に到着したら，中央〔政府側〕はみな宣戦はわが国にとって有利だと言い，あるいは中立の新聞にこの趣旨の社説を出すよう頼み，英米に警戒心を与えるのがよい．中正，真（11日）[65]．

この後，王寵恵は蔣の指示に従い，11月18日に英大使と会見した際に，中国政府は「正式の対日宣戦を考えている」旨の発言を行った[66]．

他方，汪精衛は11月17日，専門家による検討の結果として，以下のように4つの理由をあげて対日宣戦反対をくりかえした．

　　蔣総裁殿．密．先日の支〔4日〕機電に従い，専門家に切実に宣戦の利害を検討するべく指示したところ，連日の討論結果は以下の通り．(1) 宣戦布告後，アメリカが中立をとることとなれば，わが国の借款の希望は

断たれるが，日本〔原文「倭」．以下，本電報同様〕はなお鋼鉄，石油の供給をえられる．なぜならば，米中立法はただ武器売却，借款，米国船での輸送をしないとのみ規定しているからであり，鋼鉄，石油は武器に含まれず，日本は自国商船を米国に送り，購入して自ら輸送できるからである．したがって，米国の中立は，ただわが国を困窮させるだけであり，日本を困窮することはない．米国が遅々として中立法を適用せず，また中立法修正を提議しているのは，わが国に同情しているがゆえである．(2) その他各国の船舶は宣戦布告後も日本と往来するが，われわれは海軍を欠き，わが国と往来するよう強いることはできず，他方，日本は海軍でこれを拿捕，撃沈しうるので，これはわが国が自らを封鎖させるのと異ならない．(3) 宣戦布告は，あるいは人心を奮い起こすかもしれないが，抗戦開始からすでに16カ月も経った今になって宣戦するのも，かえって人をして恐れ，当惑させるだろう．(4) 宣戦布告は，あるいは英米仏各国に警告することになるだろうが，各港湾はすでに日本の手に陥っており，各国が今憂慮しているのは日本が閉鎖することである．もし日本が〔中国港湾を〕開放し，われわれが宣戦布告したとすると，各国はなお自由に通商でき，さらに事実上の傀儡政権承認を促す可能性がある．以上の検討に基づき，宣戦布告はまことに有害無益であると考える．謹んで申し上げる．弟〔汪〕兆銘．篠〔17日〕」[67]．

これをもって対日宣戦をめぐる蔣介石，汪精衛等の議論はひとまず幕を閉じた．蔣はくりかえし宣戦布告を主張したが，汪等の強い反対に遭い，従来の宣戦回避政策を変えることはできなかった．電文から見る限り，蔣は，対日宣戦という非常手段により国際関係の激変をもたらすこと，特に英米を刺激してその対極東態度を改めさせること，あるいは日本と英米との対立を惹起し，日中戦争の国際化を促進することを期待し，提起したようである．だが，蔣の対日宣戦提起の意図は明らかに，孔，汪等の和平論への対抗，封じ込めであった．蔣がアメリカの対応を打診させていることからすると，彼は

単に和平論を牽制するためではなく,本当に宣戦布告実施を考えていたようである.正式に日本と戦争状態となれば,和平交渉はほぼ不可能になるであろう.さらに,前述のように,国民参政会が和平論を批判し,蔣の抗戦継続を支持する決議をあげていただけでなく,白崇禧,李済深,馮玉祥等の地方軍事指導者も対日宣戦,政府内動揺分子排除を蔣に求めており[68],宣戦布告は蔣にとって,その政治的威信を高め,政敵に打撃を与えることができるものであった.

　他方,汪精衛はアメリカの中立法適用,対外交通の遮断,欧米援助獲得の可能性喪失などきわめて説得的な理由をあげて論駁した.汪は,孔祥熙,王寵恵のほか,陳果夫,陳立夫など多くの政府指導者も同意見,また専門家の検討の結果も同様だとしており,おそらくそれは重慶政権内の多数意見であったろう.だが,それだけでなく,汪が正面から蔣の宣戦提議に反論したのには,彼が対日和平交渉を進めている最中であり,まさに和平の実現により,抗戦開始以来低下した彼の政治的地位を転回し,指導権を掌握しようとしていたという事情があった.この間,孔祥熙等も対日和平に傾いていたが,彼らは汪とは違い,蔣の権威に挑戦する意志はなく,対日宣戦,抗戦継続の問題においても正面から蔣に反論することはなかった.

　1938年秋の蔣,汪等間の宣戦論争は,当時の危機的状況と政府内の和戦論の分岐,政治的対抗関係を背景として,起きたものであった.汪精衛は12月18日,重慶を脱出し,対日和平運動に進み,やがて南京に親日「国民政府」を樹立することになった.

2. 国際情勢の転変と宣戦問題

(1) 中国宣戦問題と英米の観察

　汪精衛の重慶脱出後,1939年1月1日の中国国民党中央常務委員会は,汪の永久除名処分を決定した[69].汪等和平派の政府離脱と彼等への処分によ

り，対日宣戦への反対者はいなくなったはずだが，その後，特に蔣介石は対日宣戦を提起することはなかった．そのことは，前年秋の対日宣戦の主張が，汪等の和平運動牽制を目的としていたという解釈を裏づけるものであり，蔣が，対日宣戦は中国の利益にならないという1937年秋以来の政府側見解を受け入れていたことを示すものであろう．

　また，1938年11月の蔣との会談で強い調子で態度表明を迫られた英大使カーは，蔣の宣戦への言及よりも，彼がイギリスへの強い失望，憤激を表したこと，中・英両国はいまや分かれ道にあり，イギリスがだめなら他の道を取ると言ったこと——対ソ協力か，対日妥協を意味するものと理解した——に強く印象づけられていた．彼は，確かにイギリスが消極的な極東政策により，著しくその威信を低下させていると感じ，イギリスは日本を恐れていないことを示すべきだ，明確な中国支援の政策を表明するべきだと考えた[70]．英大使は蔣の抗戦意志は疑わなかったが，中国の対日妥協はイギリスの極東からの完全な排除を意味し，もっとも危険だと感じ，政府内の和平派について部下に調査させた[71]．この会談から4カ月近く経った1939年2月末になって，カー大使はまだ対日宣戦についての回答を行っていなかったことを思い出し，もしまた蔣からこの問題が持ち出された場合の態度について本国外務省の指示を求めた[72]．

　英外相の回答は，要旨以下のようなものであった．

　　宣戦布告の欠如は，通常の戦争では中立国の義務に反してできないような列強の中国援助を可能にし，また日本の行動に対する列強の反対の根拠を与え，日本側の妨げになっている．したがって，蔣介石が正式の宣戦布告により中国はえるもののが多いと述べたのはどういう意味か不明であり，尋ねてみられよ．また，中国による正式の宣戦布告と，中国が戦争状態の存在認定を声明することを蔣は区別すべきである．前者は，日本側に中国が侵略者だという口実を与えるかもしれないが，後者はそのような効果はない．なお，貴下限りに留めてほしいが，法的な戦争状

第4章　中国抗戦の展開と宣戦問題　163

態はイギリスの利益にもならない[73]．

　この頃，アメリカ国務省も日中戦争における日中両国の宣戦布告の欠如について検討する覚書を作成している．それは，下院外交委員会委員長（Sol Bloom）の問い合わせに答えるために1939年4月1日付けで作成し，彼に非公式に通知したものである．この覚書も，宣戦布告の欠如は，両国とも正式の宣戦布告による戦時国際法の適用は不利だと判断した結果だろうが，戦闘行為（hostilities）は日本が始めたのであり中国は宣戦を行う理由はない，また海軍力の劣位，米中立法への影響からしても中国側には宣戦の利益はなく，さらに中国は国際連盟及び9カ国条約加入国として宣戦は不可だと考えていると判断される，と論じていた[74]．英米とも，中国が宣戦布告をすべき利益も理由，正当性もないと判断していたのである．

(2)　欧州大戦と対独宣戦問題

　1939年から1941年にかけて，ヨーロッパにおける第2次世界大戦開戦，アメリカ対日経済制裁実施，日本の南進，日独伊三国同盟締結，日米英対立など国際情勢の激動が続いた．このような国際的緊張の激化の中，中国指導者はどのように宣戦問題に対処しようとしたのだろうか．

　ヨーロッパでの世界大戦勃発後の中国の対応全般については，詳しい検討が行われるべきであるが[75]，ここでは宣戦問題との関連のみ言及しよう．

　「欧戦」勃発の第1報が重慶に届くと，1939年9月2日朝，国民政府要人は蔣介石邸に集まり，対応を協議した．会議では，王寵恵（外交部長），張群（行政院副院長），孔祥熙（行政院長），朱家驊（党中央秘書長）など政府の多数は中立論をとったが，蔣介石はドイツに宣戦を布告し，日英妥協を先に制することを主張した．王世杰参事室長は蔣の意見におおむね賛成だとしつつ，独ソ不可侵条約によりソ連は対独交戦国に援助できないので，その中国援助への影響の検討が必要だ，と事実上，慎重論を述べた[76]．

　戦時の中国が日中戦争を世界的な反侵略の闘いと結びつけ，国際世論，そ

して英仏米ソ等の支持をえようとしていたことからすると[77]，ドイツの侵略戦争開始に対して政府部内で中立論が多かったのは奇妙に聞こえる．だが，それは中国とドイツとの複雑，微妙な関係を反映していた．すなわち，南京政府成立以来，中国はドイツと軍事・経済的協力関係を持ち，政府内には朱家驊など親独派もおり，ドイツも中国市場を重視していた．中国の抗戦準備においても，ドイツ軍事顧問団による指導やドイツ製武器は不可欠なものであった[78]．蔣介石の第2子蔣緯国も1936年以来，ドイツの軍学校に留学していた[79]．だが，ドイツは中欧での拡大政策で列強との対立が先鋭化する中，日本との接近を図り，1938年2月20日には「満洲国」承認を決定（5月12日，正式に独満条約調印），5月には在華ドイツ軍事顧問団の召還を決定した[80]．しかし，中国はなおドイツとの関係を維持しようと努めていた．

　結局，国民政府は，ヨーロッパでの大戦開始後，ドイツへの宣戦布告を行わず，事態を静観することを決した．9月12日，蔣介石は駐英大使に宛てて，英仏のポーランドの抵抗支援を評価し，共感を表明しつつも，「現在，英仏に極東で対日関係上の困難を与えることを避けるために，参戦を布告するつもりはない」が，軍事以外の面で英仏を支援したい旨，イギリス側に伝えるように電令した[81]．もともと中国の政策は，対独宣戦の利よりも，それによるソ連援助の停止，独武器獲得の機会の完全な喪失などの損失が大きいと利害を判断した結果であったが，蔣は恩着せがましい表現を行った．また，中国政府はドイツ，イタリアとの国交も断絶させず，ずっと下って1941年7月1日，独伊両国が汪精衛政権を中国の正統政権として承認した後になって，ようやく対独伊断交を決定することとなったのである[82]．

(3) 日米緊張と日本宣戦への対策

　欧州大戦の開始は，必ずしも中国側が期待したような有利な影響を与えなかった．イギリス，フランスは対独戦で必死であり，極東ではより消極的になり，対日妥協に傾いていった．また，ヨーロッパの戦争勃発により，国際社会，国際世論の極東の戦争への関心は明らかに低下した．

そのような中，中国は自国の抗戦を援助しうる国として，アメリカに最大の希望を託し，米国政府が明確かつ強硬な極東政策を採り，積極的な対中国援助，対日経済制裁を行うように期待したのだった．

アメリカは，1939年7月26日，日米通商航海条約の廃棄通告を行い，1940年1月26日には同条約は失効することとなった．これにより，日米経済，貿易関係がすぐに断絶したわけではないが，以後，アメリカは自由に貿易制限を課することができることとなり，次第に対日経済制裁の動きを強めていく[83]．

中国にとって，アメリカの対日経済制裁の進展はきわめて歓迎すべきものであった．だが，日米貿易が制限されるならば，日本はもはや米中立法適用による貿易制限を避けるために，対華宣戦布告を回避する理由はなくなる．このため，アメリカ経済制裁の実施により日本による正式の対華宣戦布告がもたらされた場合，いかにして中国は外国からの物資獲得を図るかという問題が，再び中国政府部内で生まれてきた．

1939年11月1日，参事室内において最初にこの問題が議論され[84]，ついで，1940年1月24日，王世杰参事室長は参事室員の張忠紱に対し，日本の対華宣戦の予測と中国の準備についての「簽呈」（意見書）作成を指示した[85]．張忠紱は留米（Ph. D., Johns Hopkins University），元北京大学教授の国際政治学者である[86]．

1月26日，張忠紱作成の宣戦問題に関する「簽呈」が蒋介石に提出された．その要旨は以下の通り．

(1) 敵は宣戦布告後，国際法により，海港封鎖，中立国船臨検を行う権利を持ち，わが国への海路による軍需物資援助は完全に断たれる恐れがある．

(2) 敵がこれまで2年半に渡って戦いながら，わが国に宣戦布告をしないのは，アメリカの貿易制限への懸念が主因である．だが，いまや日米通商航海条約は廃棄され，アメリカが日本に経済的に圧迫するならば，

日本側はもはや宣戦にあたっての顧慮はいらない．アメリカがそうすればそうするほど，宣戦の可能性は益々高まる．すでに最近，日本の軍人は米対日禁輸の場合は中国に宣戦する旨発言している．

(3) アメリカの対日経済圧迫は漸進的に実施される見込みなので，日本の対華宣戦も数カ月以上先となり，したがって迅速に準備をすれば，手遅れにはならない．政府は，米英ソから得た信用借款の残金を急いで運用し，抗戦に必要な物資を購入し，4-6カ月以内にビルマ及びベトナムに運送，保管するべきである．そうすれば，敵宣戦後も1年から1年半にわたって，わが国は軍需物資供給を維持できるが，日本は（経済封鎖を受けて）経済的に絶境に陥るだろう．かくして，わが国の軍需物資欠乏より先に敵は政治的に崩壊することとなり，勝負は明らかである[87]．

蔣介石がこの意見書にどのような指示を出したのかは明らかでない．だが，米対日経済制裁の強化という中国にとって歓迎すべきことが，日本の対華宣戦布告の可能性と中国の軍需物資供給への脅威をもたらすことは，認識されたはずである．

翌年初めには蔣は宣戦問題により強い関心を示した．

1941年2月4日，中国政府は同日付け同盟電により，松岡洋右外相が衆議院で中国に対し交戦国の権利を用いることを検討中と発言したことを知った．王世杰は，「アメリカが対日禁輸政策を実行した後に，敵政府が対中国宣戦を考えるのは当然のことだ．だが，もしそうなればわが国の対外交通は重大な打撃を受けることになる」と考え，政府が内密に対策を準備するよう求めることとした[88]．

ついで，2月8日，蔣介石は以下の手令を出した．

機秘（甲）第4150号．王［世杰］参事室主任殿．敵国がもし中国に正式に宣戦した場合の利害とわが国の取るべき対策及び予防措置に関し，すみやかに具体的方法を検討し，上呈されたい．［蔣］中正．八日．[89]

これに基づき，2月11日，参事室は張忠紱作成の「関於日本対華宣戦問題説帖」を提出した[90]．その内容は以下の通りである．

一，中日衝突の現状と国際法

「中日双方ともいまだに宣戦布告をしていないため，日本はいまだに第三国に対して完全な交戦国の権利を行使できない」．このため，日本は中国対外貿易を完全に封鎖できず，わが国はいまだに第三国港湾を利用して，海上交通を維持し，必要物資を獲得できている．

二，日本の正式な対中国宣戦の可能性

「中日開戦の初め，日本の天皇と元老は日本の軍閥の武力行動に不満であったため，日本軍閥は自他を欺く名目を用いてその罪行を隠蔽せざるをえなかった．このために当時，正式に宣戦布告を発せず，支那事変と称したのである」．このほか，日本政府は，アメリカが中立法を施行し，日本に禁輸を行うことを恐れたこと，ソ連の陸路からの中国援助は対華宣戦後も阻害できないこと，という2つの大きな原因があった．

だが，英米はすでに日本に禁輸を始め，強化する傾向にあり，また日ソ関係も緩和しており，日本はベトナムに拠点を得ており，「日本の対華宣戦の可能性はいまや明らかに前より高まったのである」．

三，宣戦の法律的効果

日本は宣戦布告後，中国港湾の封鎖を強化するほか，公海上で中立国船舶を捜査する権限を持つ．現在，「ビルマ・ルートは中国の対外交通の重要なルートであるので，もしビルマへの海上運輸が，日本の捜査権運用により切断，阻害されれば，中国抗戦の前途への影響はおのずときわめて重大なものとなる」．英米で獲得した物資を香港，インド，オーストラリア経由で公海上を輸送する場合も，同様に日本海軍による没収の危険がある．

四，日本の対中国宣戦後の英米側の反応の予測

公海捜査権は国際法上承認されたものであり，「英米側も日本側が行使するのを甘受せざるをえないであろう」．「現在の情勢から見て，日本の対華宣

戦布告と公海捜査権行使に，英米は必ず反対するだろうが，他の国際情勢の変動がない限り，おそらく両国はこのことで日本と決裂したり，戦ったりはしないだろう.」

　五，わが政府の対策

「以上の考慮に基づき，わが外交当局は直ちに秘密に英米政府と日本の対華宣戦問題に関する意見を交換し，以下の点を提出し，その切実なる検討を求めるべきである.

(1)　日本が中国に宣戦布告し，かつ公海捜査権行使の意向を表明した場合，英米政府は前述の日本の条約違反〔9カ国条約及び不戦条約〕及び第三国権益侵犯等の理由をもって共に反対を表明すべきこと.

(2)　もし日本が英米政府の反対を顧みず，捜査権を行使するのなら，中国政府は英米政府が以下の手段を執るよう切望する：

(甲) 対日完全禁輸．日本産品の輸入禁止その他経済的報復手段.

(乙) 軍艦による護衛．英米軍艦がその商船の太平洋航行を保護し，日本海軍による検査を拒絶すること．(中略)

上記の手段(甲)では日本の経済的困難を増すだけで，わが国の対外海上交通を維持することはできない．もし手段(乙)も同時に実施するならば，わが国はなお海路より外国援助を獲得できる．ただ，(乙)は容易に日英米間の戦争を引き起こすので，(中略) アメリカは賛成しないであろう．だがわが国としてはその検討を促すのがよい.

(丙) イギリス政府が公平な価格で，中国の全需要を満たすだけビルマ産ガソリンを供給することに同意すること.

(3)　日本の対華宣戦後の海上交通の困難を防ぐために，米政府は，中国抗戦に必要な米国現有の製品，原料（たとえばトラック，飛行機，ガソリン等）を，クレジット購入または米軍用品貸与法所定の貸与方式で中国に供給すること．その量は中国の一年の必要分とし，できるだけ短期間に（2,3カ月と仮定），ラングーンに輸送，保存し，徐々に中国国内に輸送できるようにすること.

さらに，日本の宣戦を防ぐために，わが国の対ソ外交には特別の注意を払うべきこと．ソ連のわが国への陸路援助が継続し得るのなら，敵側はあるいは正式の宣戦はあまり成算が合わないと考えるかも知れないからである.」

本意見書の予測，対応策とも妥当なものであろう．蔣介石も裁可し，中国政府はその対策に着手した．1941年2月21日，王正廷，張忠紱は米ローズヴェルト大統領特使カリー（Lauchlin Currie）と会談し，日本の中国に対する宣戦の可能性とその対策について協議し，以下の提案を行った．

「(1) 英米は，日本の不戦条約及び9カ国条約侵犯を理由に，日本の海上捜査権行使を拒否すべきこと．(2) もし日本が海上捜査権を強いて行使するなら，英米は日本との輸出入を完全に禁止し，さらに商船の護衛を行うこと．(3) 米国はできるだけ短期間に大量の軍需品を中国に供給し，まずラングーンに輸送し，徐々に中国内地に輸送すること.」[91]

いずれも上記意見書の提案通りである．中国は，日本の対華宣戦による国際貿易上の困難を防ぐために，自ら何かをなすすべはなく，ただ英米の対日圧力に依存するほかなかった．

1941年夏から秋，中国政府は日米交渉の行方を期待と焦慮の念をもって見守った．中国側は，アメリカの石油禁輸等強力な経済封鎖による日本屈服を期待する一方，日米交渉の過程で，アメリカが中国を犠牲にして日本と妥協することがないか常に懸念し，注視し，時に圧力を掛けたのである[92]．11月17日，蔣介石は第2届国民参政会第2次大会で「日本事変の解決」と題する講演を行った[93]．11月26日には，アメリカ国務省は中英等の強い反対を受けて，最終的に暫定和解案（modus vivendi）を取り下げ，強硬な対日通牒を発した．いわゆるハル・ノートである[94]．中国政府側はもう日米妥協の可能性はなくなり，両国が戦争の方向に向かったことに安心したであろう．12月1日，蔣廷黻（行政院秘書長代理）は，万一日米戦争が勃発した場合，中国は日本に宣戦布告するであろうと語った[95]．

そして，ついに期待した時が来た．日本の真珠湾等奇襲に始まるアジア太

平洋戦争の開始である．

3．太平洋戦争勃発と宣戦問題

(1) 日米開戦直後の対応

1941年12月8日午前3時半（重慶時間），国民党宣伝部国際宣伝処はロンドンからの放送により日本軍のハワイ真珠湾奇襲を知り，直ちに董顕光（党宣伝部副部長）より王世杰（宣伝部長・参事室長）に報告した．王はこれを『中央日報』に通知，日本の「切腹」行動が始まったと述べた[96]．日本が無謀で自殺的な戦争に突入したと見たのである．ついで，朝方には，日本軍のフィリピン，香港攻撃，上海共同租界警察接収，マレー半島上陸の情報，さらに日本の対米英宣戦の情報が届いた[97]．

重慶では，日米開戦の報を得て朝から「町中に人々があふれ，号外が飛びかい」，「友達間や近所で集っても，必ずこの話題となった」．ある政府官吏は，「日米戦争が始まり，わが国はこぞって興奮している．わが国はすでに4年半も孤軍苦闘してきたが，今日ともに戦う友を得て，前途の希望は限りなく拡大した」と日記に記した[98]．

12月8日は月曜日であり，朝8時から定例の国民政府・中央党部合同の「総理紀念週」[99]が開かれた．この日は孫科立法院長が講演担当であり，対独伊宣戦布告を主張した．ついで，10時過ぎから党中央常務委員会の特別会議が開かれ，蒋介石を議長として日本の対米英宣戦問題を討議した．席上，孫科はまた対独伊宣戦布告を主張し，郭泰祺外交部長も同意見であったが，朱家驊（当時，党組織部長）など3人は対独伊即時宣戦に反対した．また，戴季陶（考試院長）は，中国がこれを機に対日宣戦を行うには慎重な検討を要すると論じた．王世杰はできるだけ即日，日独伊に宣戦布告することを主張し，さらに米英ソ3国大使を招き，反侵略諸国が一致して枢軸諸国に対し宣戦布告するよう要請すること（すなわちソ連は対日宣戦，アメリカは対日

第4章　中国抗戦の展開と宣戦問題　171

のほか対独伊宣戦もする）を主張した[100]．

　最後に，蔣介石は以下のようにとりまとめた．

　　すでに討論は詳細を尽くしたので，各位の意見を総括し，結論とできるだろう．わが国の対日宣戦はもう問題はなく，手続きもきわめて容易である．だが，（中略）対日宣戦の前に，わが国のこの戦争に対する政策を英米ソ各友邦に知らせ，彼等の態度，主張を打診する必要がある．わが国の政策は3つにまとめられる．(1) 太平洋の反侵略各国は正式に同盟を結び，アメリカが指導し，かつ同盟国連合軍総司令を推挙すべきである．(2) 英米ソがわが国と一致して対独伊日宣戦を行うよう要求する．(3) 同盟各国は太平洋戦争の勝利以前に日本と単独講和を行わないことを相互に約する．わが国のこの3原則は被侵略諸国の共同の利益を考慮して定めたものであり，絶対にその貫徹を求めるべきであり，そうしてこそ反侵略の戦争は完全な勝利を得ることができるのである．（中略）わが国のこの3点の政策を英米ソに通知し，彼等の回答如何を見た後，わが国が今後取るべき措置を決めることとする[101]．

　蔣が対日宣戦は当然とし，そのように議論をとりまとめつつも，実際の宣戦布告はまず各国の態度を打診した後にするとしたのは，中米英ソ反日同盟の形成という全体的戦略の実現を促すために宣戦問題を最大限利用しようとしたからであった．

　ついで同日午後，蔣は米英ソの3大使を招き，以下のような反日同盟案を書面で提出した．

(1)（略．日本の対米英奇襲攻撃非難）
(2)「中国はいまや，……全力をもって米英ソ等友好国と共に戦い，日本及びその同盟する枢軸国の完全な敗北を促すことを決心した．」
(3)「中国政府はいま日本への宣戦布告及び同時にその同盟国独伊への宣

戦布告を決定した.」

(4)「中国政府は反侵略宣戦各国が各枢軸国を共通の敵としなければならないと考える．よって，中国は，米国は独・伊に，ソ連は日本に同時に宣戦布告するよう提案する.」

(5)「中国政府は各友好国（中，英，米，豪，蘭，カナダ，ニュージーランド）が軍事同盟を形成し，米国を指導者に推し，共同作戦の軍隊を指揮することが誠に必要であると考える.」

(6)「中国は，中，英，米，豪，蘭，カナダ，ニュージーランドが不単独講和条約を締結することを提案する.」[102]

では，中国政府の同時宣戦，軍事同盟の提案に対し，米英ソ等諸国はどう反応したのだろうか．そして，この問題はどう展開しただろうか．

(2) 宣戦問題をめぐる中米英ソ関係

12月8日午後7時半（重慶時間），郭泰祺外交部長と王世杰宣伝部長は外国および中国の新聞記者との会見において，中国政府は日独伊への宣戦布告を決定したと発表した．実際には中国政府はなおソ連，米英の動向を見て待機しており，まだ正式の宣戦布告文の作成，発表を行っていなかったが，先にこの決定を公表したものである[103]．翌9日の『中央日報』には，1面に「わが政府重大決定　対日独伊宣戦．反侵略諸国みな［日本の奇襲に］深く憤慨．党中央常務委員会は昨日特別会議開催」という記事が掲載された[104]．

一方，ワシントンでは8日正午（現地時間），ローズヴェルト大統領の演説に引き続き，アメリカ議会が，上院は82対0，下院は388対1の圧倒的多数で対日宣戦布告案を可決した．9日（重慶時間），中国政府は胡適大使から米宣戦についての報告を受けた[105]．また，ローズヴェルトは蔣介石宛親電でもその旨を通知し，中国長年の対日戦の努力を賞讃し，侵略国消滅のために共に奮闘せんと述べた[106]．

イギリスは，中国と同様，日米開戦前から枢軸側との苦しい戦争を続けて

おり，何とかして巨大な軍事，経済力を持つアメリカの援助と，さらには参戦をえようと努めてきた．すでに開戦前に，チャーチル英首相は，「イギリスはアメリカが戦争に入った後1時間以内に宣戦布告する」と発言しており，日本の攻撃後，イギリスは早急にアメリカの動向を確認し，対日宣戦に向けて動き出した[107]．手続き的問題で，イギリスの宣戦はアメリカよりも先になった[108]．チャーチルは12月9日，蔣宛の電で，「われわれはこれまでもよき友人であったが，いまや共通の敵に対し共に奮闘せん」と，軍事的盟友関係を強調するメッセージを送った[109]．

米英の宣戦布告を受けて，中国政府はようやく正式の宣戦実施を決定した．

12月9日午後5時（重慶時間），蔣介石は，林森国民政府主席及び孫科立法院院長以下各院長，郭泰祺外交部長，何応欽軍政部長，王世杰党宣伝部長等の政府要人を集め，国防最高委員会第73次常務委員会を開催し，対日独伊宣戦の実施を提議し，協議の結果，直ちに対日，対独伊宣戦文を作成し，国民政府主席の名義で発表することを決定した[110]．国防最高委員会は戦時の党政軍最高機関とされ，蔣は軍事委員会委員長として，その委員長を兼ねていた．なお，国民政府の法手続きとしては，宣戦布告には立法院の審議，可決を要したが，実際にはその手続きは省いて実施され，2週間あまり後の12月27日の立法院第4届212次会議で追認された[111]．12月10日，中国政府は内外に布告し，また米英首脳と友誼的メッセージを交換した[112]．

では，中国がもっとも重視したソ連は宣戦問題にどう対応したか．

蔣介石はソ連の対日宣戦，反日軍事同盟形成のためにあらゆる手段を尽くそうとし，ソ連に直接訴えるだけでなく，アメリカの影響力に期待し，その理解と支援を求めた．

ただ，ことはそう容易に進まなかった．

12月8日，蔣介石はソ連，米，英大使に反日軍事同盟の提案をした後，在米代表の宋子文に電を発し，ソ連の対日宣戦促進の重要性を述べ，米大統領にも彼の考えを伝えるよう求めた．蔣はその中で，「いま特に注意すべき

ことはソ連にも即時宣戦を求めることであり，これこそが太平洋の緒戦勝利の関鍵である」，「大陸での対日作戦は中ソ両国が同時に宣戦してこそ，共通の敵日本軍を撃破できる」と見なし，中ソ同時宣戦をソ連に呼びかければ，「あるいはソ連の宣戦の決心を促すことができるかもしれない」と期待した．ソ連が対日宣戦を拒んだ場合も，中国は「アメリカに従って対日宣戦布告する」が，「中国がソ連より先に宣戦布告した場合，ソ連の宣戦を求めてもその成否はさらに不確かになるだろう」と述べた[113]．

同日夜，蔣はソ連軍事顧問と会見したが，彼等はソ連が対日宣戦をしたら，その後アメリカは全力で日本に対処しない恐れがあるとして，消極的な見方を示した．蔣は，ソ連の米英不信に対処するためには，「アメリカがまず全力をもって日本問題を解決した後，ドイツに対処すると決然と表明するべきである」と見なし，米英武官を招いてその考えを伝え，さらに翌9日，宋子文に電して，アメリカ政府にこの趣旨を伝えるよう命じた[114]．

9日，蔣はさらにアメリカ政府派遣のラティモア（Owen Lattimore）顧問からローズヴェルト大統領側近のカリーを通じて，同様の内容を伝えさせた．蔣が正式の外交ルートのほかに，このルートでメッセージを送らせたのは，「ソ連の遅滞なき［対日戦］参加を確保するため，ソ連に対し，ワシントンを含めてあらゆる方途を取ることを欲しているから」であった．同メッセージは，アメリカが太平洋に主力を注ぐことを表明するならば，ソ連の懸念を払拭して，その参戦をもたらしうるだろうと述べた[115]．

9日夜，ウェルズ（Sumner Welles）米国務次官は宋子文に対し，ローズヴェルトの蔣への回答を伝えた．内容は以下の通り（要旨）．

(1) ソ連大使と会見したが，ソ連は極東軍備が不十分のために即時対日宣戦不可とのことであり，必要な時機となれば宣戦布告は疑いない．ソ連参戦後，アメリカは全力をもって日本に対処しなくなるとソ連武官が懸念しているというのは，事実に合わない．

(2) 中国が即時宣戦布告するのが全体戦略上，有利であり，直ちに実行してほしい．ソ連の回答を待つ必要はない[116]．

ソ連側の回答は遅れ，中国側は焦慮した．12月10日，王世杰は，「ソ連側はなお完全な沈黙を守っており，外間ではその態度を疑うものが多い．わが国言論界は，ソ連は対日宣戦布告をして，英米諸国と同一の歩調を取るべきだと強く主張している」と日記に記した[117]．同日，中国駐在のソ連軍事顧問団長チュイコフ（В. И. Чуйков）は，その個人的意見として，「ソ連の対日参戦は時間と手続きの問題にすぎない．まず中米英ソの全体的作戦計画を協議した後に態度を表明できる」と述べ，中国側の期待をつなぐとともに，自国の消極的態度の責任を転嫁した[118]．チュイコフは在華軍事顧問としての立場上，なお中国側の期待をつなぎとめようとしたのであろう．彼が赴任時にスターリンから与えられた任務は，日本の対ソ攻撃の危険を減らすため，中国をして日本軍を堅く掣肘させることであった[119]．ただ，蔣介石はソ連参戦への渇望著しく，この程度の言辞にもすぐ反応し，この発言をアメリカに通知し，共同軍事計画作成を催促した[120]．

12月11日，リトビノフ（Максим М. Литвинов）駐米大使は，ソ連は対日戦でアメリカと協力できる立場ではないという「政府の最終的決定」を米国務省に伝えた[121]．

ついで，スターリンは蔣介石宛12月12日付電で，対日宣戦請求拒否の正式の回答を行った．電文はいう．

「ソ連はいま反ドイツ戦の主要な任務を担っており，ソ連の反独戦線での勝利は英米中反枢軸陣営の共通の勝利となるものである．現在はソ連の力を極東に分散させないのが望ましい．（中略）ソ連はもちろん必ず日本と戦わなければならないだろう．なぜなら，日本はきっと中立条約を破るだろうからだ．わが国はそのような状況に備えなければならないが，その準備には相当の時間が必要であり，先にドイツを撃退する必要がある．どうか，ソ連の即時対日宣戦の主張を固執されないようお願いする．」

蒋は受領後，本電を宋子文を通じてアメリカ政府に通知させた[122]．

13日，ソ連駐華顧問チュイコフは，なおもスターリン電の「先にドイツ軍を撃退」というのはドイツ敗北後という意味ではない，対日作戦は相当の準備を要し，目下準備中である，ソ連の対日軍事行動はきっと宣戦より先となるだろう等と述べ，さらに日本軍の動向に関する中ソ英米の情報協力を提案した[123]．だが，スターリンが最終的な決定を通告した以上，これ以上淡い期待を抱くわけにはいかなかった．

12月17日，蒋介石はソ連に了解したと返答せざるを得なかった[124]．

(3) 中米英ソ反日同盟の追求

次に，12月8日の蒋介石の中米英ソ同時宣戦，軍事同盟提案に対するアメリカ，イギリスの対応を検討しよう．

連合国の対日宣戦布告に比べて，実際の対日軍事作戦協力のほうはより戦略的に重要な問題であり，その実現には慎重な検討と複雑な多国間調整とを要した．

米国務省では，極東専門家のホーンベック（Stanley K. Hornbeck）が中国側の提案に関する検討意見を覚書にまとめた．すなわち，彼は，重慶側の提案は「理論的にはきわめてしっかりしたものである」が，「現実的には，第3項の提案〔中米英等で軍事同盟結成，米国の連合軍指揮〕はおそらく真剣に検討できないだろう」，ただ第6項〔単独不講和条約締結〕と第4項〔米の対独伊宣戦，ソ連対日宣戦〕は直ちに真剣に検討すべきだ，と考えていた[125]．12月10日，ハル国務長官は蒋介石に，軍事同盟提案に謝意を述べ，直ちに注意し，細心の検討を行うと回答した[126]．

蒋介石は連合国の軍事協力を実現させるべく，あらゆる方途を尽くそうとし，正規の外交ルート以外も含め，さまざまなルートでアメリカに訴えかけた．12月9日，蒋は，米陸軍長官スティムソン（Henry L. Stimson），海軍長官ノックス（William F. Knox）に宛てたメッセージを認め，宋子文をしてこれを送付させた[127]．また，12月10日，蒋は米，英駐華軍事代表団長を

第4章　中国抗戦の展開と宣戦問題　177

招き，この問題での本国への働きかけを求めた[128]．12日には，王世杰宣伝部長が中国政府を代表し，「1．反侵略諸国は直ちに軍事同盟を締結すべきこと，2．反侵略諸国は作戦の便のために統一的指揮機構を設けるべきこと」を主張する談話を発表した[129]．

アメリカ国内では，国務省極東部と陸軍が蒋の提案を積極的に評価した．

まず，12月12日，国務省極東部長ハミルトン（Maxwell Hamilton）がハル長官に宛てた覚書を作成し，直ちに以下の措置を取るよう主張した．

(1)　蒋の提案に沿って重慶に中米英蘭戦略局を設置する．

(2)　中国軍が積極的対日攻撃をして大量の日本軍を引きつけるよう説得する．

(3)　中米英蘭等対日宣戦国間で相互援助，協力，不講和条約を締結する．

(4)　対独伊戦に関し，ロシアと同様の条約を締結する．

(5)　在ビルマの米義勇飛行部隊を米軍航空部隊に編入し，中国軍と共同作戦を取る．

さらに同覚書は，中国が全面的攻勢に出るようにさせるために，米国政府は正式に中国を完全な盟友と認め，「面子を与える」べきこと，そのために重慶での戦略局設置，各国の中国への使節派遣などをなすべきことを主張し，最後に，中国が日本軍に積極的攻撃をするならば，それはソ連の対日戦参加を促すのにも役立つであろう，と述べた[130]．

同日，ハル国務長官は英大使と会見し，ソ連参戦問題及び米・英・豪・ニュージーランド間の軍事協力について協議したが，特に中国への言及はなかった[131]．もってハルのこの問題への関心度を知ることができる．

スティムソン陸軍長官は，連合軍軍事協力に関する中国側提案により積極的に反応した．12月13日，彼はこの提案に関する対中国返答案をまとめ，ローズヴェルト大統領に送付，14日，大統領はそれを自分の名義で蒋介石に送った．内容は，共通の敵に対する共同作戦のための措置を取ることは「最高に重要かつ緊急である」と認め，12月17日までに中国が重慶で中米英蘭ソ各代表による連合国軍事会議を召集することを提案し，このほかシン

ガポール，モスクワでも連合国軍事会議を開く方向で英ソと協議中であるとし，これらの予備会議により常設の共同軍事計画・指揮機関が設立されることを希望するという，中国側提案に則った具体的な軍事協力案である[132]．ローズヴェルトはこの提案をソ連，イギリスにも通知した[133]．在米の宋子文はスティムソンから上記の返電と関連情報をえていた．彼は，ソ連は対日宣戦の前に全般的な中米英ソの軍事協議が必要と見なしているという蒋介石電を彼が伝えたことが，アメリカの積極的対応を生んだものと自認した[134]．

アメリカの積極的反応をえて，12月17日，蒋介石は米英ソの在華軍事代表を招き，軍事協力に関する会議開催の正式提案を手交し，本国宛伝達を嘱した[135]．結局，12月23日に重慶での第1回合同軍事会議が開かれ，中国のほかアメリカ，イギリス，オーストラリアが参加し，ビルマ防衛，空軍協力などについて協議が行われた[136]．オーストラリアは英本国よりも軍事協力に積極的であり，代表を参加させたが[137]，ソ連は会議の目的不明を理由に，オブザーバーとしての参加も拒んだ[138]．いずれにせよ，重慶での会議開催は，連合国の対日作戦上の協力関係の成立と，中国が国際的な戦略の中で重要な位置づけを獲得したことを象徴するものであった．

ついで，蒋介石はローズヴェルトにより連合軍中国戦区最高司令官に推挙され[139]，また中国はワシントンの連合国最高指揮機関にも代表を送り[140]，さらに連合国宣言（1942年1月1日）にも参加することになった[141]．

こうしてアジア太平洋戦争の開始により，中国は抗日戦争の国際化に成功し，孤立から脱し，米英と同盟し，連合国陣営の主要国家として戦うことができるようになったのであった．

おわりに

最後に，中国政府がこの対日独伊宣戦をどのように意義づけたか，抗日戦争開始後4年余り，満洲事変以来10年余りにしてようやく実施した宣戦布

告を，どのように国民に伝達したのか，見てみよう．

　12月9日付の対日宣戦，対独伊戦争状態宣言の他，12月10日には蔣介石は「全国軍民に告げる書」を発表した[142]．

　この書函で，蔣は，日本の対米英奇襲攻撃を非難し，「いまや狂妄なる日本侵略者〔原文「日寇」〕は，毫も悔恨の意なきのみならず，さらに枢軸国ドイツ，イタリアと連合して，ますますその悪劣，狂暴なる毒計をほしいままにしている」といい，これに対し，東西の「民主国家」は共同してその征討を図っており，「ここに世界の反侵略国家と侵略暴力は截然と鮮明なる2大陣営に分かれた．わが国は最初に侵略の災禍を受けた国であり，とりわけ存亡の責任を担い続けなければならない．ただ，これまでの犠牲奮闘は国境内に進入した日本侵略者を除去するためであったが，今日以後は，英・米・ソ連および世界の正義と平和を愛好する各友邦と共同一致し，連合して戦い，人類の敵の徹底的な消滅と世界永遠の平和確立を期すのである」と論じた．さらに，「今後われわれが奮闘，努力できれば，抗戦目的は完全に達成できるばかりか，わが国土主権も全体的に回復でき，さらには世界正義の勝利もより早く実現できる．だが，気を緩めて日本侵略者および枢軸国の侵略継続を許せば，抗戦以来犠牲となった軍民烈士に顔向けできないばかりか，共同奮闘，一致作戦の友邦にも顔向けできないことになる」，とする．最後に，本書函は，全国軍民同胞，海外華僑同胞がこの千載一遇，民族存亡の関頭にあたり，いかなる犠牲をも厭わず，忠勇をもってさらに奮闘，努力するよう呼びかけた．

　12月9日，蔣の指示に基づき，国民政府は各地方政府機関，各軍部隊に対し，国民月会[143]の儀式に基づき，対日，対独伊宣戦布告を宣読し，さらに各地方では民衆団体及び各区郷鎮も民衆を集め，正式に宣読させるよう命じた[144]．

　さらに12月12日，蔣介石は党政軍各機関に命じ，次の月曜（12月15日）の総理紀念週において，国父遺嘱奉読後に司会が，国民政府対日宣戦布告，対独伊宣戦布告，全国軍民に告げる書の3文書を宣読し，参会者は厳粛に静

聴し,「敵愾心を高め,奮闘の意志を激発させる」こと,また,民衆には,次の国民月会において同様の式典を行わせるよう命じた[145]. 12月11日には蔣は「わが対枢軸国宣戦に際し華僑同胞に告ぐる書」(「我対軸心国宣戦発表告僑胞書」)も発表し,重慶からの国際放送及び海外各地駐在の領事館,国民党部を通じて伝達が図られた[146].

このように,中国は対日独伊宣戦を重大な意味のあるものと位置づけ,公務員,軍人はもとより一般国民,さらには海外華僑に至るまで,その内容と意義を周知させるべく努めたのであった.

以上,本章で述べたことをまとめよう.

中国政府は抗戦開始初期に対日宣戦をせず,国際法的な戦争状態を回避する方針を決定して以後,基本的にはこの方針を太平洋戦争開始までとり続けた.それは,正式の戦争状態発生後,日本が優勢な海軍力をもって中国への貿易封鎖を行い,中国の対外貿易,軍需品輸入を途絶させることへの懸念に基づいていた.首都南京陥落後,国民政府部内で,日本側の対中国宣戦の可能性を懸念し,その対策を検討することはあったが,日本はそのような動きを取らず,これは杞憂に終わった.ただ1938年秋の一時期のみ,蔣介石が対日宣戦論を唱え,汪精衛等と論争になったが,これは武漢陥落前後,政府部内で戦争の前途に悲観的な空気が充満し,汪や孔祥熙等が対日和平に傾いていたため,これに対抗し,断固たる抗戦継続政策を確定するために,蔣が戦略的に打ち出したと考えられる.

1941年末,日本の対米英奇襲攻撃とアジア太平洋戦争の開始は,中国宣戦問題をめぐる状況を根本的に転換した.それは,中国が国際的な盟友を獲得し,抗日戦争を国際化し,日本の制圧を期するという蔣介石の抗戦国際戦略の実現を可能にする絶好の機会であった.蔣介石は,中米英ソの対日独伊同時宣戦と世界的な反日軍事連合の結成をもたらすべく,あらゆる方途を使って精力的に働きかけた.宣戦問題は,後者をもたらすための方策の1つであった.そして,米英ソの動向を注視した後,12月9日,ついに中国は対

日，対独伊宣戦布告を実施することとなった．こうして，中国は米英等と同盟して，世界的な連合国対枢軸国の大戦の中に自国を位置づけることが可能になったのであった．

＊本稿は，2005年度中央大学共同研究プロジェクト「未来志向の日中関係学：歴史の省察から協調的発展へ」の研究成果である．

1) 信夫淳平（1941）『戦時国際法講義』東京：著者発行，丸善発売，第1巻．
2) 土田哲夫（2007）「中国抗戦と対日宣戦問題」（『中央大学経済研究所年報』第38号）203-219頁．先行研究については，上記拙稿を参照．
3) 同上，214-216頁参照．
4) 米駐日大使グルーはこの問題に注目し，特に海軍出身の末次信正内相が強く宣戦布告を主張しているなどの内部情報も得て，多数の報告電を国務省に送っている．Grew to Hull, 1938. 1. 10, 1. 11, 1. 12, 1. 14, U.S. Department of State (1954), *Foreign Relations of the United States : Diplomatic Papers 1938*, v. 3. Washington, D.C. : United States Government Printing Office, pp. 10-11, 14-16, 23-25. 本資料は以下，FRUS1938-3と略す．他の年・巻も同様の略称を用いる．
5) Grew to Hull, 1938. 2. 4, FRUS1938-3, p. 68.
6) 秦孝儀総編纂（1978）『総統　蔣公大事長編初稿』台北：中国国民党党史委員会，巻4上，163頁．本資料は，以下『大事長編』と略す．
7) Memorandum of Conversation, by the Secretary of State, 1938. 1. 26, FRUS1938-3, pp. 54-55.
8) 王世杰（1990）『王世杰日記』（手稿本）台北：中央研究院近代史研究所，1990年，第1冊，191頁，同日条．
9) 王世杰は日記で，「近頃外交部はあらゆる問題について準備がなく，行動に自発性が欠如している」と記している．『王世杰日記』同上，1938年2月26日条．
10) 王世杰の略歴については，土田（2005）「盧溝橋事件と国民政府の反応―『王世杰日記』を中心に」（中央大学経済学部創立100周年記念事業委員会編『中央大学経済学部創立100周年記念論文集』東京八王子：同委員会）570-571頁参照．
11) 『陳布雷先生従政日記稿様』（三）台北，国史館所蔵，全宗号134専蔵史料，檔号：0161.40/7540.01-03，1938年3月7日，4月30日各条参照．本資料は以下，『陳布雷日記』と略す．
12) 陳雁（2002）『抗日戦争時期中国外交制度研究』上海：復旦大学出版社，77-82頁．
13) 台北，中央研究院近代史研究所檔案館，朱家驊檔案，301-01-03-001「参事室座談会記録」（全19頁）．本記録は，「関於抗戦外交及国民精神総動員―軍委会参事室座談会記録」（『民国檔案』1995年第1期）51-56頁にも所載．中国第二歴史檔

案館所蔵の軍事委員会檔案によるものであろう．前者（朱家驊檔案所蔵記録）では記録作成過程での字句修正の過程が読みとれるが，とりたてて後者（『民国檔案』公表版）との内容的相違はないので，本稿では参照容易な後者の頁数をあげる．

14)　『民国檔案』1995 年第 1 期，53 頁．
15)　同上，55 頁．
16)　本座談会での王世杰発言による．『民国檔案』1995 年第 1 期，54 頁．
17)　6 月 24 日，五相会談決定「今後の支那事変指導方針」参照．外務省編（1965）『日本外交年表並主要文書』東京：原書房，下，389 頁．
18)　陶希聖致胡適函，1938 年 12 月 31 日，中国社会科学院近代史研究所中華民国史研究室編（1983）『胡適来往書信選』香港：中華書局，中巻，398-400 頁．
19)　『大事長編』巻 4 上，220 頁．
20)　原文未見．万異「中国可以対日宣戦嗎？―読六月十二日漢口大公報，「巴黎通信」後作」（『中央日報』38 年 6 月 27 日，第 4 版「平明」[論説欄]）冒頭より再引用．
21)　『東方雑誌』については，以下のすぐれた解題がある．若林正丈（1978）「近代中国における総合雑誌―『東方雑誌』解題―」（東京大学教養学部『外国語科研究紀要』第 26 巻第 4 号）．
22)　符滌塵「対日宣戦問題應重新考慮」（『東方雑誌』35 巻 12 号，1938 年 6 月 16 日）3 頁．論文筆者の符滌塵については不詳．
23)　『中央日報』（漢口版）1938 年 6 月 27 日，第 4 版「平明」第 4 期．
24)　『中央日報』の経営・編集および党中央との関係については，中村元哉（2005）「国民党政権と『中央日報』」（中央大学人文科学研究所編『民国後期中国国民党政権の研究』東京八王子：中央大学出版部）参照．
25)　ただし，後の重慶離脱までは周の行動はかなり慎重である．蔡徳金編注（1986）『周仏海日記』北京：中国社会科学出版社，上巻参照．
26)　陳存恭・尹文泉総整理（1994）『陶希聖先生訪問紀録』台北：国防部史政編譯局，68-69，78-79 頁．
27)　『陳布雷日記』（三），1938 年 3 月 3 日，9 月 20 日，9 月 24 日各条．
28)　『陶希聖先生訪問紀録』79-80，91 頁．
29)　ソ連はそのように匂わせ，中国側に期待を持たせた．スターリンのソ連参戦可能性言及（張沖談）については，『周仏海日記』上，72 頁，1937 年 12 月 9 日条参照．また，中共および左派系はソ連参戦説を流布したが，1938 年初め以後，新たに着任したソ連駐華大使は参戦説の否定に努めたという．『陶希聖先生訪問紀録』69-70 頁参照．張鼓峰事件への期待については，例えば，『周仏海日記』上，135 頁，1938 年 8 月 9 日条参照．この時期の中ソ関係全般については，cf. Garver, J. W. (1988), *Chinese-Soviet Relations 1937-1945 ; The Diplomacy of Chinese Nationalism.* New York and Oxford : Oxford University Press, Ch. 1.

第 4 章　中国抗戦の展開と宣戦問題　183

30)　『周仏海日記』上，164 頁，1938 年 10 月 1 日条；郭廷以編（1979）『中華民国史事日誌』台北：中央研究院近代史研究所，第 3 冊，1938 年 10 月 10 日条．
31)　蔣介石「保持和平美是重要角色」（秦孝儀主編（1984）『総統　蔣公思想言論総集』台北：中国国民党党史委員会）巻 38，115-116 頁．
32)　曹伯言整理（2004）『胡適日記全集』台北：聯經出版，第 7 冊，611 頁，1938 年 10 月 8 日条．
33)　『周仏海日記』上，170 頁，1938 年 10 月 15 日条．
34)　F. D. Roosevelt to Chiang Kai-shek, 1938. 11. 10, FRUS1938-3, pp. 376-377.
35)　外交部致駐美大使館電，1938 年 10 月 22 日，中華民国外交問題研究会編（1966）『蘆溝橋事変前後的中日外交関係』台北：中国国民党党史委員会，327-328 頁．米大使は本国伝達を約しつつも，和平調停の可能性に否定的な態度を示した．Johnson to Hull, 1938. 10. 21, FRUS1938-3, pp. 328-329. 会談日付けは後者に基づく．
36)　See Lee, B. A. (1973), *Britain and the Sino-Japanese War, 1937-1939.* Stanford, Cal.: Stanford University Press, pp. 149-150；Dreifort, J. E. (1991), *Myopic grandeur : the ambivalence of French foreign policy toward the Far East, 1919-1945.* Kent, Ohio : Kent State University Press, Ch. 6.
37)　『陳布雷日記』（三），1938 年 10 月 14 日条．
38)　翁文灝致胡適函，1938 年 10 月 24 日，『胡適往来書信選』中巻，387 頁．
39)　『周仏海日記』上巻，176 頁，1938 年 10 月 26 日条．
40)　中央社主任銭滄碩，何樹元の言．『周仏海日記』上巻，177 頁，同年 10 月 27 日条．
41)　翁文灝致胡適函，1938 年 10 月 21 日，『胡適往来書信選』中巻，383 頁．
42)　程天固（1978）『程天固回憶録』Los Angeles：程達民出版，香港：龍門書店発行，322-333 頁；中国第二歴史檔案館編（1992）『馮玉祥日記』南京：江蘇古籍出版社，第 5 冊，276-277 頁．
43)　翁文灝致胡適函，1938 年 10 月 21 日，注 41 と同．
44)　『中華民国史事日誌』第 3 冊，1938 年 10 月 22-24 日条．
45)　「蔣委員長指示対日停戦協定之態度手令」（1938 年 9 月 28 日），「蔣委員長指示対日拒絶和談要項」（1938 年 10 月 14 日），「蔣委員長致重慶行政院院長孔祥熙指示対日向我乞和事宜及我応有之決心宣告武漢之得失無関軍事勝負電」（1938 年 10 月 18 日），秦孝儀主編（1981）『中華民国重要史料初編—対日抗戦時期』第 2 編〔作戦経過〕，台北：中国国民党党史委員会，第 1 冊，121-124 頁．
46)　蔣介石「第一届国民参政会第二次大会開幕電」，1938 年 10 月 28 日，『総統　蔣公思想言論総集』巻 37，177-179 頁．
47)　蔣介石「為国軍退出武漢告全国国民書」，『総統　蔣公思想言論総集』巻 30，301-6 頁．
48)　『陳布雷日記』（三），1938 年 11 月 1 日条．

49) 「蔣中正電孔祥熙等研究対日宣戦問題並擬利用外交途径製造有利環境」1938年10月30日, 国史館所蔵, 蔣中正檔案, 籌筆 (抗戦時期) 002010300017050
50) 汪精衛致蔣介石東電, 1938年11月1日, 陳木杉 (1995)『従函電史料観抗戦時期的蔣汪関係』台北:台湾学生書局, 141頁. 同書は, 台北新店の内政部調査局所蔵の汪精衛檔案の複写画像を数多く収録する.
51) 蔣介石致汪精衛冬一侍秘湘電, 1938年11月2日, 同上書, 137頁.
52) Cf. Shyu, L. K.(1977), "China's Wartime Parliament : The People's Political Council, 1938-1945" (Paul K. T. Sih ed., *Nationalist China During the Sino-Japanese War, 1937-1945*. Hicksville, N.Y. : Exposition Press).
53) 孟広涵主編 (1985)『国民参政会紀実』重慶:重慶出版社, 上巻, 311, 335-7頁.
54) 汪精衛致蔣介石冬戌電, 1938年11月2日, 陳木杉前掲書, 140頁. 同書130頁が本電を10月28日付けとするのは誤り. 韻目代号「冬」は2日を表す.
55) 汪致蔣覆江電, 1938年11月3日発, 同上書, 138-139頁. なお, 同書129頁は11月4日電とするが「江」は3日である.
56) 蔣介石致汪精衛支機電, 1938年11月4日, 同上書, 142頁.
57) 『陳布雷日記』(三), 1938年11月3日条. 胡適の返答は未詳.
58) Sir A. Clark Ker to Viscount Halifax, 1938. 11. 17, Great Britain, Foreign Office (1949-1961), *Documents on British foreign policy, 1919-1939*, Third Series, v. 8, London : H.M.S.O., pp. 216-218. 本資料は以下, DBFP3と略称. なお同資料集編纂者は蔣・カー会談は11月6日とするが, 下記資料に基づき日付けを修正した. 『大事長編』巻4 (上), 264頁 ; Johnson to Hull, 1938. 11. 16, FRUS1938-3, pp. 379-382. 米海軍武官は蔣の顧問ドナルド (W. H. Donald) から11月4日の蔣・カー会談記録を入手したが, その記録では宣戦に言及した部分が落ちている. Johnson to Hull, 1938. 11. 16, FRUS1938-3, pp. 377-379.
59) Johnson to Hull, 1938. 11. 5, FRUS1938-3, p. 372 ; 『周仏海日記』上, 177頁, 1938年10月28日条.
60) 『日本外交年表並主要文書』下, 401頁.
61) 『陳布雷日記』(三), 1938年11月4日条.
62) 陶希聖致胡適函, 1938年12月31日, 『胡適来往書信選』中巻, 398頁.
63) 「翁文灝日記選 (1938年)」(『近代史資料』総103期, 2002年3月) 111-112頁, 1938年11月4-7日各条.
64) 同上, 112頁, 1938年11月10日条.
65) 「蔣中正電孔祥熙王寵恵英無切実助華辦法則我擬対日宣戦」, 1938年11月11日, 国史館所蔵, 蔣中正檔案, 革命文献—対英外交:一般交渉 (上), 002020300039009 ; また着電写しは, 陳木杉前掲書, 165-166頁, 所収.
66) 王寵恵致蔣介石效電, 1938年11月19日, 中国国民党党史委員会編 (1981) 『中華民国重要史料初編—対日抗戦時期』第4編〔戦時外交〕, 台北:同会, 第2冊, 29-31頁. 本資料は, 以下『戦時外交』と略す.

67) 汪致蔣篠電，1938年11月17日，陳木杉前掲書，143-145頁，同上書．
68) 『馮玉祥日記』第5冊，528頁，1938年10月29日条，536頁，同年11月13日条等．
69) 中国国民党中央委員会秘書処編（刊行年未記載）『中国国民党第五届中央執行委員会常務委員会会議紀録彙編』台北：同処，353-354頁．
70) Kerr to Halifax, 1938. 11. 7, 11. 11, DBFP3. v. 8, pp. 195-196, 218-219.
71) Kerr to Halifax, 1938. 11. 8, 11. 11, Greenway to Kerr, 1938. 11. 7, DBFP3, v. 8, pp. 202-203, 218-219, 195-196 ; Johonson to Hull, 1938. 11. 7, FRUS1938-3, p. 373.
72) Kerr to Halifax, 1939. 2. 27, DBFP3, v. 8, pp. 474.
73) Halifax to Kerr, telegraphic, 1939. 3. 3, DBFP3, v. 8, pp. 485-486. ハリファックス外相は，上記電文の他に外交行嚢で「より完全な法律的意見」を書き送った．See Halifax to Kerr, 1939. 3. 10, DBFP3, v. 8, pp. 508-509.
74) Memorandum Prepared in the Departmen of State, 1939.4.1, FRUS1939-3, pp.153-155.
75) 王建朗（2004）「欧洲変局与国民政府的因応」（『歴史研究』2004年第4期）．
76) 『王世杰日記』第2冊，143頁，1939年9月2日条．
77) 土田哲夫（2007）「国際平和運動と日中戦争──「世界平和連合」(RUP/IPC) とその中国支援運動」（服部龍二・土田哲夫・後藤春美編『戦間期の東アジア国際政治』東京八王子：中央大学出版部）参照．
78) See, Kirby, W.(1984), *Germany and Republican China*. Stanford, Cal. : Stanford University Press.
79) 第2次大戦勃発でアメリカに転留学，1940年11月帰国．『大事長編』巻4（上）407頁，巻4（下）593頁．
80) 田嶋信雄（2001）「解説Ⅱ──一九三〇年代のドイツ外交と中国─」（石田勇治編集・翻訳『資料　ドイツ外交官の見た南京事件』東京：大月書店）309-324頁．
81) 蔣介石致駐英大使郭泰祺電，1939年9月12日，『戦時外交』第2冊，32-33頁．
82) 『王世杰日記』第3冊，103-104頁，1941年7月1日条，同7月2日条；『大事長編』巻4下，702-704頁．
83) 詳しくは，土井泰彦（2002）『対日経済戦争1939-1941』東京：中央公論事業出版，参照．
84) 『王世杰日記』第2冊，176頁，1939年11月1日条．
85) 王世杰致張忠紱函，[1940年]1月24日，中国第二歴史檔案館編（1997）『中華民国檔案資料匯編』第5輯第2編 外交，南京：江蘇古籍出版社，78頁．同書が本資料を1941年のものとするのは誤り．
86) 参照：張忠紱（1971）『迷惘集』台南：双子星出版社（「近代中国史料叢刊」第53輯影印，台北：文海出版社，1978年）．
87) 1940年1月26日，張忠紱簽呈，『中華民国檔案資料匯編』第5輯第2編 外交，76-78頁．

88) 『王世杰日記』第3冊, 20-21頁. 王は1940年10月5日にも, 近衛首相と松岡外相がアメリカが欧州で参戦するなら日本は宣戦すると談話を発したことに着目し, 日記に記載した. 『王世杰日記』第2冊, 356頁.
89) 『中華民国檔案資料匯編』第5輯第2編 外交, 78-79頁.
90) 張忠紱「関於日本対華宣戦問題説帖」(1941年2月11日), 同上書, 79-83頁.
91) 『王世杰日記』第3冊, 28-29頁.
92) 『戦時外交』第1冊, 1981年, 146-152頁, 参照.
93) 『中華民国檔案資料匯編』第5輯第2編 外交, 89-97頁.
94) U. S. Department of State (1943), *Foreign Relations of the United States ; Japan, 1931-1941*, Washington, D.C. : United States Government Printing Office, v. II, pp. 768-780.
95) マニラ電台, 12月1日重慶発UP電. 『外国宣伝情報』第173号 (1941年12月3日), 内閣情報局刊, アジア歴史資料センター, レファレンスコード A03024788000.
96) 『王世杰日記』第3冊, 200頁.
97) 同, 200-201頁.
98) 王子壮 (2001) 『王子壮日記』台北: 中央研究院近代史研究所, 第7冊, 342-344頁, 1941年12月8日条.
99) 1930-40年代, 国民党・政府機関では毎週月曜朝に職員の集会が開かれ, 国父孫文の遺嘱奉読と時局関連の講演が行われた.
100) 『王世杰日記』第3冊, 201-202頁.
101) 蔣介石「対太平洋戦争我国決策之訓示」(三十年[1941年]十二月八日出席中央常会講), 国史館所蔵, 蔣中正檔案, 特交檔案―中日戦争 全面抗戦, 檔号002-080103-055-004.
102) 蔣介石致蘇英美各国大使之書面提議, 1941年12月8日, 『戦時外交』第3冊, 41頁.
103) 『王世杰日記』第3冊, 203-204頁, 1941年12月8日条.
104) 『中央日報』重慶版, 1941年12月8日, 「我政府有重大決定, 対日徳義宣戦, 反侵略国同深憤慨, 中常会昨召開特会」.
105) 胡適大使致外交部電, 162号, 1941年12月8日発, 12月9日着, 国史館所蔵, 外交部檔案, 目録号172-1, 案巻号1004「各国対軸心国家宣戦案」.
106) Hull to Gauss, Chungking, 1941. 12. 9, FRUS1941-4, p. 739.
107) Memorandum by Atcheson on conversation with Hayter, 1941. 12. 7, FRUS1941-4, p. 730.
108) Winant to Hull, 1941. 12. 8, FRUS1941-4, pp. 735.
109) カー駐華大使より提出. 『戦時外交』第2冊, 88-89頁.
110) 国防最高委員会, 公函, 国紀22508号, 1941年12月9日, 国史館所蔵, 国民政府檔案 07-089「布告対日徳義三国宣戦案」;『王世杰日記』第3冊, 204-205頁. 蔣邸での協議に後で国防最高委員会常務委員会の名称が付けられた模様であ

第 4 章　中国抗戦の展開と宣戦問題　187

る.
111）　国民政府立法院呈, 簽呈第 263 号, 1941 年 12 月 29 日, 国史館所蔵, 国民政府檔案　07-089「布告対日徳義三国宣戦案」.
112）　Memorandum of Conversation by Welles, 1941. 12. 10, FRUS1941-4, p. 741 ; 蔣介石致羅斯福電, 1941 年 12 月 10 日,『戦時外交』第 3 冊, 44-45 頁 ; 蔣介石致邱吉爾電, 1941 年 12 月 10 日,『戦時外交』第 2 冊, 88-89 頁.
113）　蔣介石致宋子文斉電, 1941 年 12 月 8 日, 国史館所蔵, 蔣中正檔案, 革命文献—同盟国聯合作戦：重要協商（上）, 002020300016003「蔣中正電宋子文等転羅斯福中国待美対日宣戦時亦正式対日宣戦」; また,『戦時外交』第 3 冊, 42 頁, にも所収.
114）　蔣介石致宋子文佳電　1941 年 12 月 9 日,『戦時外交』第 3 冊, 43 頁.
115）　Owen Lattimore to Lauchlin Currie, 1941. 12. 9, FRUS1941-4, pp. 738-739.
116）　宋子文致蔣介石青電, 1941 年 12 月 9 日, 国史館所蔵, 蔣中正檔案, 002020300016003,『戦時外交』第 3 冊, 42-43 頁にも所収 ; 米側記録はより簡単である. Memorandum by Hornbeck, 1941. 12. 10, FRUS1941-4, p. 740.
117）　『王世杰日記』第 3 冊, 206-207 頁.
118）　蔣介石致宋子文電, 1941 年 12 月 10 日,『戦時外交』第 3 冊, 52-53 頁.
119）　В. И. Чуйков (1981), Миссия в Китае: записки военного советника. Москва : Глав. ред. восточной лит-ры, стр. 58.
120）　上記, 蔣介石致宋子文電, 1941 年 12 月 10 日,『戦時外交』第 3 冊, 52-53 頁.
121）　Memorandum of Conversation, by the Secretary of State, 1941. 12. 11, FRUS1941-4, pp. 742-744.
122）　国史館所蔵, 蔣中正檔案, 革命文献—同盟国聯合作戦：重要協商（上）, 002020300016011,「史達林電蔣中正蘇聯目前不宜分散力量於遠東勿堅持即刻対日宣戦」. また『戦時外交』第 2 冊, 390-391 頁, 第 3 冊, 57 頁にも所収.
123）　「顧問事務処長卜道明自重慶呈蔣委員長報告晤蘇総顧問崔可夫聴其解釈史達林委員長所謂預先撃潰徳軍之意報告」, 1941 年 12 月 13 日,『戦時外交』第 2 冊, 392 頁所収. 戦時期の中ソ情報協力に関しては, 馬振犢「抗戦初期中蘇情報合作内幕初探」(2003)（『近代中国』第 154 期) 参照.
124）　『戦時外交』第 3 冊, 68-69 頁.
125）　Stanley Hornbeck's Memorandum, 1941. 12. 9, FRUS1941v. 4, p. 737.
126）　Hull to Gauss, Chungking, 1941. 12. 10, FRUS1941-4, p. 741.
127）　Chiang to T. V. Soong, 1941. 12. 9（12 月 11 日, 宋から陸海軍長官に手交）, FRUS1941-4, p. 740.
128）　「蔣委員長在重慶接見美国駐華軍事代表団団長馬格魯徳商談関於由美国建議五国聯合軍事行動之具体計劃等問題談話紀録」, 1941 年 12 月 10 日,『戦時外交』第 3 冊, 45-48 頁 ;「蔣委員長在重慶接見英国駐華軍事代表団団長戴尼斯将軍商談関於擬具軍事聯繫與合作之具体計劃等問題談話紀録」1941 年 12 月 10 日, 同, 第

3冊, 48-52頁.
129) 『王世杰日記』第3冊, 208頁.
130) Memorandum by the Chief of the Division of FE (Hamilton), 1941. 12. 12, FRUS 1941-4, pp. 744-745.
131) Memorandum of Conversation, by the Secretary of State, 1941. 12. 12, FRUS1941-4, pp. 746-747.
132) FRUS1941-4, pp. 751-2；羅斯福致蔣電（訳文），米武官 Magruder より上呈, 1941年12月16日,『戦時外交』第3冊, 66頁.
133) Roosevelt to Stalin, 1941. 12. 14, FRUS1941-4, pp. 752-3 ; Roosevelt to British Ambassador (Halifax), 1941. 12. 14 ; FRUS1941-4, pp. 753.
134) 宋子文致蔣介石電, 1941年12月13日付, 12月15日収, 国史館所蔵, 蔣中正檔案, 革命文献──同盟国聯合作戦：重要協商（上），002020300016013「宋子文電蔣中正蘇聯対日宣戦問題蘇似有戦後合作条件之要求」;『戦時外交』第3冊, 59-60頁所収.
135) 「蔣委員長在重慶召集美，英，蘇軍事代表及参謀総長何応欽等為召集聯合軍事会議事交換意見談話紀録」, 1941年12月17日,『戦時外交』第3冊, 72-73頁.
136) 「蔣委員長在重慶召集美，英，澳等国代表及参謀総長何応欽等挙行第一次聯席軍事会議決議在重慶成立一永久分区軍事委員会並通過遠東聯合軍事行動初歩計画会議紀録」, 1941年12月23日,『戦時外交』第3冊, 82-92頁.
137) Memorandum of Conversation, by Mr. Robert B. Stewart of the Division of European Affairs, 1941. 12. 18, FRUS1941-4, pp. 758-759.
138) Stalin to Roosevelt, undated, transmitted by the Soviet Ambassador, FRUS1941-4, pp. 760-761.
139) Roosevelt to Chiang, 1941. 12. 29, FRUS1941-4, pp. 763-764；蔣介石致羅斯福電, 1942年1月2日,『戦時外交』第3冊, 98頁.
140) Chiang to Roosevelt, 1941. 12. 24, FRUS1941-4, p. 762.
141) 胡適致外交部電 1941年12月30日,『戦時外交』第3冊, 794-795頁；蔣致胡適電, 1941年1月2日, 同第3冊, 795頁.
142) 当時の史料ではこの名称. 後に編纂された蒋の文集では,「為日軍発動太平洋戦争勗勉全国軍民同胞函」（日本軍の太平洋戦争発動に際し全国軍民同胞を激励する書函）という題名に改められている.『総統 蔣公思想言論総集』巻37, 234-236頁所収.
143) 姫田光義（2004）「国民精神総動員体制下における国民月会」（石島紀之・久保亨編『重慶国民政府史の研究』東京：東京大学出版会）参照.
144) 陳布雷致蔣廷黻函, 1941年12月9日；行政院通電, 渝機字第6444号, 1941年12月9日, 国史館所蔵, 行政院檔案, 目録号62, 案巻号1315（檔号一220.4, 同二1),「対日徳義宣戦案」所収.
145) 国民政府軍事委員会代電, 侍秘第10464号, 1941年12月12日, 国史館所蔵,

目録号 068，案巻号 8，行政院檔案「紀念週宣読政府対日・徳・義宣戦布告及委座告全国軍民書」所収．

146) 中国国民党中央海外部公函，致侍従室第二処，海都(三) 第 07228 号，1941 年 12 月 18 日，附件，国史館所蔵，国民政府檔案，檔号 0160.52/3000.01-02，典蔵号 001016052003,「宣言及対日徳義宣戦布告」(国史館ウェブサイトで公開)．

第5章

占領下日本人の中国観 1945-1949

吉 見 義 明

はじめに

　本章では，アメリカ占領下の日本人の中国観の態様を概観する．対象とする時期は1945年8月から1949年末までである．1945年8月に日本は無条件降伏するが，そのとき中国をどのように見ていたのか，中国観に変化はあったのか，中国に対する戦争責任をどのように考えていたのか，などが問題となる．また，1949年10月には，中華人民共和国が誕生するが，この新しい中国に対してどのように考えていたのか，その長所と短所をどのように見ていたのか，それと敵対するのか，共存・共生の方途を考えるのか，などが重要である．

　これらの諸点は，近現代日中関係史の新たな側面の解明，とりわけ日中はなぜ戦後も長い間良好な関係を築けなかったか，にもかかわらず，それを克服する可能性はどのように存在していたかを，日本側の事情から考える手かがりとなるであろう．なお，取り上げる議論は，管見に入った限りの限定されたものであるが，主要なソースは，メリーランド大学が所蔵するプランゲ文庫の占領軍検閲雑誌類である[1]．

1．中国に関する世論調査

　本論に入る前に，当時の世論調査を見ておくことにしたい．まず，ある人物が北平(北京)とその周辺に残留していた日本人を対象に，1945年12月に行った調査でアメリカ国務省調査分析局がまとめた記録を見てみよう[2]．これは，歴史研究者の間では良く知られているものだが，居留民会が選んだ民間人301名と北平の日本陸軍司令部（北支那方面軍か）が選んだ84名（佐官26名・尉官30名・下士官28名）に150項目の質問表を渡し，「はい」「いいえ」「断定できない」のどれかを選択させるというものだった．これら日本人は，かなり教育水準が高く，日本にいたときは都市に住んでいた者が多く，自分たちは「中流階級」に属していると思う者が多かったという．また，民間人は北支那開発会社に関係する者が多かった．大学・大学院卒が47名，旧制高校・専門学校卒が93名，旧制中学卒が132名，高等小学校卒が48名，尋常小学校卒が9名だったから，平均的日本人より高い教育水準にある者が多かったと言えよう．

　質問表の中の中国認識に関するもので，高い割合で意見が一致したものを選ぶと，次のような傾向が浮かび上がる．まず，「満州人は日本人を憎んでいる」という命題には，多くが同意しなかった（「はい」15％・「いいえ」69％・「断定できない」16％．以下，この順で表示する．％の表示は省略する）．逆に，「満州にいる中国人には日本によって作られた産業組織を運営していく能力はない」という命題には多くが同意した（69・20・11）．彼らの多くは「台湾人は中国ではなく日本の一部となることを望んでいる」（66・12・22）と信じており，「日本は台湾を保持すべきである」（63・26・11）と思い，「中国の行政官たちは台湾をだめにするだろう」（65・23・12）と予想していた．

　日中戦争については，「中国と日本の間の争点は根本的な点にあったので，

日華事変は解決されるはずはなかった」(64・27・9)という思いと,「中国人扇動者が混乱を起こさなければ解決できたはずであった」(69・22・9)という思いが交錯し,自家撞着に陥っていた.しかし,「アメリカの援助がなくても,中国は戦争に勝つことができたであろう」(8・87・5)とは絶対に思わず,「中国人住民に対する日本の残虐行為の話はすべて真実である」(14・67・19)とは思いたくなかった.

　中国共産党に対する評価も否定的だった.彼らの多くは,「中国共産党は日本にとっての最大の障害であった」(73・28・9)と判断するものの,「そのやってきた立派な仕事のゆえに賞賛する」(19・69・12)ことには反対し,「日本は中国共産党のやった改革の一部を採用すべきだ」(13・71・16)とも思わなかった.また,「機会さえあったなら,私も中国共産党の兵士となった他の日本人の中に加わっていただろう」(3・87・10)と思う者は殆どいなかった.

　日中関係の将来については,約半数が「五〇年以内に中国と日本は同様に強くなって世界を指導するであろう」(36・51・13)という予想に懐疑的だった.これに対し,圧倒的多数が「日本は今の生活水準を維持するためには中国の経済的資源を必要とする」(81・7・12)と信じていた.このため,日本と中国は経済的に密接なので「中国に対する最も強い影響力は常に日本が持っているであろう」(85・7・8)と圧倒的多数が予想していた.そして「日本が存続していくために中国における一定の経済権益を必要とする」(72・17・11)とまで信じる者は,日本の生存のために中国の経済的資源が必要と考える者より少ないものの,なお圧倒的多数派だった.

　また,自分自身が中国の再建に協力したいかどうかについては,「中国人が中国を建設するのを助けるために私は中国に留まるべきだ」(55・30・15)と義務的には考えるが,実際に「中国に留まって中国の再建に私の力を貸したい」(30・60・10)か,と問われれば,そうは思わなかった.

　1945年12月に北平にいた日本人の多くは,以上のように考えていた.中国権益がなければ日本人は生きていけないという,日清戦争以来日本人の心

に深く食い込んでいた信念が誤りであることに日本人が気づかない限り，日中全面戦争は不可避だったとも言えるが，北平にいた日本人は，まだそのことによく気づいていなかった．彼らの多くは「帝国」意識をひきずり，中国の将来には否定的であり，しかし，日本人が生きていくためには，中国の資源・権益等は必要不可欠だと考えていたということになろう．

　次に，1946年8月頃に雑誌『新生活』が行った世論調査を見てみよう[3]．これによれば，「あなたは世界中でどの国に最も好意をもちますか」という問いに対し，アメリカ46％（男38％・女8％），スウェーデン14％（男14％・女8％），中国10.9％（男10.9％，女0％），ソ連8％（男6.8％，女1.2％），スイス7％（男6％，女1％），日本6.5％（男3.5％，女3％），デンマーク2％（男2％・女0％）という順だった．

　アメリカが第一位というのはよくわかるし，スウェーデン・スイスは中立国という意味で人気が高かった．しかし，中国が三位に入っていることは注目される．この頃の中国イメージはかなり良かったと言えるであろう．

　次に，1946年末に九州興論調査所が福岡市を中心とする3市5郡で行った「米国に於ける資本主義」と「ソ連に於ける社会共産主義」とのいずれを是とするかという調査によれば，「米国資本主義」を是とする者は65％，「ソ連社会共産主義」を是とする者は19％，「何れも好まず」は10.2％，「中間を取る」は4％，「何れも好む」は1.8％となり，ソ連式社会主義を是とする者が意外に多かった（調査担当の宮井寛士は意外に少なかったと驚いているが）[4]．この調査で注目すべきは，「アナタは現在世界中で誰を一番尊敬して居るか」という問いに対する答えで，昭和天皇44.3％，ダクラス・マッカーサー27.9％は当然としても，第三位に蔣介石が入ったことであった（蔣介石4.5％．以下，トルーマン大統領4.1％，母・先生各3.3％，父2.8％，皇后2.5％，スターリン2.1％と続く）．これについて，宮井は終戦後における蔣介石の日本に対する人道主義的な声明が影響しているとのべている．

　次は2年半後の1949年6月に行われた時事通信社の世論調査（第91号）「好きな国嫌いな国」である[5]．「あなたは外国でどの国がいち番好きですか」

という問いについては，アメリカ62％，イギリス4％，スイス2％，フランス1％，ソ連1％，「その他」3％，「なし」26％であり，中国は出てこない．これに対し，「どの国がいち番嫌いですか」という問いでは，ソ連53％，中国7％，韓国3％，アメリカ1％，イギリス1％，「その他」1％，「なし」34％であり，ソ連が圧倒的に嫌われるようになっていた．しかし，それよりもその次が中国であったことが注目される．この調査は，「中国」を国民政府か中国共産党（中共）側か区別して質問していないという欠陥があるが，中国が嫌いという者は女性が多く，中でも20歳台の女性が多い，職業別ではサラリーマンや労働者が多かったという．また，アメリカが好きだという者のうち8％が中国を嫌いだといい，ソ連が好きだという者の21％が中国がきらいだと言っている．前者がいう中国は中共であり，後者がいう中国は国民政府だということであろうか．いずれにしても，国共内戦中には，国民政府のイメージも，中共のイメージもかなり悪くなっていたと言えるだろう．

次に，1949年11月の時事通信社の世論調査「中共軍の進出について」をみてみよう[6]．これは大阪府の都市部と郡部での調査だが，都市部では「好ましくない」48.9％，「好ましい」6.9％，「その他」15.3％，「わからない」34.9％と，約半数が好ましくないとしている（なお，郡部では「好ましくない」26.1％，「好ましい」8.7％，「その他」26.1％，「わからない」39.1％となるが，標本数が23しかなく，どの程度意味があるかわからない）．しかし，都市部の学歴別では，「好ましい」と考える者は，旧制小学校卒4.1％，旧制中学卒5.6％，専門学校卒13.8％，大学卒26.7％と，学歴が上がるにつれて急増していることが注目される．

次に，1949年半ばに法政大学中国研究会が法政大学の学生3,104名に対して行った中国問題に関する世論調査を見てみよう[7]．これによれば，「中国内戦で何党を支持しますか」という問いについては，共産党49.2％，国民党17.9％，「その他」4.0％，「支持する党なし」28.9％で，中共支持が約半数となり，国民党支持は少なかった．「中国はどの党により統一されると思いますか」という問いについては，共産党63.3％，国民党7.1％，「その他」

4.9％,「わからない」24.7％となり,好むと好まざるとにかかわりなく,中共により中国は統一されるという見方が圧倒的だった.将来の日中関係の予想については,国民党により統一されると予想した者は,「良くなる」が65.9％,「悪くなる」が9.9％,「わからない」が24.2％で,大多数が日中関係はよくなると見ていた.他方,中共により統一されると予想した者は,「良くなる」が46.6％,「悪くなる」が24.3％,「わからない」が29.1％で,相対的に悲観的だった.しかし,「良くなる」と考える者が半数近くいることは,中共による統一でも,楽観的に考える者がかなり多かったということになろう.

1951年に『読売新聞』が行った「講和と日本の進路」という世論調査(8月15日号)によれば,講和後中国の代表として「中共政府」を認めるか,国民政府を認めるかは日本自らが決定すべきだと言われているが,「あなたはどちらがよいと思いますか」という問いに対し,「国府を認める」が38.0％,「中共を認める」が12.1％,「どちらとも言えない」が25.2％,「わからない」が24.7％となった.国民政府を認めるという者が相対的に多かったが,中華人民共和国政府を認めるという者もかなりおり,高専卒以上では,27.6％を占めていた.「どちらとも言えない」「わからない」の合計は49.9％に達し,国論は分裂・未確定状態ともいうべきものとなった.「経済自立」のために「中共と貿易関係をもった方がよいと思いますか」という問いに対しては,「もった方がよい」が57.6％,「もたなくてもよい」が10.4％,「どちらとも言えない」が11.4％,「わからない」が20.6％となった.国民政府を認める者のうちでも56.2％が「中共政府」と貿易関係を持った方がよいとしていたから,対中貿易樹立ははっきりした多数意見だったということになる.

最後に,「講和をどう考える」という『朝日新聞』の世論調査(1952年5月17日号)を見てみよう.「日本と中共はいまのところつき合いもしていないが,このまゝでよいと思うか,いけないと思うか」という問いについては,「このまゝではいけない」が57％,「このまゝでよい」が11％,「わからない」が32％だった.これは,ソ連に対する質問での「講和する」54％,

「講和しない」20％,「わからない」26％と比較すると,貿易再開・中華人民共和国承認・講和などなんらかの改善を求める声がより多く,現状維持でいいという声は圧倒的に少数派だったことがわかる．

2．否定的な中国認識と「帝国」意識の存続

　日本敗戦後,中国で武装解除される日本兵には,悔しさと共に,敗戦の脅えがあった．
　例えば,武漢で武装解除された前田市次郎は,次のように詠っている．

　　嘗てなき自負にきらめく村人の眼恐るる敗残の身は[8]

　また,中国の「後進性」を指摘しようとする議論も少なくなかった．日本新聞通信放送労組下野支部青年部の飯島義春は,1947年,組合の団結と統一の大切さを訴える文の中で,「現に紛争寧日なき支那を見よ．支那は統一の失敗に依るものである．之は余りにも東西南北に分れて言語の違ふ事である」と,洩らしている[9]．
　『帝国鍼灸医報』(1947年1月号)の巻頭言は,「敗戦後満一ヶ年半を経過した,今後の行く方針は支那式の自分さい良ければと云ふやうなやり口は抜きにして」と論じて,事後検閲で注意を受けている．
　歌人松平示鳥は,中国の「後進性」という認識を次のような和歌で吐露している．

　　数多き村の若者集まりてざわめき支那に似てかなしもよ
　　支那人と日本人とのいくばくの差のありや今日の若者みれば[10]

　『麦と兵隊』『土と兵隊』などを書いた従軍作家,火野葦平は,日中戦争の

原因として,「シナ人を,全然私達は知つていなかつた」ことをあげている.しかし,その認識は,一般民衆のそれであればともかく,著名な小説家としては,大変浅いものだった.

> シナ人は大陸的で,朝,頭をた ゝ かれて,夕方に「アイタ」という位,その程度の鷹揚さであります.その程度のフテブテしさをもつております.これを頭に入れていなければ,文化工作はだめであつたのであります.それからシナ人の泥棒性,不潔さということについて,我々はシナ人というものは仕様のない民族だと考えておつたのですが,今,戦さに負けて,日本の状態をよく見ると,全然シナと変らない.我々はシナ人を笑つておつたが,それはシナ人の性格ではなくして,敗戦国民の表情であるということを,戦さに負けて,我々は認識を新たにしたのです[11].

1946年に書かれた岡崎俊夫の次の文は,中国批判ではなく,中国の現状にふれたものだが,その「後進性」を論じている.

> 中国ではまだ人間性どころか基本的人権さへ確保されてをらぬ.いひかへれば,近代民々義革命がなしとげられてはゐない.余りにもみじめな人間の状態である.個人の自由を獲得するためには,先づ社会革命がなされねばならぬ[12].

以上のような中国の「後進性」を強調しようとする議論とは別に,日本敗北の結果として中国が興隆することに対する警戒の声も少なくなかった.山口県の王喜青年団は,経済が中国によって支配されることを恐れる,『大阪朝日新聞』掲載の海音寺潮五郎のマレー体験の言葉をわざわざ1946年の機関誌に転載している.それは次のようなものだった.

> マレーに於てはシンガポールやペナンやマラツカやクワラルンプールな

どの都会はいふまでもなく,戸数七,八十戸の田舎町に至るまで,その七,八割までが華僑の商店や商社によつて占められ……原住民であるマレー人はマッチ一枚もとめるにも中国人か印度人の手を通じてでなければならない.……僕はその〔日本の〕立直りを青年団諸君の力に俟ちたい.……出来るだけ早急に経済が立直らなければ日本の経済の実権は中国人によつて握られてしまふことが明瞭だからだ[13].

中国脅威論の台頭である.1949年になって,中国革命が成功することが明らかになると,次のような議論が現れた.岩井良太郎は,「共産主義革命は貧乏がひどく,愚民の多い国におこる」とし,その暴力革命が出現したロシアや東欧や中国などは「貧乏の故に愚民が際限なく多い」と論じている[14].

　植民地台湾を喪失した悲しみを表明したり,そこへの郷愁を記したりする者も少なくなかった.『岐阜経済新報』誌は,1947年2月号の「巻頭言」ゲラ刷りで,戦争を放棄し「平和国家」になった日本を歓迎しながらも,思わず,台湾を失った郷愁を吐露し,事前検閲で,削除処分を受けた.以下は削除された部分である.

　　台湾から,バナナが月に六〇〇トンづゝ輸入することになつたとつたえられる.砂糖の文字を書きおとされたのは,一抹の寂寥を感ずる.がこれからは月に一本くらいは,庶民一同の口に入る.台湾の味覚を楽しめることであろう.それと同時に,今後はバナナの顔をみる毎に,われ〳〵は失はれたるものえの感慨をあらたにし,戦争えの憎悪心をたぎらせるであろう[15].

　元将校の菊池剣には娘がおり,娘は台湾にいた.その娘の身を案じつつ「良しといひ悪しともいふ台湾の治安は吾娘の上にかかはる」と詠み,また,台湾喪失の悲しみを「職辞めて何れ渡らむ台湾と待機し□のを失ひにけり」と詠っている[16].

植民地や中国権益を放棄したら日本人は生きていけないという意識も存続していた。日立製作所本店労働組合の笹義孝（株式課）は，正義・人道・文明が普遍的なものであるなら，日本民族が人口減少を計り，三千万程度にすることだけが，世界の平和や正義に貢献するとは信じられないとして，次のように主張した．

> 忘れられた問題は植民地の再分割である．日独伊の独裁者が潰滅しても解決とすべきではない．北海道に六千万人の収容能力が有るとしても，それ以上の未開発地は世界の各地に多数名目的な所有権の下に国際的不在地主が独占してゐる．国際的プロレタリア国家とも称すべき日独伊が暴力革命を企図して破れ，世界の多数の善良な人々を塗炭の苦しみに追ひ込んだ世界の悲劇が再び繰返へされない為にも此の問題は重要である[17]．

植民地の再分割とは，言うまでもなく「帝国」にならんとする意思を捨てていないということである．五島列島に住む若者，有田一寿も，「人類平和共同体」という理想社会を築くには物質面を軽視してはならないとして，移民，金本位制の改良と共に「植民地再配分」を人道と国際正義の名において主張していた[18]．「帝国」意識は形を変えて根強く生き残っていたというべきであろう．

　日本に在留する中国人の戦後の振舞いが中国に対する反感を増幅することもあった．一例をあげると，さねとう・けいしゅうは，東京駅から下関に向かう列車に「中華民国専用車」とチョークで書かれた客車があり，その客車だけがガラガラだったという創作を書いている．これを見た日本人乗客が，「ばかにしてらア，あんながらがらの車にのつちやいけないつて！」「それもアメリカ人ならしかたがないが，たかが支那人じやないか，あれで戦勝国づらをしてるんだからなあ」と言い，これを聞いた主人公が甥にどう思うと聞くと，甥は「どうも，しかたがないとおもひます．しかし，中華民国は，ほ

んたうは勝つてないで,勝つたことになつた.とくをしてるな,とおもふだけです.」と答えるというものである[19]).以下,主人公は中国が実は勝っていたという話を甥にしていくのであるが,このような中国人に対する反感をいだく日本人は実際に少なくなかった.

　他方,賠償問題についてはどうだっただろうか.中国に対する賠償問題をもっとも明瞭にのべたのは,雑誌『中国と日本』であった.その創刊号は,日中戦争から太平洋戦争にいたる一連の戦争を,戦略上勝ち目のない無謀な冒険であっただけでなく,道徳上も大義名分のない「無名の師」であったとした.その上で,日本の中国に対する態度は,今後数十年間は,中国に与えた物質的・精神的損害を償うことを主眼としなければならない.第一段階は賠償,第二段階は経済建設への寄与,第三段階は文化の促進への協力だと論じた[20]).これはきわめて明瞭かつ具体的な指摘であったが,しかし,日本人の主張ではなく,中国人の見解だった.

3. 日中戦争に対する反省

　歌人,近藤芳美は,日中戦争開始の頃を1946年に回想して,痛恨の思いを次のように詠んでいる.

　　支那留学生一人帰国し又帰国す深く思はざりき昭和十二年
　　彼らのみの籠球部を作り親しまざりし支那留学生の事思ひ出づ
　　おごりたるその頃の吾らの心もて留学生の猜疑をただに疎み□[21])

後二首は「中国人批判」という理由で,削除処分となったが,この歌の真意は,中国批判ではなく,抗日に立ち上がる中国人留学生たちの苦しい心を理解できなかった自らの不明を恥じるものであった.

　渡辺長雄は,日中復交のためには,名実共にわれわれが中国に負けたとい

うことを身にしみて認識することが必要であるとして，1946年に次のように論じている．

> われわれの胸底には何処かに「支那なんかにまけたんぢあない」といふ気持が蟠つてはゐはしないだらうか．若しあるとしたら是は大変な間違ひである．大陸の野に連戦連勝の史蹟を作り，瞩目是愚昧な農民を相手にして来た日本人がさう思ひ込むのは一応無理が無い．然しわれわれの多くは中国の優れた文化人を知らない．それから正義を背負つて米，英，ソの外力を藉りる事に成功した中国の現実外交，合理主義的な国際政治上の能力の前にわれわれが慴伏したことを知らねばならない．泌々非理と非力を悟る所に日華復交の契機が生ずるのである[22]．

中国人を「ポコペン」とさげすむような日本人の中国認識の一新を渡辺は主張しているのである．同様の議論は，大塚商店製靴部米沢工場の佐宗茂も1946年に記している．

> 日本人が海外へ出て信用を落し，排斥されたのも日本の商品が粗製乱造の安物であつたり，一部の日本人が出稼根性で外国の土地風習に無関心で，中国，満州に行つても，無理な大東亜共栄を押しつけて反面，中国人，満州人をさげすんだためではないでせうか[23]．

東京裁判が進行する中でも，中国侵略に対する反省がある程度生じていた．長崎県佐々町に住む若者，福田信芳は中国侵略の罪悪とその償いについて，1947年に次のように論じている．

> 日本民族の過去を顧み且将来を思う時先づ我々の念頭に浮ぶものは我々の犯した過失罪悪中最も大きい中国侵略である．……日支事変に於て日本軍人は如何なる過失と罪悪とを犯したか．中国の独立を無視し，無数

の中国人の生命と財産と幸福とを蹂躙して悲嘆と窮乏とに陥れ,建設を妨げ,度重なる不信を敢てした.特に遺憾に堪えず謝すべき途の無いのわ幾多の残虐行為であつた.……我々はこの償いを何によつてなすべきか……我々わ冷静に過去を反省し,以て道義の高揚に努め新文化国家を建設し,日本民族の侵略戦争によつてなした罪悪を償わなければならない[24].

この福田の日中戦争認識は貴重なものだつた.しかし,「償い」の方法が道義心を高めるという抽象的なものに留まっていたことも事実だった.

このような中で,中国侵略が起こった原因を考え,農地改革と平和の重要性を訴える主張が1947年に農村の青年団でなされていた.長野県室賀村男女青年団の柳沢精尊はいう.

どこに市場を開拓すべきかと云ふことで,世界の情況を見渡した処隣の支那が内乱でごた〳〵して居り国内が弱つているし,諸外国の手も入つて居らないので,まずこれに目を付け,何かのキッカケを作つては満州事変,支那事変と侵略を開始したのであります.子の様に,農民の生活が奴隷の様な状態にあつたのが,日本が度々戦争を起さねばならなかつた大きな原因なのであります.……今二十九―三十才の青年はものごゝろついたころから,喰へない〳〵でなみ〳〵ならぬ苦労をし,一人前になつてからは戦争で青春時代をうばひ去られ,今またインフレと云ふ経済悪の中で,なんらうるほいの無い生活をのみ強制されて来た,戦争の被害を一番多く受けて居る人達だが,われ〳〵はこの様な戦争を再び起さない様に,戦争の根本である農村の封建性を完全に打破せねばならないと思ふ[25].

柳沢は単に道義心を高めればよいという議論を越えて,侵略のひとつの原因となった日本農村の貧しさを克服するため,農地改革の意義を論じ,平和

それ自体の価値を訴えているのである．

　中華人民共和国の誕生はどう受けとめられただろうか．『旬刊産経東北』は，1949年9月号「社論」欄で，中共の進展は，それが軍事力ではなく，政策により5,000年間中国人が待望していたものを魂の中に溶解したからだとし，中共が実態調査に基づいて理論を立て，「生産発展，経済繁栄，公私兼顧，労資両理」の四原則を実践し，民生安定を第一義とした点に学ぶべきものがあると論じた．その上で，中国を中心とする東の文明とアメリカを中心とする西の文明にはさまれた日本は，両者を溶解する新しい精神文明を造りださなければならないと主張した[26]．

　国鉄の宮崎県飯野駅に勤める渡辺雅博は，中華人民共和国に対するあこがれを「中共治下の人民は多少困難があるにせよ，生甲斐があるだろうな，幸福だろうなと，そして日本もああならなければ人民大衆は我々労働者は農民は絶対に救はれない」とのべている[27]．

　国労大阪支部の山田一郎は，独占資本と闘うために「模範的に闘争して偉大な成果をあげつゝある中国の革命を教訓とする必然性にせまられる」と記している[28]．このような，中国に対する期待感はある層で確実に浸透していった．

4．中国経験者の反省

　このような日中戦争に対する反省は，中国に滞在した経験のある日本人の間でより深く生まれ始めていた．武田薬品工業本社拡張課に勤める矢田民雄は，中国に対する反省と対華優越感の克服を社内報で次のように訴えている．「中国に対する真の理解や信頼の欠如」が，ついに今日の悲惨なる現実を招来したことを深く反省せねばならない．そのためには「一切の過去の軍国主義的侵略主義」を払拭し，根拠のない優越感を棄て，「偏狭なるアヂア主義的東亜共栄圏意識に立つ対華観」を根本的に是正すべきである．今なお日本

はアメリカに負けたのであって，中国に負けたのではないとか，国共間の内戦問題の深刻化とか，日本の技術的援助なしには接収工場の運転もできない等，断片的な事実をとらえて，彼らを「劣等国民」と見る考え方が依然として支配的である．われわれはこの際深刻な自己批判により根本的に頭の切り換をなすべきである，と[29]．これはかなり徹底した反省であった．

日本紡績貝塚工場に勤める元復員兵，小川文雄は，身につまされるように戦争責任を自覚し，良心の呵責と悔恨を次のようにのべている．

> 戦時中我々の所謂お題目の一つに聖戦……の目的は八紘一宇の精神を世界にフエン東亜の盟主となることであつたが，又之は概念的には我々も成程と納得がゆき認めはしてゐたが，実際兵隊が戦地でやりつつあつた幾多の蛮行は余りにもこの大精神とはかけはなれたものであり，相当マヒ症状にあつた我々でさへ良心的には確かに矛盾を感じ，何かうしろめたい気持をどうすることも出来なかつた事は事実であつた，それが敗戦と共に更にこのチグハク感に拍車をかける様なことのみ多くて，日本の精兵がこんな筈ではなかつたのにと思ふ姿をいやと云ふ程見せつけられたし，正直な所私自身を例にとつても，今迄唱へて来た偉さうなお題目の手前，何とも内から湧き出てくる人間的な欲望の余りにも強いために，その間の妙なギャップに身をさいなまれ，今までの一応悟りきつた様な自信も何処へやら，身の措き所に苦しんだことは一切ではなかつた[30]．

小川は，「八紘一宇」の理想と，現実の日本軍の「蛮行」との矛盾に悩み，敗戦後の自らをふくむ日本兵の行動にさらに深く悩むことになった．

次に，彼らにある程度共通するもうひとつの感情を見てみよう．それは，戦勝にもかかわらず「敗戦国民」である日本人に対して威張らない，寛大な中国人の懐の深さに対する感動であった．

1941年から1942年にかけて北京に住んでいたことがある宮地佑閣（横浜市）は，敗戦後の日本にもっとも同情してくれるのは中国だとして，次のよ

うにのべている.

> 日本将兵が如何に中国人に接したか復員の将兵諸君よ胸に手を当てて考
> へて見るがよい．又居留民の人達よ，御身等は虎の威をかりる狐ではな
> かつたか？　万一これが逆であつて見よ，君等は中国人の様に寛大でゐ
> られるかを[31]．

こうして，宮地は中国人の寛大な心と大度量に学び，感謝しなければならないと主張した．

　敗戦時，天津に住んでいた平出禾は，帰国後の1946年に四つのエピソードを書きとめ，同様のことを確認している．第1は，北平（北京）に住んでいた友人から聞いた話だ．敗戦後間もなく，この友人の家に知り合いの中国人が訪ねてきて，戦争中は自分の助けなど必要ないと思ったから訪ねたことはなかったが，今はお役に立てることがあると思ってお訪ねしたとのべた，という．第2は，北京の領事館に勤める友人から聞いた話だ．北京では中国人から借りた家に住む日本人が多かったが，戦争末期には家賃の値上げを狙って，家屋明け渡し請求をする家主が少なくなかった．ところが，日本敗戦後には，調停をすると今後一年間は現行家賃のままで住んでもいいということになった．まったく中国人の度量の広いのには今更ながら頭が下がったとこの友人は語った，という．第3は，1945年10月，天津市内で日本人と中国人の乱闘事件が起こったときのことである．原因は，アメリカ軍が日本人の検問をしていたが，中国人と日本人の区別がつかないので，中国人警察官に選別を依頼した．そこで，通りかかった中国人が勝手に検問をし始め，日本人を捕まえようとして喧嘩になり，やがて乱闘になった．そのとき，たまたま時計屋にいた平出に対して，時計屋の主人が，あっちへ行くと危ないから今日は散歩をやめなさいと忠告してくれた，という（検閲の結果，このエピソードは中国批判という理由で削除された）．第4は，1945年10月，塘沽から天津に向かう列車の中で，ある中国の警官から，自分たちは日本人をど

んな目にあわせても飽き足りないと思っているが，蔣介石委員長から「暴に報ゆるに徳を以つてせよ」と特に訓示されているから我慢しているのだと，かなり上手な日本語で話しかけられた．これを聞いて，平出はつくづくその偉大さに感動した，という[32]．

　同じ頃，上海で中国婦女協進会を組織して社会事業を行っていた山岸多嘉子は，深い憂愁にとらわれていた．それは，敗戦と共に極端に卑屈になる日本兵・日本人を日々目撃していたからである．荷物を運ぶ兵隊たちを中国人の「ショウハイ」(子供の意)たちが襲い，略奪していくのに，何の抵抗もしない．中国側主催の座談会でも，日本の文化人たちは固く口を閉ざし，「まるでお通夜の席にでも連なつてゐるような」感じの時もあった．これに対し，かつての日本支配下の中国人はまったく別であったという記憶がよぎる．

　　中国民衆の，如何に砲火にさらされようと鞭うたれようと，なほも自分といふものの生活を失はない強靭さは何処から来るのであらう．……自問する私の眼の前を，中国の歴史が，過去が，すうつと過つた．……中国の民衆は，その歴史を通して，〔栄枯盛衰という〕この天の理りをはつきり体得してゐるのだ．どんな権力も暴圧も，秋至れば朝露よりも脆くきえてゆく．だから，如何にそれが暴威を逞しくしようとも，やがてはその消滅する秋の来るのを待つて，頭を伏せつつも，営み得る限りの自分の生活をつづけてゆく，これが中国の，いはゆる無為自然なのではないだらうか[33]．

　山岸は，日本人は権威主義的という意味で典型的な儒教国民であり，中国人はそれと対照的な老荘の民だと思った．このような日本人に期待はできない．これに対し，インド方面から帰還してきた中国の学徒兵（憲兵）に対して，インドの将来を聞くと「印度は中国より長い間，植民地的搾取を受けたために，中国より遥かに窮乏していますが，しかし必ずや起ち上るでせう」と答えた．これを聞いて，彼女は，これだけの同情と確信をもってアジア民

族のよき将来を予言しえた日本の兵隊がいたであろうかと思った．彼女は，日本ではもはや若い世代しか期待できないと記している．

　徐州で武装解除された深田純一は，戦俘管理処のＷ大佐の行動に圧倒された．所属部隊が南京集結を命ぜられ，徐州を発つ時，Ｗ大佐は荷物検査を担当し，深田はそれに同行していたが，実際に品物にふれる徐州綏靖公署や城守司令部・憲兵隊・警察などが毛布・外套・万年筆・時計などをどんどん没収しようとした．これに対して，Ｗ大佐は検査場を駆け回り，これを阻止し，日本兵を守ってくれた．また，ある部隊が市内の神社で受検の準備を始めると附近の民衆や兵隊がなだれのように殺到してきたことがあった．この時も，群集を阻止し，部隊が兵舎の中に荷物を完全に入れ終わるまで援護した．さらに，この分では今夜が心配だといって，憲兵隊に宿舎を護衛するよう命じた．このような行為を見て，深田は次のように記している．

　　お役目だけでは到底為し得ない，殆ど肉親に対するやうな愛情と誠実から生まれたこれらの行為を，僕は深刻な感動なしに回顧する事は出来ない．彼一人を識るが故に僕は中国の人々を信頼し，中国に感謝する．そして此の経験を抱いて帰還し得た事を衷心より幸福に思ふ[34)]．

　平和生命に勤める岡本正也は，敗戦時，金華に駐屯していたが，杭州に集結するように命令された．決して中国には負けていないという思いが強く，敗戦を受け入れることができなかった．中国側が日本軍の侵攻を恐れて戦時中に掘り返した南京・杭州間の国道を補修する使役に従事するために，武装解除後，上柏鎮に派遣された．そこは日本軍がかつて南京攻略作戦に際し掠奪し廃墟にした所で，人心は日本軍に厳しかった．偶然，そこの小学校の若い校長と親しくなった．ところが，彼も当時家を日本兵に掠奪され，焼却されたという経験を持っていることがわかった．

　私は同じ日本人として彼に恥ぢざるを得ない程恐縮した．彼は過去の事

であり何も君が行つた事ではなく，それ程卑屈になる事はない．同じ日本人が此の様な敬虔な態度を示して呉れた事丈で私は満足であると繰返し語つた．私は中国人の偉大な抱擁力に無限の尊敬を感じると同時に何故中国を敵に廻さねばならなくなつたかを深く考へさせられた．私には此の真似は出来ない．領土の広さと共にその性格にも大きな寛容を持つてゐる事をつくへ〜知つた[35]．

このように，彼は中国人の偉大な抱擁力に感動した．ただし，その感動は「今後は東洋の平和の為に提携して共産党の支配より守らねばならぬ」というこの友人の意見に対する深い共感につながっていく．日中戦争への反省が中華人民共和国への共感につながらないケースである．

大連にいた草野宇太夫は，市中で日本人が卑屈となり，中国人が「増長」して，相互に反目・抗争するのを目撃していたが，ソ連軍や中国共産党から圧迫される中で，中国住民と日本人との奇妙な友情が生まれるという体験もした．草野はいう．

中国側の善良な市民も，略々我等と似たり寄つたりの生活であつた．ソ連軍からの掠奪にも逢つたり，婦人の汚されたことは日本人よりも多数だというし，中国共産党からも，献金や，徴発や，手痛い目に逢わされている．善良なというのは，彼等の殆んど全部が日本の治下にあり，四十年というもの，日本人の同志であったことを意味する．これが共産党やソ連側から見れば不都合なわけで，最初は連合国四大国民の一員として自任していたのが，やはり日本人同様，ソ連，中共の両者から圧迫を受けたので，こういう事情も手伝ってか，終戦後，心ある中国人との間は，却つて以前にも増し，しみじみした日支両国関係についての談話をする機会があつた．……日本人は日本人として敗戦者の位置に下り，その言動を慎しみ，その態度は謙虚になつた．こゝに双方の親しみが湧いてきたのであつた[36]．（下線部分はプレスコード違反．）

これも中国に対する反省が反共意識の増幅につながるというケースであった．

次に，女性の体験と思いを見てみよう．女学校の教員をしていた川上ヨシは，華北から引揚げる途中で「一枚の着替，一本のタオルすら剝がされて了」い，「大東亜建設」の夢がこんな結末になったかと思うと悲しかった．しかし，リラの花，アカシアの並木，冴えた月などの風景はなつかしかった[37]．また，中国人は少し交際を始めると，気安く話し，まるで百年の知己のような応対をしてくれたことを思い出す．私生活に干渉しない，おおらかな生活態度も魅了的だった．彼女にとっては，掠奪を受けたことは残念だが，「惜しい気よりもなつかしさが深い」のだった[38]．

営口に住んでいた柳井孝子は，中国人による無慈悲な掠奪にあった敗戦後の様子を，飼い犬の目からみた創作として描いた．その中で，同じ東洋民族がなぜいがみ合いを続けなければならなくなったのかと自問し，次のように答えている．

> 今迄の日本人——特に満州にいた人々は余りにも日本人だけの福祉のみを考えて，ひとりよがりにおちいつていたのではなかろうか？　副市長，何々部長といつた人々の，あのぜい沢な暮らしぶりは，必ずしもよかつたとは思われない．この日本人の豪華な生活の裏には，一般中国人の暗いみじめな生活があつたのだつた．特に戦争以来，同じ東洋人でありながら，「洋車引き，ニーヤン」「便所汲み，ニーヤン」等と，罪人ででもあるかの様にののしり，一部を除き，一般の人々には，相当人格の練れた立派な人であつても，中国人といえば少し軽蔑の心さえもち，何ものも日本人には頭を上げさせないといつた様な特別な差別観念があつた様に，私は思うのだ[39]．

このような体験から，1949年の中国革命に対する理解も生まれていた．全逓江戸川支部のある組合員は，中国社会の実相は飽食した富裕層と道端で物乞いをする貧者との極端に二極化した社会であるという実感を持って帰還

していた．この度の革命は，「政治の欠陥，社会の不平等，生活の不安から解放し，徒食階級に絞られた人々が真に生きるの時期が来た」ものと理解していた[40]．

最後に，元満州武田薬品専務だった米田喜一郎の回想を見てみよう．彼は，奉天(瀋陽)の本社と鉄西工場を管理していたが，これらは9月19日にソ連軍に接収された．その後，八路軍による在庫品の搬出があり，11月に国民党軍の管理下に入った．その後，警察総隊と称する中国人の襲撃があり，鉄西工場の工場長がピストルで射殺されるという事件が起こった．米田はいう．

> 私達は鉄西工場の放棄を幾度か考えないではなかつた．武田薬品の名誉のために中国政府に正式に接収されるまでは廃墟にしたくなかつた．私達は必ず日華合作の楔になることと信じていた．……八月十五日以後約半歳の間に満州の工場は殆んど潰滅した．その中にあつて本社並びに鉄西工場を守り通し殆んど無疵で中国政府に渡す事ができたのは私達として欣快これに過ぎるものはなかつた[41]．

日本が中国に建設した工場を無傷のまま国民政府に渡そうと努力した日本人もいたのである．

5．中華人民共和国との貿易論

戦後の日本は，植民地や中国権益を失ってどのように生きていくことができると考えられたのだろうか．日本国内で敗戦という現実への悲観論がある中で，林広吉は，敗戦で自由を得，栄光少なくして進歩を勝ちえた民衆が歴史上にあると論じた．資源が乏しい日本が生きていくことは難しいという議論に対しても，今日の世界は国際社会・国際経済であり，豊かな労働力があ

れば，それを必要とする資源国は必ずあるとし，「けれども中国やアメリカやその他の国々やは今後日本人の入つて来るのを好むまい」という悲観論に反論して，次のように論じている．

　中国やアメリカがなぜ日本人を排斥したかをよく考えてみるがよい．いうまでもなくそれは日本の軍国主義，帝国主義を排撃したのであって，決して日本そのもの，日本人そのものを排斥したわけでわないのである．日本が平和を愛する日本に立ちかえり，日本人が人間にとっていちばん大切な労働力——価値の源泉——をもって人類の幸福のために寄与しようとしているとき，誰れかその善なる意思を拒む者，拒む国があろうか．しかも自然科学の偉大な発展と相まって，世界の天然資源わ益々増大している今日，それを価値化するための労働力（技術）の計画的移動がなおざりにされていようはづは絶対にない[42]．

　林は，戦争に負けても，高い技術と優秀な労働力がある日本は，中国とも十分交易できる条件があると論じたのである．
　中国との自由貿易への期待が膨らむ中で，三原市役所教育戸籍課に勤める渡辺孝は，北京にいた数年間中国人と共に学んだ経験を持っていた．桃太郎の話で育てられた日本人は，気は優しくて力持ちであるというところまではいいが，鬼が島（中国）を征伐して金銀財宝を持って故郷に帰ることを成功と考え，それを実行するようでは，鬼が島は決して楽土にはならない，と中国人は考えているとして，日本人の意識を問題にしていた．他方，弟が危険な包丁を持って遊んでいると，兄がそれを取り上げ，かわりに棒切れかオモチャを与えるように，「中国は将来日本の兄貴として行動をとってくれる」と確信していると論じた[43]．
　この問題でより徹底した議論を展開したのは，元満鉄上海支所調査部員だった中西功だった．彼は，日本が中国に対して行った「略奪戦争」を償うためには，自分たちに「野蛮行為」をなさしめた日本の支配体制を廃棄しなけ

ればならないとした上で，次のように論じた．

〔日本資本主義体制の打倒，人民政府の樹立につぐ〕吾々の本格的な第三歩は，罪悪を犯した日本国民が当然支払ふべき中国に対する賠償をもつて，新中国の再建に従事するとき開始されるであらう．冗言を費すまでもなく，物による中国への賠償は日本の中国に対する技術的援助である．それが日本工業の復興を早めることは謂ふ迄もない．……日本帝国主義の如く，侵略をかくした「道義」を強制輸出するのではなく，敬虔な技術者とし中国の再建に協力しやう[44]．

日本資本主義体制の打倒や人民政府の樹立を前提としているとはいえ，平和で自由で幸福な東アジアを建設するためには，特に日中提携が機軸となるとしてその方途を論じたもので，敗戦後間もなく提唱された，数少ない貴重なものであった．その具体的内容は，技術支援と技術者の移住であった．

1949年に社会主義政権ができた時に，日中関係がどうなるかは大きな関心の的だった．悲観論が多かったが，期待も少なくなかった．『朝日新聞』論説委員の土屋清は，中国が「赤化」されれば，境を接する東南アジア諸国も「赤化」されるのではという議論に対して，中国の経済建設には日本の資本と技術と資材が必要になる可能性があると，次のように論じている．

日華事変以後今日までの戦争と内乱の疲弊を回復するためには，今後中共としても，資本と技術と資材が大いに必要な段階にある．そのばあい，中国の工業は問題にならんし，ソ連は満州から持ち出しこそすれ，物質的な援助を中国に与える余裕は絶対にない．可能性のあるのは，アメリカと日本だけだ．アメリカが蒋介石援助によつて中共と相当な対立関係にあつたとすれば，結局，経済関係を結ぶ可能性のもつともあるのは，日本だということがいえる[45]．

このように，土屋は，日本は国際関係で有利な位置にあるので，日本の資本・技術・資材がなければ中国の復興が達成されないと判断される時が早晩くるにちがいないと見ていた．

不況が続く中で，中国に対する期待は，経営者や労働組合の中にも広がっていった．経済同友会代表幹事だった帆足計参議院議員（日本社会党）は，1949年半ばでの日本の現状は，8,070万の人口をかかえながら朝鮮・台湾を失って食糧の3割が来なくなり，アメリカに食糧年200万トン（1,000万石）を依存し，工業原料5億ドルをもらう状態だとし，日本国民の多くはよるべき組織もなく，未来も知らず，だだその日の生活にあえいでいると見ていた．そこで，このような窮状から抜けだすためには，第1に，国内の頭を切り替え，「食糧，電源，教育ベースの民族的復興計画」をたてねばならないとし，次のように論じた．

> 第二にはアメリカの援助物資がなくなる前に，一日も早く日本経済が根を下すこと，民主的な，平和的な根を下すことを考へねばならぬ．その為には，私は何んといつても，中国との貿易を考えねばならぬと思ふ．……われわれは中国から鉄，石炭，塩，油脂，麻，肥料，非鉄金属を買うことが出来る．……われ〳〵が学んだところの機械とか電気とか，化学工業とか，そういうものをアジヤの復興にサービスすることが出来るなら過去における禍いを転じて福となすことが出来る．然るが故に日本の復興はどうしてもアジヤ諸国と結びつけてはじめねばならぬ．特に中国と結ばねばならぬ[46]．

このように，新しく生まれつつある中国との貿易の重要性を強調した彼は，アメリカがそれを許すかと問い，対日援助物資を減らさなければならないというアメリカの事情，アメリカの軍事戦略の変更，マッカーサーの日本中立化構想などを挙げ，アメリカまたはソ連の原爆をこうむるような道を避け，軍事的には平和と永世中立，政治的には社会主義ではなく民主主義の徹底，

経済的にはアジアの一環となる道を主張した．「父祖三代三犯した過去の過ちを通じて建設された工業を，今度は過ちにあらずして，平和と理想建設の下にアジアと結び，この過ちをして幸福に転ぜしめる唯一の機会である．全国民が中国と結ばねばならぬということを理解する為にこの運動〔日中貿易促進の運動〕は更に展開せねばならぬと思ひます」というのが彼の主張であった[47]．日本の社会主義化を前提とせず，日本の工業力をアジアの平和と理想建設のために用いる，そのために特に中国と深く結びつこうという彼の提言は具体的で，魅力的であった．

評論家細川嘉六は，1949年10月に，中国における土地改革と「人民民主主義」を内容とする「新民主主義革命」を高く評価し，それは成功を収めつつあるとした．また，遂行方式は異なるとはいえ，「人民民主主義」を日本でも完成することが必要だと論じ，さらに次のようにのべている．

　　未曾有の大破壊をこうむつたわが国経済の将来にとつて，最も適切有効なる方策がわが国民自身の手によって樹立されるならば，中国との関係は従来予想することのできなかつた幾多有効有利なる関係が展開される可能性をもっているのである．……新中国の建設に，巨量の工業製品の輸入，多衆の技術者の移住を必要とすることはいうまでもない．その可能性が実現した場合を想見してみよ．今日，わが国が直面している滞貨問題も，人口問題も，原料問題も，その解決は極めて容易となろう[48]．

この構想は楽観的に過ぎるところがあったが，巨額の工業製品の輸出や技術者の移住も含む対中協力は，魅力的に響いた．

三井化学三池染料労働組合福利支部の福原哲夫は，三池染料はこれまで賃金の分割払い，福利厚生事業の廃止，配置転換，首切りなどで長引く不況をなんとか凌いできたが，前途は暗澹としているとして，中国に対する期待を1949年7月に次のようにのべている．

> 今日世界的な経済危機を突破する為,海外貿易,特に中国との貿易を促進する機運が国内外において各地で高まつて来ている.これには大小の業者を問はず労働組合も積極的に動いている.世界における資本主義経済自体の危機＝商品のはけ口としての＝打開策として,世界全人口の１／４を占める四億五千万の顧客を相手にせんとする動きは当然ではある……49)

「商品のはけ口」としての中国という表現は露骨であるが,日本経済再建の切り札としての中国市場への期待が労働組合の間でも高まっていたことがわかる.

おわりに

以上見てきたように,中国に対する蔑視観・差別観や「帝国」意識は戦前・戦中に引き続き,根強く残存していた.中国共産党の力が増大すると,これに反共意識が加わって,新たな役割を持っていった.しかし,敗戦を契機に,反省の機会がおとずれ,中国観が変化していく場合もあった.その際,敗戦前後の中国体験が大きなきっかけになる場合が少なくなかった.また,日本の再建のため中国との貿易や交流が必要であるという議論が広がっていった.その中には,平和で幸福な東アジア世界を作ろうという構想,展望も生まれていた.もし,金日成による朝鮮戦争の発動がなかったならば,アメリカ政府の政策にもよるが,日中関係の改善はもっと早期になされていたのではないか,東アジアの冷戦構造とは違う構造が生まれる可能性があったのではないか,と思わせるような議論が生まれていたことが確認される.

最後に,論じきれなかった中華人民共和国に対する,体験に基づく根本的批判の一端をみて,本稿を閉じることにしたい.敗戦後,八路軍の捕虜となった経験を持つ北川正夫は,「統々一様的（みんな平等に）」という八路軍の

生活信条の下で一緒に暮らし，雑然とした中に存在する規律と協働に深い感銘を受けていた．食生活も貧しいながら平等であることに感心していた．しかし，司令部の部長以上が食べる，別格の「大人食（幹部食）」というものがあることを知り，疑問も湧いてきた．ある日，幹部食を運ぶ少年兵に，この疑問をぶつけてみた．すると，この若者は「幹部は革命に対する貢献の度合がわれわれとは違う．大人食を持つて行くのは幹部に対するわれわれの感謝のしるしだ」と気色ばんで反論した．この様子をみて，北川は，何の疑問もなく彼らをそう信じこませているとすれば，幹部の彼らに対する教育は「恐ろしいものだ」と感じた，という[50]．

　立命館大学教授の阿部良之助は，満鉄中央試験所の研究監，石炭・石油の専門家として，中共に請われて大連に残り，DDTの生産を指導した．仙台の二高の学生時代から，社会改革にはマルクシズムで行くほかないと思っていたから，喜んで協力したが，やがて幻滅することになる．彼の観察によれば，中共の人々は，中国人の持っている非科学的な性格を受けついでいるだけでなく，マルクシズムを信奉するがゆえに，非科学的な妄想も持っている．サイエンスに理解がなく，その技術的・工業的将来は悲観的である．また，産業経営の面でも幾多の欠陥を持っている．第1，党中党があり，八路軍系と新四軍系の対立と縄張り意識が産業の発展を妨げている．第2，破壊即建設という考えが強く，日本が「満州」に建設した工業施設を壊してしまった．第3，事務上の近代的経営ができない．第4に，不信義であり，契約や約束を守らない，と言う．

　また，社会組織においても，搾取がひどく，階級差が甚だしい．農民は端境期には食料がなくなり，野原で野草を取って主食にしているというのに，中共の幹部たちは農民が年に一度しか食べられないようなご馳走をいつも食べている．また，上級への批判が許されない．旅行の自由も，通信の自由も，ストライキ権もない．阿部は言う．

　　山東の百姓達が，つぎにつぎをしたぼろをまとつて重税にうめいている

時，かような中共幹部の贅沢は搾取であると私は思わざるを得ない．……私が中共で見たいわゆる上級，下級の差における絶対性，権勢に対する服従，順応という事はソ連におけると全く同様であると思う．……私が日本へ帰つて来て一番嬉しく思ったのは旅行の自由である．……今現在われわれがこの日本で受けている交通の幸福，旅行の自由は中共解放地区には絶対にないものである．……マルキシズムが自然科学的実験において何故必然的にマイナスの結果を招来するかを私はこの間から考えてみているのであるが，……マルキシズムの実践下における自由の束縛――これが最も大きな素因じやないかと思う[51]．

反共運動に加担した人物の言ではあるが，また中国人が元来非科学的であるという議論には同意できないが，大躍進政策の失敗を考えると，中共の一部について当っているものがあるとも言える．また，中華人民共和国における自由と民主主義の欠如とその克服の課題は，天安門事件を挙げるまでもなく，古くて新しい問題というほかない．そして，中共がこの問題をかかえていたことは，本稿が対象とした占領期の日本人にも，すでにかなり知られていたことになる．

＊本稿は，2005年度中央大学共同研究「未来志向の日中関係学：歴史の省察から協調的発展へ」の研究成果の一部である．

1) 引用に際し表記の誤りはそのままとした．□は判読不能の文字であることを示す．
2) アメリカ国務省調査分析局「北平の日本人の政治意識調査」1946年4月30日，粟屋憲太郎編『資料 日本現代史 3 敗戦直後の政治と社会 ②』大月書店，1981年，352-383頁．
3) 新生活社『新生活』（東京）1946年9月号，42頁．
4) 宮井寛士「調査第十三号報告 支持される米国資本主義」『九州輿論』1947年3月号，13-14頁．この調査では，5,000枚の調査票を会社員・労働者・自由業者各20％，官庁関係10％，学生その他30％の割合で配布し，1,582枚を回収したという（回収率31.6％）．

第5章　占領下日本人の中国観 1945-1949　219

5)　「好きな国嫌いな国」2-3頁，吉田裕ほか編『時事通信占領期世論調査』8巻（大空社，1994年）所収．
6)　「中共軍の進出について」10頁，吉田裕ほか編『時事通信占領期世論調査』10巻（大空社，1994年）所収．
7)　「日本学生の対中国観」『世界の動き』1949年10月号ゲラ（33頁）．
8)　前田市次郎「傷心記―生ける屍」『龍燈』1949年7月号，19頁．
9)　飯島義春「青年部の融和を計れ」，日本新聞通信放送労組下野支部青年部『青ペン』1947年10月号，7頁．
10)　松平示鳥「心明けゆく」『木綿花』1947年2月号，1頁．
11)　火野葦平「戦後文学の方向」，佐賀第二高等学校文芸部『かたかご』1948年9月号，7頁，事後検閲・不承認．
12)　岡崎俊夫「中国文学の若さについて」『桃源』1946年10月号，81頁．
13)　「青年に愬ふ　海音寺潮五郎氏の言葉」，新生王喜青年団『王喜青年』1946年9月号，45-46頁．同様の議論は，海音寺「農村青年に愬ふ」『若い農業』創刊号，1946年11月号ゲラ（検閲で全文削除処分）参照．
14)　岩井良太郎「日本に暴力革命は起るか」『経済往来』1949年9月号，17・21頁．岩井は，「愚民」を「無意識の大衆」と同意義に，しかし，露悪的に用いている．ただし，自由を大切にするアメリカ人やイギリス人は共産主義の徹底的反対者だとする見方や，日本人は貧乏ながら知識水準が高いので，アジア人のうちでは一番共産主義者になりにくいという見通しは，かなり当たっていた．
15)　「戦線も闘争も放棄せよ」『岐阜経済新報』1947年2月号ゲラ．
16)　『国民文学』1946年9月号ゲラ．両首とも検閲で削除処分．
17)　笹義孝「忘れられた問題」，日立製作所本店労働組合『労働随想』創刊号，1949年4月号，14頁．
18)　有田一寿「二十世紀の夢」，五島青年民主評論会『血潮』（長崎県福江町）創刊号，1948年3月，14頁．この部分は事後検閲でプレスコード違反とされた．
19)　さねとう・けいしう「中国人専用列車」『新中国』1947年3月号ゲラ（31頁）．この部分は検閲で削除となる．
20)　「創刊の言葉」，復興印書館『中国と日本』1947年7月号，1頁．
21)　近藤芳美「記憶」『新泉』1946年12月号，ゲラ及び2頁．
22)　渡辺長雄「ぽこぺん談義」『伊豆文学』1946年11月号，29頁．
23)　佐宗茂「宣伝学」，大塚商店製靴部親和会『しばうら』1946年9月・10月合併号，36頁．
24)　福田信芳「反省と償ひ」，長崎県佐々町青年団社会部『暁天』1947年6月・7月合併号，7-8頁．
25)　柳沢精尊「農地調整法の意義と青年諸君へ望む！」，長野県室賀男女青年団『室賀時報』1947年9月号，1頁．
26)　「社論 中国の動きは地軸を動かす―東西文明を統合せよ」『旬刊産経東北』1949

年9月号, 3頁.
27) 渡辺雅博「ふんぎりを」, 国労宮崎支部『だんけつ』1949年5月号, 7頁.
28) 山田一郎「中国革命から何を学ぶか」, 国労大阪支部『轟々』1949年8月号, 14頁.
29) 矢田民雄「中国に対する反省」, 武田薬品工業『和』1947年1月号, 5-7頁.
30) 小川生〔副支部長小川文雄〕「思想への抗弁」, 日紡労組貝塚支部『曙』1947年8月号, 4-5頁.
31) 宮地佑閣「中国人の大度量」『巷の声』(松戸) 1946年5月号, 11頁.
32) 平出禾「終戦 中国で拾つた話」『法律新報』1946年9月・10月合併号, ゲラ及び19-22頁.
33) 山岸多嘉子「敗戦の果実—戦後の上海より」『婦人公論』1946年12月, 33頁.
34) 深田純一「復員学徒の手紙（徐州）」『リベルタ』(札幌) 1946年7月号, 36頁.
35) 岡本正也「追憶」, 平和生命従業員組合文化部『平和文化』1948年8月号, 32頁.
36) 草野宇太夫「終戦二周年—大連生活の一小節」, 世論新報社『見聞』(福井) 1947年9月号, 15頁.
37) 川上ヨシ「旅を省みて」『国民地理』1946年12月号, ゲラ及び26頁.
38) 同上, 27頁.
39) 柳井孝子「私は犬です」, 佐賀第二高等学校文芸部『かたかご』1948年4月号, 27-28頁.
40) KK生「無題」, 全逓江戸川支部『清流』1949年2月号, 2頁.
41) 米田喜一郎「回顧」, 武田薬品工業『和』1946年12月号ゲラ (2-3頁). 検閲で全文削除.
42) 林広吉「生めよ, 孕めよ」『信州及信州人』1947年2月号, 7頁.
43) 渡部孝「中国人より見た日本人」, 三原市職員組合『つどひ』1947年11月号, 7頁.
44) 中西功「アジアの新生—日本は如何に贖罪すべきか」『言論』創刊号, 1946年1月, 47頁. 中西は, 1949年には, 粘結炭・塩・大豆・鉄鉱石などの原料を中国から輸入し, 日本から機械など中国が必要とするものを輸出するという貿易政策は, どのような政府でもできるはずだと主張している（岡崎勝男・中西功・福井文雄「座談会 中共の勝利と日本の将来」『改造』1949年6月号, 30頁).
45) 土屋清「親と子の時局問答」『家の光』1949年4月, 30頁.
46) 帆足計「中日貿易と日本経済再建」, 中日貿易促進会『経済再建と中日貿易促進』1949年8月号, 12・14・16頁. なお, 同様の帆足の議論として「自立にせまられる日本経済と中日貿易の必要性」『実務手帖』1949年10月号参照.
47) 同上, 20頁.
48) 細川嘉六「中国革命と「対華白書」」『中央公論』1949年10月号, 25頁.

49) 福原哲夫「三井化学の危機と運命——中国貿易に関連して」,三池染料労働組合『組合広場』1947年7月,31頁.
50) 北川正夫「八路軍の生態——続々一様的の哲学」『世界の動き』1947年4月15日号,22-23頁.
51) 阿部良之助「体験より見た中共の実態」,日本経営者連盟『共産運動批判』1949年10月号,68-72頁.阿部は,石炭液化の専門家だが,帰国後,『招かれざる国賓』(ダイヤモンド社,1949年),『中共に科学ありや』(同社,1950年)を刊行している.

第6章

戦後国民政府による日本人技術者「留用」の一考察
――中国側文書に依拠して――

鹿　錫　俊

はじめに

　戦後中国に残留した日本人について，学界の関心は長い間，国共内戦期における日本人の送還問題と，中華人民共和国誕生以降の日本人帰国問題などに集中していた．他方，中国に留まって中国側の諸事業に協力した日本人技術者のいわゆる「留用」問題は，歴史の重要な一齣であるにもかかわらず，研究はまだ非常に不十分であった．これは留用問題の持つ政治的な敏感性が原因となっているのではないかと思われる．抗日戦争終結直後に始まった国共対立と国共内戦の時期に，国民党と共産党の双方が互いに相手側の日本人利用を非難しあった経緯があったので，留用問題は長い間大陸と台湾が共に触れたくないタブーの1つとなっていたからである．また，民間事業の必要から行われた留用と内戦目的で行われた留用とは本来性質が異なっているものの，この2つをはっきり色分けすることは困難であるため，民間事業の留用資料も，軍事関係の留用資料と共に長年秘密扱いにされたのであった．

　1980年代後半に入ると，戦後の中国共産党支配地域（解放区）での日本人留用問題の研究環境に変化が見られるようになった．人民解放軍の関係部門が出版した歴史書は解放軍側の留用資料の一部を公表し[1]，そして，2002

年前後には「日中国交正常化30周年記念」という特殊な雰囲気の中，人民解放軍に協力した日本人留用者を頌える書物がいくつか発表された[2]．しかしながら，戦後国民政府による日本人留用をめぐる研究はいまだに台湾地区についての考察に集中し，大陸の諸地域については白紙に近い状態に止まったのである．政治的敏感性から来る障碍が大分排除されたものの，資料面の困難に根本的な変化がないこと，大陸での支配権力を失った旧政府とかつての敵国との間に起こった事柄に対し研究の価値を見出せないこと，という2点が研究者の興味を損なったためかと考える．

しかし，国民政府による日本人留用が日中関係史における重要な事実である以上，歴史の研究者はその経緯を明らかにする責任を負っており，また，研究の状況が白紙であればあるほどその解明に心血を注がなければならないと筆者は認識している．

このような認識に立ち，筆者はここ数年の間，日本人留用問題の探索に心がけてきた．本章はその結果の一部であるが，資料の限界もあるので，以下の本文では対象時期を1945～1947年に限定し，考察の焦点を民間事業での日本人技術者留用をめぐる政策過程に照準をあてるものとする．そして，書き方としては主として中国側政策文書に依拠し，なるべく一次資料を忠実に引用することで歴史を浮き彫りにしていきたいと考える．

1．戦後接収と残留日本人に対する最初の政策

1945年8月15日，日本がポツダム宣言を受諾したことに伴って，中国大陸での8年に及ぶ日中戦争が終了した．8月18日，戦勝国の最高指導者としての蒋介石は軍事委員会委員長の名義で陸軍総司令官の何応欽を「本委員長の命令に基づいて中国戦区内の敵軍の投降にかかわるすべての業務を処置する」責任者に任命した．9月9日，中国戦区の日本軍投降式典が南京で行われた．何応欽は在中国日本軍最高指揮官の岡村寧次に対して，東北三省以

外の中国本土，台湾および北緯16度以北のベトナムに残留したすべての日本陸海空軍が今日から何の指揮下に置かれ，支那派遣軍総司令官の名義を廃止し，「中国戦区日本官兵善後総連絡部長官」として名称を改めることを命じた[3]．

この時点において，中国国内での「日俘」（日本軍投降官兵）の数は128万余に達し，「日僑」（日本民間人）は180万人以上に上った．これら総数300万を超えた日本人を処遇するために，中国陸軍総司令部は3つの政策文書を公表し，1945年10月1日を以ってそれを同時に施行し始めた．

第1に「中国境内日僑集中管理弁法」で，主な内容は以下の15条である．

1. 東北三省を除く中国国境内に散在する日僑は，各当該地区の中国陸軍投降受け入れ主官が指定した地域に収容され，当該省市政府の管理下に置かれる．
2. 日僑の収容は各地区の中国陸軍投降受け入れ主官の命令により，各当該地区の日本官兵善後連絡部長が名簿を作成し，個別に通達した上それを行う．
3. 収容を命じられる日僑は衣服，履物，寝具，炊事用具，洗面具および所有する食料を携帯することができる．私物，例えば腕時計，文具，図書（作戦行為と関係のない者）を携帯できる．私有の現金に関しては一人につき中国法幣5,000元までの所持を許す（傀儡政権が発行した貨幣は中国政府が決めたレートで換算する）．携帯を許されないものと携帯ができないものは，所在地の省市政府によって暫時預かり置かれる．携帯を許されない現金（中国，日本および第3国の貨幣と金銀，宝飾，宝石等を含む）と有価物品は，中国の政府銀行に預け入れ，将来の賠償の一部に充てるものとする．ただし，記念品は除外する．
4. 日僑の収容期限は，各地区の投降受け入れ主官が現地の情況に基づいてそれを決定する．
5. 期限内に収容に応じない日僑は，各地区の中国陸軍投降受け入れ主官が地方政府と共に詳細な調査を行った上，強制執行をする．その際，

当事者の生命の安全を保障しない．

6．指定収容所は投降受け入れ地ごとに一箇所設けるのを原則とするが，収容家屋などに困難がある場合には複数箇所に収容することができる．

7．日僑の収容所は家屋を指定し日僑を居住させ，当該地区の中国陸軍投降受け入れ主官と省市政府とで管理責任者を派遣しそれを管理する．

8．日僑の集中地では日僑収容管理所を設ける．一地域に複数の収容所がある場合には，数字で区別する．

9．日僑収容管理所には所長一人を配置し，その下で収容日僑数の多寡と事務の繁閑により若干の事務員を置く．省市政府からの派遣を原則とする．

10．日僑収容所の労役雑役はすべて管理所長により配分し，日僑をしてこれを担当させる．

11．日僑収容地区の警備は，各地区の中国陸軍投降受け入れ主官により憲兵あるいは部隊を派遣し，各当該管理所長の指揮を受けてこれを行う．

12．日僑の収容管理規則は，各当該収容所が現地の状況によってそれを定める．日僑と外部との通信は検閲を受け，日僑の行動も監視を受ける．ただし，日僑は家族団欒の居住を許されると共に，管理を利するため，内部で自治組織を作ることもできる．

13．第3条の規定に違反した日僑に対して，その隠匿した私有財産と物品を没収する上，没収物を将来の賠償額に計上しない．管理規則を遵守しない日僑に対して，各管理所は中国の法律によってこれを処理し，情状の重いものについては上級機関に法律に基づく懲罰を要請することとする．

14．日僑の収容後の給養は，主副食は捕虜と同様にする．各地の省市政府による支給を原則とするが，初期においては各地区の中国陸軍投降受け入れ主官がこれを代行することができる．また日僑への主副食は現金での支給も可とする．現物と代金による支給は共に必ず実際の人数に基づいて行う．管理所長は日僑自治組織の代表者から受領証を受け

15. 日僑収容管理所は日僑に対し民主政治を施し，軍国主義教育を取り除かなければならない[4]．

第2には，「在華日本人私有財産暫定処理措置」で，以下の通りである．

1. 在華日本人私有財産についての調査，報告項目　甲，財産保有者数とその氏名．乙，財産種別とその名称，数量（次の諸項目を含むこと，①土地，②家屋，③企業，会社，鉱工業，医院，商店等々，④前三項目に所属する機器，機械，車両，船舶，貨物，貯金等）．丙，財産所在地．丁，財産所有時期．戊，資本総額．己，財産の出自（次の諸項目を含むこと，①原所有者および相続手続き，②創設日，③原許可機関）．庚，その他．

2. 上記第1項の調査と報告は各地方政府によってこれを行う．

3. 下記の諸財産は政府が接収する．甲，戦前戦時を問わず会社によって運営された資産．乙，戦争中に暴力で占有した財産．丙，中国の法律が禁止している産業．

4. 前記第3項により接収された財産は下記の区分に基づいて処分する．甲，第3項の甲に属す規模の大きな企業，会社，工場，鉱山，医院等は中央の主管部がこれを管理する．規模の小さいものは中央より地方政府に移転して管理する．本国人が合法的に所有する株は，引き続きその株の権益を保有する．乙，第3項の乙に属す資産は元の持ち主を探して，中国の元所有者に返還する．丙，第3項の丙に属す資産は本項の甲類資産と同じ扱いとする．

5. 個人または複数人の合資による小規模資産で，第3項の乙類，丙類のどちらにも当たらない場合は，現地政府はこれを登記し預ける．

6. すべての衣類，物品，金銭は「日僑集中管理弁法」の第3条に基づいて処理する．

7. 被徴用の日僑とその家族が所有する私物は，その保有と使用を認める．ただし，住居は徴用機関によって指定する．

8. 本案施行後，財産の無許可移転は無効とする[5]．

　この時期，中国では一日も早く戦争の傷跡を癒し，経済の回復と鉄道，道路，水運，航空，郵政，電信，水道など公共事業の正常な運行を保障するために，数多くの技術者を必要としている．しかし8年に及ぶ長い戦乱の後では，国内の人材は極度に不足しており，中でも日本人の手から取り戻したばかりの「接収地」においては，接収当局が既存のシステムに対する無知から混乱に陥っていた．例えば，9月22日，接収に参加していた邵毓麟は蔣介石に対し次のような報告をしている．軍事面の接収は団体を相手にするので元の軍組織の利用が可能であり，良い成績を上げているが，行政や経済の分野における接収は状況が最悪である．なぜなら，「行政院各部会が派遣してきた接収員は元陥落地区の政治，経済に対しあまりにも無知で，どこから着手していいのか全く分かっていない」状態にあるからである[6]．他方，蔣介石は終戦直後から「日本の各種の科学技術者を受け入れ，中国のこれからの国家建設に協力してもらう」[7]ことを指示しているが，接収活動で上記のような困難に遭遇すると，国民政府は日本人技術者を徴用することでこういう過渡期の困難を乗り越えることを決定した．これに基づいて定められたのは「中国境内日本籍人員暫定徴用通則」という文書である．前記の2つの政策と相互補完して，残留日本人を処理するための第3番目の政策となるこの文書の全文は以下の通りである．

1. 各接収委員会は，各部門の事業を接収する時，中国に残っている日本籍人員を必要に応じて徴用することができる．
2. 各部門が日本籍人員を徴用するとき，次の諸点を基準とする．①中断できない事業で，その技術を引き継げる者がいないこと．②我が国に現在その技術が欠如していること．③その者の徴用なくして業務上の整理ができないこと．④情況が特殊で徴用の必要があること．
3. 徴用された日本籍人員の待遇は，連合国と日本国との平和条約を締結する以前は生活費のみを支給する．和平条約の成立後に雇用を継続する必要がある場合には，別に給与を定める．

4．徴用された日本籍人員は，中華民国の法令を遵守し，主管および首長の命令に服従し，職務に忠実を尽すよう，誓約書を提出しなければならない．
5．各部門は徴用と非徴用の日本籍人員を別々に登記し報告する．
6．徴用を許可されない日本籍人員は，一般の日僑の処理措置に準じるものとする[8]．

2．3つの原則と具体的な措置

　上記の「暫定徴用通則」にしたがって，国民党支配地域内の日俘と日僑は区別して処理されることになった．例えば南京では，市政府は日俘と日僑の中の非技術者を収容所に送り監視する一方，化学，機械，船舶管理と水産，医薬，交通，水道電気，芸術などの専門技術を有する日本人に対しては，「それぞれ詳細に調査，登記し，各界からの徴用に備えた」のである．その結果，「首都水電廠，南京電信局，電話局，電池工場などの日本人技術者約700余名は，各機関からの請求または中国陸軍総司令部の命令を受けて，暫時徴用者とされ収容所送りを免れ，所有の家屋も均しく差し押さえを免れた」[9]．こうした被徴用の日本人技術者は「留用人員」の通称で呼ばれ，当局によって政府機関や企業，事業部門などに配置された．また，日本人の留用（徴用）が投降受け入れ作業の一環として行われているため，陸軍総司令部がそれを管轄することとなった[10]．

　しかし，アメリカは国民政府のこのような敵国人留用に対して異議をとなえてきた．そのため，1945年10月以降，中国戦区参謀長兼駐中国米軍総司令官のウェデマイヤー（A. C. Wedemeyer）と中国側の日本人留用政策担当である何応欽との間に，何度も交渉が行われていた．何応欽の一貫した主張は，中国は今のような情況にあっては，必要な日本人技術者を留用せざるをえないというものであった．ウェデマイヤーは何応欽の主張に理解を示しな

がらも，技術者を含むすべての日俘と日僑が遅くとも1946年6月末までに一律に日本へ送還されるべきであると強調していた．結果，双方は次の2点で妥協することになった．第1に，中国側は台湾地区以外で徴用したすべての日本人技術者を1946年6月末日までに，その徴用を解除して日本へ送還する．第2に，台湾地区では28,000名前後の日本人技術者を留用することができるが，その期限は1947年1月1日までとする[11]．

アメリカ側の日本人送還主張には主として2つの理由がある．1つは，ポツダム宣言第9条の「日本国軍隊ハ完全ニ武装ヲ解除セラレタル後各自ノ家庭ニ復帰シ平和的且生産的ノ生活ヲ営ムノ機会ヲ得シメラルベシ」という規定を遵守することである．今1つは「中国における日本人悪勢力の再起を防ぐ」ことである[12]．こうした理由を基にして，アメリカ側は繰り返して中国側の日本人留用に干渉していた．ある意味において，国民政府による留用政策の調整は，アメリカからの圧力と歩みを共にしているとも言える．

1945年末，ウェデマイヤーは国民政府に，中国の企業と公共事業が日本人を雇用する場合，まずは上級の日本人管理職員を排除し，これら事業に対する日本人の支配が継続できないようにしなければならないと求めた[13]．これに基づいて，国民政府は前記の日本人関係諸政策に対する補足として，翌年1月5日に，「行政院訓令」の形で日本人留用に関する三原則を新たに定めた．すなわち，「①本国の企業と公共事業において，日本人技術者の雇用を必要とする場合には優秀な人員を選び，暫定的に雇用することができる．②雇用された日本人は中国人職員の指揮，監督下に置かれるものとする．③技術的な作業が日本人技術者の下で暫時管理される必要が生じるときには，中国人職員を派遣しこれを監視させる上，管理任務を引き継ぐことのできる中国職員を選出し，それに代えるようにしなければならない」[14]．

この時期，国民政府は日本人技術者を留用する一方で，その他の日本人の送還を開始していた．しかし，敗戦間もない満身創痍の日本では生計を立てることもままならないと，中国残留の日本人の中には，現況下の日本の困窮に困惑し，帰国せずにそのまま中国に留まって経済活動に従事し，資産を保

持したい人がいると共に，中国への帰化を希望した人も少なくない．国民政府は各地から日本人のこうした動向についての報告を受けていたが，アメリカの意向の影響で，1946年1月7日，国民政府行政院は，帰国せずに帰化を希望する日本人が「機に乗じて我が民間に深く潜入することを免れない」ことを理由にして，「徴用の許可を受けた技術者以外，すべての日僑は中国に在留することを許可しないこと」[15]という通達を各地に出した．

こうした新たな原則と方針が確立された後，中央当局と地方当局とは日本人留用の進行に伴って現れた問題点を検討しつつ，留用政策に関連する具体的な措置を制定していく．例えば，1946年1月，天津市長は行政院に打電し，日本に家族のいる被留用者は給与の半分を仕送りしてよいか，中国に家族がいる被留用者はその家族と同居してよいか，被留用者の衣服，家具などは本人がすべて保有してよいか，という3つの問題について指示を仰いでいた[16]．行政院の命令を受けてこの問い合わせの処理に当たっていた外交部は検討の結果，次のように天津側に答えた．第1問に関して，「中国境内日本籍人員暫定徴用通則」第3条の規定に照らし，被留用者は対日講和条約の締結前には生活費のみを支給されるが，この生活費の一部を日本の家族に送金してもよい．第2問，第3問に関しては，「在華日本人私有財産暫定処理措置」第7項を参照することとする[17]．

同年2月，天津地区の日本官兵善後連絡部長は，留用技術者がその在職期間中に必要がある際，途中での帰国を許可してよいかという問題を行政院に提出し，指示を要請した[18]．この問題については，行政院は外交部と経済部に対応をまかせたが，外交部の答えは次のようなものである．

日本人技術者の留用は，「中国境内日本籍人員暫定徴用通則」に準じており，特殊な需要により徴用せざるをえないものである．また戦争の間，日本人は我が国各地で破壊と略奪の限りを尽したため，我が国に代ってこれを復興し，かつ賠償をするのが当然の理である．我が国によって徴用される技術者は欧州での労働賠償とは異なるものであるが，我が国が

人員の留用無くして生産の維持がおぼつかない期間においては，事実としても，また責任としても，我が国の生産事業の回復への悪影響を回避するためには，在職半ばの帰国は認められない．技術者の留用については，事実上その必要がなくなり，また我が国にそれらの仕事を引き継げる人材がそろったときには，関係機関による審査の後，「中国境内日僑集中管理弁法」の適用を受け，日僑として収容した上日本に送還される[19]．

このような外交部の回答は，被留用者の「在職途中の帰国」の可能性を否定しただけでなく，中国による日本人技術者留用政策の正当性についても補足した．他方，経済部の意見も外交部とほぼ同様である[20]ので，在職中の留用者が帰国を申請できないという規則は確定された．

3．アメリカの干渉と中国の対応

何応欽とウェデマイヤーの協定を徹底させるため，中国陸軍総司令部は1946年初頭，各部門に次の指令を打電した．「アメリカ側から次のような通知を受けた．『中国境内の各機関，部隊，学校，工場で徴用されているすべての日本人は，その中国残留の希望の有無にかかわらず，台湾が詳細な名簿を陸軍総司令部に提出した上で来年1月1日までに28,000名の留用ができるのを除いて，その他の各地区において徴用したものは，4月末日までに当該管轄区の港に集合し，5月末または6月中旬からすべて日本に送還されなければならない』．済南，安慶，海南島，廈門，汕頭の五地区では日俘と日僑の送還作業が終了したため，当該地区の投降受け入れ主官は徴用者を送還作業が完了していない港に集合させなければならない．その他の各地区の日俘と日僑はすべて，期限内に送還しなければならない」[21]．しかし，アメリカ側は独自の情報によって，1946年5月の時点においても大量の日本人技

術者が各地方に留められていることを摑んでいた．その内訳は，「北平地区に約5,000人，天津地区に約5,000人，青島地区に約6,000人，太原付近に約1,500人から3,000人である」という[22]．そのため，アメリカ大統領の特使であるマーシャル（G. C. Marshall）は5月16日に国民政府の王世傑外交部長に書簡を送り，上記の数字を示したうえで，「貴国政府はいまだに日本人技術者を留用する意思をお持ちのように見受けられるので，この件に関する貴国政府の希望をお聞かせ願えれば」[23]と促した．

マーシャルの書簡は簡潔で婉曲であったが，アメリカを最重要同盟国と最大の後ろ盾と見なす国民政府にとっては，やはり看過できない圧力である．そのため，行政院は直ちにこのことを経済部，交通部，教育部，衛生署，資源委員会などの関係部署と北平，天津，上海などの各地方政府に通告し，できうる限り速やかに留用した日本人技術者の人数を報告するよう求めた．しかし，各部門はどれも回答を引き延ばしていた．焦りと不安を持って返事を待っていたその時，外交部は陸軍総司令部が作成した一通の調査結果を入手した．この陸軍総司令部の「対米非公開統計数」によれば，「5月31日現在の全国日本人留用者は35,645名である．そのうち，留用を許可した者が27,861名（台湾地区の27,107名を含む），未許可の者が7,784名である．したがって，未許可の者と台湾での留用者を除くと，わずか754名である」という[24]．この数字はマーシャルが書簡の中で提示したアメリカ側の数字とは大きく食い違っており，疑問を感じて当然であるのに，外交部側はこれを深く追究しなかった．それは，当時外交部を覆っていた一種の雰囲気と密接な関連があると考えられる．具体的に言うと，マーシャルの書簡を受け取った後，国民政府外交部の主流を占める意見は，アメリカに約束した期限を越えて，1946年6月以降も引き続き日本人技術者を留用し，かつその人数を増加させるということであった．対日関係を担当する外交部亜東司の楊雲竹司長が5月28日に提出した一通の文書は，この問題の鍵となる点を明らかにした．次のような内容である．

日本人技術者の留用問題をめぐって,陸軍総司令部が定めた「中国境内日本籍人員暫定徴用通則」が今も適用中である.この過渡期において,工業,鉱業,交通等各事業の復興を助けるためには留用を継続する必要があると思われる.また,その期限と人数はあくまでも我が国の緊急な必要に応じて決めるべきである.我が国が純粋な技術人員のみを留用するのであれば,政治面においてもいかなる影響もないはずである.(中略)留用期限の設定は各事業機関の必要を基準としなければならない.したがって,各事業機関によって決定するしかない.しかも,我が国は現在,日本から機械などを移入し,賠償の一部に充てることを準備している.これら機械の設置や使用の必要から見ても,日本人技術者の留用が不可欠であろう.なぜかというと,アメリカ大使の5月1日付の連絡によると,賠償委員会の設立に関するアメリカ側の提案に,賠償の配分を決めるとき請求国の日本賠償資産の運用能力も考慮に入れるとの点があるからである[25].

特筆すべきは,楊雲竹の最後の意見が実際,行政院副院長翁文灝の意思を反映したということである.翁は外交部側とマーシャル書簡について検討した際,今後も相当な期間にわたって日本人を留用する必要があるが,日本製機器を中国に搬送してきたら,この留用期間をさらに延長しなければならないため,アメリカへの返答には明確な期限の提示を避けるべきであると指示したのである[26].

要するに,1946年半ばという時点では,外交部のみならず,国民政府全般が留用継続と留用拡大の方向へ傾いていたのであった.日本人技術者の留用は,公共事業の正常な運営や工業,鉱業,交通等各事業の復興という当初の目的の上に,戦後賠償への思惑という新しい要因が加えられたからである.

結局,日本人技術者の留用継続と留用拡大を果たすために,外交部は翁副院長の同意を得て,そして軍部に通知した上で,5月31日付の軍部統計の中の「台湾以外の各地区における正規留用者が754人しかない」という数字

を，アメリカ側に隠すことを決定した．すなわち，外交部はマーシャルへの返答書簡の書き方について，留用人数をわざと大目に見積もって，「東北と台湾を除外して，中国各地の日本人技術者の留用数は合計 12,000 名前後である．この 12,000 名は各地に分散しているため，正確な数字は各地からの続報が来る次第に報告すると米側に説明する．また，留用の期限を明示することを避け，日本人技術者の留用はあくまでも暫定的な処置であり，現在の実情では留用を続ける必要があることだけをアメリカ側に告げる」という方針を決定した[27]．

この方針に基づいて，外交部は 6 月 6 日付のマーシャル宛書簡で，「中国は鉱工業の混乱と交通の中断を避けるため，今の過渡期において少数の日本人技術者を留用する必要がある．現在，東北九省と台湾を除く全地区において留用している日本人技術者は約 12,000 名前後であった」と，アメリカの質問に答えた[28]．

だが，この書簡を出した 1 カ月後，アメリカ駐華大使館は 7 月 6 日付で王世傑外交部長に一通の長々とした照会を返した．次のような内容である．

> もしも多数の日本人の中国在留を許せば，全部ではなくとも，その一部はそれぞれの地域で日本の権勢を復活させようとする企てを秘密裏にはかることになるのであろう．特に日本人が過去に優勢を占めていた台湾，東北と華北の若干地域において，このような危険は非常に深刻である．これを排除するには，中国内の日本人を送還するしかない．中国政府もこのことを理解していると思われるが，一方では，若干の地区の中国主管当局は以前より，日本人技術者留用を継続する必要があると主張している．こうした中国主管当局の説明によると，日本人技術者が職務上と技術上の才能を有しているのと反対に，彼らの仕事を引き継げるほど熟練した技術を持つ中国人が不足しており，そのため，中国の若干の地区の経済と民衆の生計にとって，日本人技術者が欠かせない存在であるという．アメリカ政府は一貫して，ポツダム宣言を遵守するため，また中

国における日本の悪勢力の再起の危険性を解消するため，中国国内のすべての日本人を早急に送還しなければならないと認識している．中国政府には特殊な性質を持つ日本人を暫定的に留用することに十分な理由があるかもしれないが，アメリカ政府はやはり，送還を希望する者を含む大多数の日本人を一日も早く送還しなければならないと主張する．アメリカ政府はまた，留用の許可にあたっては，日本人が職務上または技術上に専門的な才能があり，中国側には彼らの仕事を引き継げる適切な人材がないこと，また過去の記録からこれら日本人が中国の平和と安全に危害を加える恐れがないと証明できること，という場合に限定しなければならないと考える．さらに，居留を許されたこれら専門家は，所有主または重要な管理職の地位を持たないこと，中国に実際の財産利益を持たず，それを代表することもないこと，極端な軍国主義会社の社員ではないこと，という諸点を確実に立証しなければならない．アメリカ政府はこれまで，速やかに日本人の送還を完了するために相当数のアメリカ船舶とアメリカ人を動員したが，これはすでに予見した需要を超えたので，この任務から退出せざるをえなくなっているところである．そのため，これらの組織と設備とがまだ利用できるうちに，最大数の日本人を送還するのは賢明であろう．アメリカ政府は中国政府も上記の意見に同感であると確信すると共に，中国に居住する日本人を送還する政策を推進し，アジア大陸から危険な日本勢力の残滓を消滅するために，アメリカが適切な方法により中国政府に協力したいことを，この機会をかりて重ねて保証する[29]．

4．「10月会議」と留用政策の修正

上記のアメリカ大使館の照会は，日本人技術者留用に対するアメリカの反対の理由を詳述するに止まらず，被留用者の条件についても厳格な限定を提

示している.このような厳しい態度を国民政府はきわめて重視した.この時,陸軍総司令部が1946年5月31日に廃止されたことを受けて,日本人留用の主管機関は新設の国防部に移された.アメリカ側の理解を得るために,7月30日,パリで講和会議に出席している王世傑外交部長は国内にいる外交部次長の甘乃光に連絡を取り,国防部長の白崇禧らとの間で,今後日本人技術者の留用は志願制を原則とすること,被留用者は経理などの性質を有する職務に就かせないこと,という2点をめぐって協議するよう指示した[30].これと同時に,外交部はアメリカの照会を各関係部門に送り,注意を喚起する上,アメリカ大使館に次のように照会した.「日本人技術者を留用する中国の目的は,あくまでも鉱工業,交通等の運行停止を回避することにある.その上,すべての暫定的な留用者は管理職または財産保有者ではない.中国人技術者の訓練に目鼻がつき次第,中国人は引き継ぎをして日本人を本国へ送還するのである」[31].さらに,アメリカの不満を解消するために,国民政府は国防部を通して,すべての被徴用日本人技術者は1946年末までに徴用を解除されること,確実に自ら志願して留用を継続したい正式の日本人技術者は,志願書を国防部に提出し審査を受けること,という2点を公表した[32].

ちょうどこの頃,留用業務を担当する国防部第二庁は,日本人留用者の総数を新たに統計する中で,多くの部門が虚偽報告をしており,したがって,前記の陸軍総司令部の5月31日現在の統計数字と実情とがかけ離れているのを発見した.やり直しを行った結果,9月24日,国防部第二庁は「全国各地区機関工廠徴用日本人技術者概況表」と題する報告書をまとめた.長文なので,筆者は下記のような略表に要約した.

こうした9月下旬の新しい統計から,国防部はさらに次の二点を判明できた.第1に,中国側が6月6日の対米回答の中で十分余裕のある数字を提示したと自認してきたが,今回明らかになった実際の留用人数によれば,余裕など全くなかったのである.これは各部門の虚偽報告を露わにした.第2に,各留用部門からの報告の中で,多くの留用者の職業が「技工」,「技術補助」という意味が曖昧なものであったほか,単刀直入に「運転手」,「機械工」と

各地区機関工場徴用日本人技術者略表

地　区	留用技術者数	出自 日俘	出自 日僑	家族数	合　計
南京地区	44	(10)	(34)	21	65
上海地区	1,157	(61)	(1,096)	1,362	2,519
海州地区	50		(50)		50
徐州地区	348	(69)	(279)	27	375
杭州地区	11		(11)	1	12
鄭州地区	30	(28)	(2)	4	34
済南地区	154	(13)	(141)	591	745
青島地区	165		(165)	201	366
天津地区	366	(8)	(358)	446	812
北平地区	392	(23)	(369)	173	565
武漢地区	299	(51)	(248)		299
広州地区	38		(38)		38
海南島地区	20		(20)		20
山西地区	300		(300)	1,045	1,345
台湾地区	7,027		(7,027)	20,182	27,209
綏遠地区	25		(25)		25
東北地区	10,672		(10,672)		10,672
合　計	21,098	(263)	(20,835)	24,053	45,151

出典：国防部第二庁「全国各地区機関工廠徴用日籍技術員概況表」(台北，国史館所蔵 255/130) に基づいて，筆者により再構成.

書かれている者までいたのである．留用者には生活費のみの支給でよいために，多くの部門が経費節減を目指して，厳格な意味での技術人員に当たらないものまでを留用していたのではないかと想像に難くない．これらの現象は中央の精神とは相反するものであった[33]．

　留用業務に存在したこれらの問題を検討し，今後の方向を定めるために，10月21日，国防部は関係部門を召集して，留用問題に関する合同会議を開催した．参加者には，国防部長白崇禧，国防次長林蔚，国防部第二庁第八処処長王丕承ら軍関係者の他に，行政院秘書長蒋夢麟，外交部次長甘乃光，外交部亜東司司長楊雲竹，経済部工業司司長呉承洛，交通部人事処長楊萃一，資源委員会専門委員龔祥瑞ら行政部門の官僚もいる．席上，会議主席をつと

める白崇禧が，日本人の留用期限が切れようとしているが，その際，被徴用者を今後とも必要するかどうか，必要であるならばいかなる待遇や身分で留用を継続するかなど，「様々な問題を急いで検討し決定しなければならない」と指摘した．続いて，送還と留用の作業責任者である王丕承処長は，次のような4点に分けて報告を行った．

(1) 東北以外の中国戦区に収容された日俘と日僑は民国34年11月を以て塘沽，青島，連雲港，上海，廈門，広州，海口，海防，基隆，高雄，三亜凡，汕頭など12の港から送還を開始し，本年7月末には，特別な事情を除き，送還作業をほぼ完了した．送還された日俘と日僑は合計1,985,472人である．

(2) 東北地区に収容した日俘と日僑は合計1,450,000人であるが，錦州の葫蘆島から送還された人数は計986,695人であり，いまだに東北地区に残留している人数は485,083人である．こういう残留者のうち，280,000人はソ連軍占領区にいるので，いまだに送還協議を達成していない．

(3) 各機関からの報告によると，現在徴用中の日本人は計45,252人だが，一部の機関では徴用人数の報告がまだなされていないため，この数字と実際の人数には食い違いがあるかと思われる．

(4) 各機関には日本人隠しが見られ，また数を過少に報告するような現象もあり，甚だしきに至っては非技術人員（印刷兵，運転手等）を強制的に徴用したことも発覚し，内外から異議を引き起こしている．そのため，首脳部から次の修正要点を通達していただきたい．①各徴用機関で待遇が統一されていないので，留用者が安心して仕事に励めるように，給与基準を設けるべきである．②各機関は速やかに要留用人数を確定し，必要ない者については報告の上，送還してもらう[34]．

上記の王丕承報告の第3，第4条は留用作業にあった問題点を明らかにし

た上,隠匿や過少報告,不報告などをした機関があるため,実際の日本人技術者留用数が,主管機関である国防部にとっても謎であることを示している.換言すれば,前記の国防部の9月24日付の数字も不確実なものでしかなく,全般から見れば実数は統計数を上回っており,しかも増加中であると言える.例えば,王丕承が今回報告した人数も9月24日付の統計より101人増えたのであった.また,席上,経済部工業司司長の呉承洛は,経済部所属の被徴用日本人技術者だけで8,295人に上り,しかも家族の人数が含まれていないと認めたのである[35].結局,経済部,交通部と資源委員会からの出席者がそれぞれの所属部門の留用者数を報告した後,会議は実際の数字と国防部が報告した数字との間に「大きな隔たりがある」という結論に至ったのであった[36].だが,一方では,経済部か交通部かを問わず,経済や公共事業を管轄する部門の出席者はいずれも1946年12月の期限後においても,日本人技術者の留用を継続しなければならないことをこの会議で強く表明したのであった.これに対して,外交部次長の甘乃光は7月6日付のアメリカ書簡の立場を再度述べた上,現実の必要に応えるため日本人技術者の留用数を最初の7,000人(東北と台湾を除く)から12,000人に増加し,アメリカ側に申し入れたため,今後,華北,華南,華中の各地において,日本人留用者とその家族の総数はこれを超えてはならないと強調した.また,外交部亜東司の楊雲竹司長は王世傑外交部長の指示に基づいて,今後の日本人技術者留用についての原則を外交部を代表してこの会議に提案した.本人の志願に基づくこと,相当な待遇を与えること,留用者が経営または指導的な職務を担当しないこと,留用が過渡的なものであり,長期にわたる継続をしないこと,という4項目であった[37].議論の結果,会議は日本人技術者の留用継続を決定すると共に,下記のような新しい留用政策を定めた.

1. 徴用の基準:日本人技術者の徴用は本人の志願によることを原則とする.

2. 待遇:徴用した日本人技術者には,我が国での同等職務の待遇を適用することを原則とし,各機関でいまだ同等の待遇を与えていない場合

には 1946 年 10 月から実施を開始することとする．
3．職務：徴用の日本人は技術系の仕事にのみ従事し，経理や工場長などの職務に任じてはならない．
4．身分：徴用の日本人は対外的には中国残留志願者と呼び，国内では徴用者と呼ぶ．その名義については各徴用機関が自ら決めるものとするが，差別を加えてはならない．
5．送金問題：徴用の日本人の日本への送金に関しては財政部が措置を定める．
6．通信問題：徴用の日本人と日本との通信方法に関しては交通部が措置を定める．
7．被徴用者の精査：各徴用機関は徴用者数を精査し，技師，技工，家族などに分類して別々に統計表を作成し，国防部に報告する．
8．今後日本人徴用関係の事務を担当する主管機関：先ずは国防部第二庁が徴用者数を確実に調査し，書類を作成した上で行政院に提出し，引き継ぎを求める．同時に，各関係機関に通知する．
9．今後送還作業を担当する主管機関：国防部第二庁により処理の経過，情況および待遇，人数などの資料を作成した後で，行政院がこれを引き継ぐ[38]．

5．その後の展開

「10月会議」で決定した上述の新政策から，アメリカの7月6日付照会の影を見ることができる．すなわち，第1条の「本人の志願による」とは，ポツダム宣言遵守というアメリカの主張に対応したものであり，第2条の「同等待遇」とは，志願者に与えるべき当然の報いであり[39]，第3条の「技術系の仕事にのみ従事する」とは，「日本の悪勢力の再起」に対するアメリカの懸念を打ち消すためのものである．そして，その他の各条項はこれら基本原則

を実施するための具体的な措置にあたると言えよう．総じて，1945年10月の「暫定徴用通則」と比べると，新しい留用政策には大きな変化があったのである．勿論，言葉と事実との間には隔たりがあり，実際の執行においても解説の余地があると思われるが，国民政府の日本人技術者留用政策はここに至って雛形ができあがったと言えよう．これ以降の展開については，紙幅の制限もあるために，ここでは2つの主要点を提示することにとどめたい．

　第1に，「10月会議」で確定された新しい政策内容は，基本的にアメリカを満足させたようであった．したがって，その後，日本人技術者留用に対するアメリカ側の干渉の重点は，人数を減らすことと期限の厳守を求めることに移った．そして，その焦点は国共内戦の主戦場となっていた東北地区に向けられていく．1946年12月2日，駐華アメリカ大使館の公使は国民政府外交部に次のような照会を出している．「日僑の送還作業に関与する当方の軍事当局の見方によると，東北地域には約7万人のいわゆる技師とその家族が現在も拘留され，送還を許されずにいる．当方の軍事当局は，貴国の委員長東北行営が『東北は必要がある場合，すべての日本人技術者と作業員を留用してもよい』という指示を受けていることを，委員長東北行営から聞いた．しかし，本公使は，この問題をめぐる貴国政府の態度を示した貴国側の書類に照らして見ると，大量の日本人技師が拘留され送還を許されずにいるのは，決して貴国政府の真意ではないと確信している．そのため，この問題の処理を担当する主管者側に何かの誤解があったかもしれないと考える．アメリカ政府と貴国政府は共に，日本人を送還することを急ぎ，毒を有する日本勢力を貴国から取り除くことを望んでいる．貴部長閣下がこれら共同の目的について関係機関に注意を促してくださるならば幸いである」[40]．

　この時，国共内戦は全面展開の観を呈し，国民政府にとって，戦争に勝利することが至上の急務となったところであった．したがって，ここに至って，日本人留用の目的には経済，生産と戦後補償の上に，さらに内戦という要因も加わったのである．これを背景にして，東北地区での日本人留用は他の地区と比べて，一層「技術者」の範疇を超えるようになっていった．ちなみに，

アメリカ公使が照会の中で言及した「7万人のいわゆる技師とその家族」とは，専ら東北の国民党支配地域にいるものを指すのであって，中国共産党の支配地域は含まれていないのであった．これは，東北の留用問題に対するアメリカ側の最初の直接の指摘であった[41]．他方，照会を受けた後，外交部亜東司は12月6日に，内部向けの報告の中でこう述べている．「東北に留用されている日本人技術者の人数について，各部門の報告はそれぞれ異なる．熊（式輝）主任による6月3日の電報では留用者は約5万人（技術者の総数は15万人）である．国防部による9月24日付の統計では留用した技術者は10,672人（家族数は不明）である．そして，日本人技術者の管理を担当する東北側の責任者が本部の調査員に語ったところでは，留用した技術者とその家族は約7万人である」[42]．

この報告から，アメリカ側が摑んでいた東北の国民党支配区における日本人留用数は基本的に間違っていなかったことがわかる．ついでに述べておくと，東北の中国共産党支配区における日本人留用者の総数については，中国共産党の主管部門による内部報告に次のような統計があった．「軍関係は10,000人（軍工部2,000人，軍需部1,000人，衛生部7,000人）．政府関係は13,600人（鉄道，工業と鉱山に3,000人，政府と公営工場に3,000人，私営工場および自由生産者が6,000人）．計23,000人である．しかし，この統計は非常に不完全なものであり，実際の人数は30,000人ないし35,000人いると思われる」という[43]．

第2に，東北以外の地区では，国民政府による民間領域での日本人留用政策において，1947年以降の全般としての傾向は，政治待遇と生活待遇の二律背反であると思われる．なぜなら，「10月会議」が決定した生活面での「同等待遇」に反して，政治面での日本人留用者の待遇は日増しに「非同等」へと傾斜していったからである．これは1947年2月に台湾で勃発した「二・二八事件」と大きく関係していると考えられる．事件後，責任を問われた台湾行政長官の陳儀は同年3月6日付で蔣介石に書簡を出し，「日本人留用者が機に乗じて騒ぎを起こした」ことを事態拡大の主要原因の1つとして報告

した[44]．さらに，陳儀は次のような意見も上申した．「今度の事件により，日僑の留用は絶対にいけないと痛感している．しかも，現在，各工場において，日本人技術者を使わなくてもよくなった．他方，公的な機関や教育機関ではそもそも日本人を使うべきではない．したがって，4月末までにすべての日本人留用者を一人残らず送還したい」[45]．また，陳儀が職を解かれた後の5月17日，新しく台湾省政府主席に着任した魏道明は，前記の陳儀の具申を行政院に伝えると共に，「日本の毒を取り除き，国家反逆の隠患を消し去るためには，すべての台湾残留日本人を即刻送還しなければならない」と打電した[46]．蔣介石も同月，台湾省代表と接見した際，台湾人が日本人に扇動されたと叱責した[47]．要するに，「二・二八事件」と日本人留用者との関連についてのさまざまな伝聞は，国民党統治当局を深く刺激し，「日本の悪勢力の再起」に対するアメリカ側の警告を考え直したようであった[48]．これを背景に，1947年11月，行政院が制定した「各機関団体における被徴用日本人技術者に関する管理規則」は，各地に留用中の日本人技術者に対する厳格な監視措置を定めた．その主な条項は次のようなものである．

1．日本人技術者の徴用を許容される機関，団体は証明文書を現地の警察機関または県，市の政府（以下，管理機関と略称する）に提出し登記するものとする．徴用期限が満了後，徴用の継続を許可されたものも同様の手続きを踏む．

2．徴用を行う機関と団体は被徴用者に対する監視の責任を負わなければならない．疑わしき行為を発見した場合は即刻管理機関に報告する．

3．被徴用者およびその家族の住所は管理機関の審査を経ずに移転することを禁止する．出生，死亡，結婚などは管理機関に報告しなければならない．

4．被徴用者およびその家族は管理機関が発行した身分証（7歳以下の児童は保護者の身分証に附記する）を携帯しなければならない．

5．被徴用者およびその家族が刑事事件で逮捕された場合には，管理機関への迅速な報告を義務付ける．

6．被徴用者およびその家族のすべての電信は管理機関の検閲を受けなければならない．
7．被徴用者およびその家族による団体活動と組織は，管理機関の監督管理を受けるものとする．
8．失踪，逃亡および一切の不法行為を防止するため，被徴用者は5人を一組として互いに連帯保証人となり，保証書2通を管理機関に提出しなければならない[49]．

おわりに

　ここまで考察してきたことを総合すると，国民政府による日本人技術者留用政策は投降受け入れとほぼ同時に開始し，しかしその目的は逐次拡大していたことが分かる．後者について要約すると，最初は接収の保障と主権を回復した地域の生活の維持に着眼し，その後，全国の経済と生産の復興，発展も目的に加えられ，最後には戦後補償を確保することと国共内戦に勝つことなども視野に入れられたのであった．留用目的のこうした拡大過程に伴って，留用の期限も再三引き延ばされている．
　また，留用者に対する政策内容の変化は次のように総括できると思われる．すなわち，徴用の方法は強制から志願重視に変わり，留用者の生活待遇は生活費のみの支給から中国人との平等の重視へと変化していた．他方，こうした生活面の改善と反対に，政治面における対応は一歩一歩不信任へと傾斜していくのであった．これら一連の政策過程を推し進めた要因を挙げれば，外部的なものとしては主としてアメリカからの干渉であり，国内的なものとしては主として外交部と軍部（陸軍総司令部とその後続機構としての国防部）の働きであると言えよう．
　しかし，以上のような考察はあくまでも政策面に焦点を当てた初歩的なものにすぎない．日本人の留用は戦時の構想といかなる関連性を有するのか，

政策の実際の貫徹はどのように展開していたのか，また，留用した日本人技術者がどのような役割を果たしたのか，彼らに対する中国側の評価はいかなるものだったか，中国側のやりかたについて留用者の思いはどのようなものであったのか，等々，数多くの問題点は今後の研究を待っているのである．

  付記：本稿は，日本学術振興会科学研究費助成金（課題番号 14402010, 研究代表者鹿錫俊）による研究成果の一部として，南京大学主催の「第三次中華民国史国際学術討論会」に提出した中国語論文（後に『民国研究』2006 年秋季号にて掲載）を基に，加筆・修正したものである．

1) 例えば，中国人民解放軍空軍史編纂室編『中国空軍史料』, 1985-1987 年；当代中国空軍編纂委員会編『当代中国空軍』；高恩顕主編『中国人民解放軍第四野戦軍衛生工作史』；同『中国人民解放軍第四野戦軍衛生工作史資料選編』，北京，人民軍医出版社，2000 年，など．
2) 例えば，張開峡・麦林編『東北老航校』，北京，藍天出版社，2001 年，中国中日関係史学界編『友誼鑄春秋―為新中国做出貢献的日本人』，北京，新華出版社，2002 年，など．
3) 「中国戦区陸軍総司令部命令」(1945 年 9 月 9 日)，中華民国外交問題研究会編『中日外交史料叢編』第 7 冊，台北，1966 年，第 45 頁．
4) 「中国境内日僑集中管理辦法」(陸軍総司令部 1945 年申卅代電頒布)，中国陸軍総司令部第二処編『遣送日僑及韓台人帰国有関条規匯集』，台北，国史館蔵，案卷号 062/1335.
5) 「日人在中国私人産業暫行処理辦法」，国史館蔵，案卷号 172-1/0861.
6) 秦孝儀『中華民国重要史料初編』第 7 編 (4)，台北，中国国民党中央党史委員会，1981 年，第 31-32 頁．
7) 「蔣介石致王凡生函」(1945 年 9 月 12 日)，国史館蔵，縮影号 431-0526.
8) 「中国境内日籍員工暫行徴用通則」(陸軍総司令部 1945 年申卅代電通令)，前掲『遣送日僑及韓台人帰国有関条規匯集』．
9) 詳細は，「南京市政府工作報告」およびその付録である「南京市接収委員会工作概略」(1946 年 3 月)，『中華民国重要史料初編』第 7 編 (4)，第 580-587 頁．
10) 「行政院訓令」(1946 年 2 月)，国史館蔵，案卷号 255/130.
11) 「徴用日藉技術員經過概要及討論事項」(国防部，1946 年 10 月 20 日)，国史館蔵，案卷号 172-1/0861.
12) 「美国駐華大使館史麦斯致中国外交部長照会」(1946 年 7 月 6 日)，国史館蔵，案卷号 172-1/0861.
13) 「行政院訓令」節叄字第 00619 号 (1946 年 1 月 5 日)，国史館蔵，案卷号 172-1/0861.

14)「行政院訓令」節参字第00619号（1946年1月5日），国史館蔵，案巻号172-1/0861.
15)「行政院訓令」節陸字第00647号（1946年1月7日），国史館蔵，案巻号172-1/0861.
16)「行政院秘書處公函」（1946年1月14日），国史館蔵，案巻号172-1/0861.
17)「外交部復行政院秘書処公函」（1946年1月24日），国史館蔵，案巻号172-1/0861.
18)「行政院通知単」(A)(三)字第32481号，国史館蔵，案巻号172-1/0861.
19)「外交部呈行政院」（1946年2月20日），国史館蔵，案巻号172-1/0861.
20)「経済部致外交部公函」（1946年3月25日），国史館蔵，案巻号172-1/0861.
21) 前掲「徴用日藉技術員経過概要及討論事項」の附件1：「陸軍総司令部卯微慎健電」，国史館蔵，案巻号172-1/0861.
22)「馬歇爾至王世傑函」（1946年5月16日），国史館蔵，案巻号172-1/0860.
23) 同上．
24)「外交部亜東司司長楊雲竹簽呈」（1946年6月5日），国史館蔵，案巻号172-1/0860.
25)「外交部亜東司司長楊雲竹簽呈」（1946年5月28日），国史館蔵，案巻号172-1/0861.
26)「外交部亜東司司長楊雲竹簽呈」（1946年6月5日），国史館蔵，案巻号172-1/0860.
27) 同上．
28)「外交部致国防部公函」（1946年6月12日），国史館蔵，案巻号172-1/0860.
29)「美国駐華大使館史麦斯致中国外交部長照会」（1946年7月6日），国史館蔵，案巻号172-1/0861.
30)「王世傑致甘乃光等電報」（1946年7月30日，パリ），国史館蔵，案巻号172-1/0860.
31)「留用日藉技術人員案巻節略」，国史館蔵，案巻号172-1/0861.
32)「国防部代電」（1946年10月16日），国史館蔵，案巻号255/130.
33)「国防部召開徴用日藉技術人員討論会記録」（1946年10月21日），国史館蔵，案巻号172-1/0861.
34) 同上．
35) 同上．
36)「日藉技術人員徴用辦法之討論及決議」（外交部，1946年10月），国史館蔵，案巻号172-1/0861.
37)「国防部召開徴用日藉技術人員討論会記録」（1946年10月21日），国史館蔵，案巻号172-1/0861.
38) 同上．ちなみに，この決定は国防部が作成した「日本人技術者徴用に関する規定」を基に形成されたものである．比較を行うために，国防部の原案を翻訳して

おく.「(徴用基準) ①その技能がわが国において欠如していること. ②正式な技術者で各機関, 工場で必要とされるもの.（徴用者の名義) ①留用した日本人技術者は, 各徴用部門により元の名義のままでこれを留用する. ②日本軍捕虜の中の技術者は研究員または技士の名義で留用する.（徴用者の待遇) ①給与：各地区の徴用機関は当該地方の生活水準と日本人の家族の実情に合わせ, 生活を維持するに適当な給与を与える. 甲級は 50 万元, 乙級は 40 万元, 丙級は 30 万元. ②宿舎：徴用の日本人技術者および家族の住居と一切の福祉は, 各徴用部門により確保する. ③身分の保証：紛糾を回避し, 安全を確保するために, 各徴用機関により身分証明書を発行する上, 当該地区の治安機関に登録し保護を与える. ④奨励：勤勉で成績が優良な者に対して, 徴用単位から奨励金を与え, 顕彰する. ⑤送金と通信：本国の家族に仕送りを送る必要のある徴用者は, 徴用部門がそれを集金のうえ行政院を経由して駐日本中国代表団に送り, 家族に配達してもらう」. 国史館蔵, 資料番号 172-1/0861.

39) ちなみに, 日本人技術者に給与を与えないという当初の規定の理由に,「捕虜に過度に寛大してはいけない」という連合国の意思を尊重する点がある. また, 留用者が安心して仕事に励むことを実現するために, 1946年の初頭から, 国民政府の留用主管部門は奨励金を給付することを含む措置を考案していた. ただし, これらの構想は「10月会議」を経てはじめて政策となったのである. 詳細は,《白崇禧電復遣送日俘日僑回国及利用勞力意見》(1946年1月19日),《白崇禧電復遣送日俘日僑回国情形及征服勞役與徴用技術人員辦法》(1946年2月11日), 国史館蔵, 縮影号 431-0526 を参照.

40) 「美国駐華大使館公使巴徳華致外交部照会第565号」(1946年12月2日), 国史館蔵, 案巻号 172-1/0861.

41) 「亜東司簽呈」(1946年12月6日), 国史館蔵, 案巻号 172-1/0861.

42) 同上.

43) 「日本人管理委員会的成立経過及今後工作計画」(1948年10月), 吉林省檔案館蔵. なお, 中共中央東北局による 1949年12月末現在の統計によると, 次の表になる.

東北部共産党支配地域における日本人の分布状況

系統別	系統別	人数（本人とその家族）	部門
党関係		144	29
東北人民政府	直属・その他	323	20
	工業部	5,009	98
	農林部	149	7
	東北銀行	19	4
	郵　便	43	6
	小　計	5,543	135
鉄　道		1,905	25

省市県区政府(企業を含む)	省行政	926	70
	市行政	392	36
	県区行政	196	36
	小　計	1,514	142
軍関係	軍区直属・その他	579	39
	衛生部	2,730	52
	軍需産業部	1,074	20
	軍需部	174	12
	小　計	4,557	123
一般（民会関係）	国営企業	25	5
	公営企業	90	14
	一般団体企業	441	67
	民　衆	3,077	46
	小　計	3,633	132
総　計		17,296	586
備　考		大連，内モンゴル含めず	586

出典：中華人民共和国外交部檔案館蔵檔案 105-00224-02 により筆者が作成．

44）中央研究院近代史研究所編『二・二八事件資料選輯』(2)，台北，中央研究院近代史研究所，1992 年，第 74 頁．

45）「台湾省政府主席魏道明致行政院電」(1947 年 5 月 17 日)，国史館蔵，案卷号 172-1/0861．

46）同上．

47）詳細は，陳幼鮭「戦後日軍日僑在台行蹤的考察」（下），『台湾史料研究』第 15 期，2000 年，第 81-82 頁．

48）1990 年代に始まる台湾の「二・二八事件」の再検討により，同事件は日本人留用者と密接な関連性がないことが多数意見となっている．しかし，これはあくまでも 1990 年代以降の認識である．他方，周知のように，当局者は当時の情報と判断に基づいて政策を決定するものである．

49）行政院「管理各機関団体徴用日籍技術員工辦法」，国史館蔵，案卷号 172-1/0861．

索　引

あ　行

愛国主義教育　　　　　　　　12, 33
愛国無罪　　　　　　　　19, 26-29
『朝日新聞』　　　　　ii, 26, 196, 213
　　大阪──　　　　　　　　ii, 198
　　東京──　　　　ii, 128, 130, 132
アジア主義　　　　　　　　　　　32
新しい教科書を作る会　　　　　　 9
安倍晋三内閣　　　　　　　　　　35
アヘン戦争　　　　　　　　　　　10
有吉明（駐華公使）　　118, 124, 138
安内攘外　　　　　　　　4, 116, 122
遺棄毒ガス弾　　　　　　　　　　15
市川文吉　　　48, 65-67, 70, 73, 75-77
伊藤博文　　　　　　　　　　63, 74
一二・九運動　　　　　　　　　　29
井上馨（外務卿）　　54, 59, 62, 64, 70-72
ウイグル　　　　　　　　　　　　44
ウェデマイヤー　　　　　229, 230, 232
ヴェトナム戦争　　　　　　　　　 5
ウェルズ米国務次官　　　　　　174
宇垣一成　　　　　　　　　　　150
内田五郎　　　　　　　　　　　127
梅津・何応欽協定　　　　　　　125
『越鐸日報』　　　　　　　　　　92
エレン・ケイ　　　　　　　　　　97
袁世凱　　　　　　　　　　　　　65
王寵恵　　　147, 153, 155, 156, 159, 161, 163
王正廷　　　　　　　　　　147, 169
王小東　　　　　　　　　　　　　30
汪精衛（兆銘）　116, 117, 124, 126, 127,
　　　　　　　153-156, 158, 160, 161, 164

王世杰（傑）　　148, 149, 163, 165, 166,
　　　　　　　170, 172, 175, 177, 233, 235, 237
王丕承（国防部第二庁第八処処長）
　　　　　　　　　　　　　238-240
翁文灝　　　　　　　　　　　　154
大井憲太郎　　　　　　　　　　　23
太田宇之助　　　　　　　　　　130
大平正芳首相　　　　　　　　　　 8
岡村寧次　　　　　　　　　　　224
沖ノ鳥島　　　　　　　　　　16, 38
奥野誠亮国土庁長官発言　　　　　 9

か　行

カー（英大使）　　　　　　158, 162
カーペンター　　　　　　　　94, 95
開平炭鉱　　　　　　　　　　　　58
何応欽　　　16, 125, 173, 224, 229, 232
各機関団体における被徴用日本人技術
　　者に関する管理規則　　　　244
郭泰祺　　　　　　　　　170, 172, 173
革命無罪　　　　　　　　　　　　28
華北政務委員会　　　　　　　　　89
華北分離工作　　　　　　　　　116
辛島驍（京城帝国大学助教授）　　134
『歌謡』　　　　　　　　　　　103
歌謡研究会　　　　　　　　　　103
カリー　　　　　　　　　　169, 174
『勧学篇』　　　　　　　　　　　70
甘乃光（外交部次長）　237, 238, 240
関東軍　　　　　　　　　　　　116
広東作戦　　　　　　　　　　　153
岸田吟香　　　　　　　　　　　　23
魏道明　　　　　　　　　　　　244

木下猛	132
九州輿論調査所	ii, 194
龔祥瑞（資源委員会専門委員）	238
強制連行	12
共通歴史教科書の編纂	24
居留民会	192
義和団	10, 30
金日成	216
百済	36
栗原正	118
芸文研究会	152
言者無罪	28
小泉純一郎首相	15, 25
ゴールトン	93
黄郛（行政院駐北平政務整理委員会委員長）	123, 124
光華寮問題	9, 10, 37, 38
高句麗	36, 37, 43
広州「民俗学会」	105
孔祥熙	153-155, 158, 161, 163, 180
江紹原	99
江沢民	15, 23, 37
工読互助団	95
抗日戦争	12, 19, 26
胡錦濤	23, 37
国民参政会	154, 156, 169
国民政府	3, 147
国民月会	179
呉承洛（経済部工業司司長）	240
『語絲』	104, 105, 109
五・四運動	11, 19, 26, 27, 29
胡適（駐米大使）	104, 153, 157, 172
粉川宏『現行教科書を焚書にせよ』	13
近衛文麿内閣	158
小林よしのり『台湾論』・『戦争論』	29
小室直樹	29
顧孟余	152
胡耀邦	12
葫蘆島	239
近藤芳美	201

さ 行

在華日本人私有財産暫定処理措置	227, 231
細菌戦問題	9
西北大学日本人留学生寸劇事件	17
酒井隆	125
佐々木高行（工部卿）	55
サッカー・アジアカップ	15, 16, 45
佐藤栄作	30
サンフランシスコ講和条約	4
残留毒ガス	17
CC団	118
師夷制夷	47
重光葵	118
時事通信社	ii, 195
七君子事件	19
支那駐屯軍	116
支那派遣軍	225
社会主義市場経済	5
周恩来首相	6, 7, 20, 42
10月会議	236, 241, 242, 243
従軍慰安婦	10, 12, 17, 35
周作人	i, 89, 91-110
周馥	56, 57, 59
周仏海（中央宣伝部副部長）	152
朱家驊	163, 170
朱其祥	54, 56
朱其詔	51, 54, 55
首都南京陥落	180
『旬刊産経東北』	204
蔣緯国	164
蔣介石	ii, 3, 4, 20, 42, 115-120, 123-130, 132-139, 148, 149, 152-160, 162, 163, 165, 166, 169-173, 176, 177, 179, 180,

	194, 224, 228, 243, 244
蔣作賓	158
蔣廷黻	169
蔣夢麟（行政院秘書長）	238
紹興県教育会	92
徐承祖	77
徐道鄰	138
ジョンソン米大使	153
白井康	127
新羅	36
辛亥革命	11, 91
『人間世』	106
新疆	21, 22
真珠湾攻撃	ii
『新生活』	ii, 194
新生活運動	ii, 115, 117-138
『新生活須知』	115
神道思想	30
親日「国民政府」	161
瀋陽総領事館事件	15, 16, 44
枢軸国	181
スティムソン（米陸軍長官）	176-178
ストープス	95
スターリン	175, 176
須磨弥吉郎	126
『請開採開平煤鉄並興辦鉄道』	53
「生活之芸術」	98-100
『性の心理』	ii, 91, 95-98
世界の工場	11, 15
尖閣諸島	6, 8, 16, 38, 39, 42
全国各地区機関工廠徴用日本人技術者概況表	237, 238
戦後補償問題	37, 38
宣戦布告	ii, 145-151, 155, 159, 162, 164-168, 170, 172, 174, 175, 179
曽国藩	51
宋子文	174, 176
孫科	170, 173
孫文	3, 13

た 行

ダーウィン	93
対華21カ条要求	19, 20, 27
戴季陶	170
『大公報』	150-152
対中ODA（政府開発援助）	8, 16, 34, 38, 41
大中華主義	17
対中好感度	16
大統領（総統）内閣制	3
大統領内閣制憲法	20
太平洋戦争	145, 146, 180
台湾	3, 4, 7, 10, 15, 16, 20, 22, 24, 34, 37-39, 42, 199, 224, 225, 230, 232
高井末彦	117
竹添進一郎	54-56, 70, 72, 79
橘樸	40
脱亜論	32
立野信之	136
田中角栄内閣	6
田中正一	127
田中正明『南京大虐殺の幻』	29
田中幸利	134
谷沢永一	29
譚延闓	16
チベット	10, 16, 21, 22, 39, 40, 42, 44
チャーチル英首相	173
チュイコフ	175, 176
『中央日報』	125, 150-152, 170, 172
中華民国憲法	20
中華民族	i, 22, 33, 40
中国核実験	9
中国共産党11期3中全会	19
中国境内日僑集中管理弁法	225, 232
中国境内日本籍人員暫定徴用通則	228, 229, 231, 234, 242

中国原子力潜水艦の日本領海侵犯
　　　　　　　　　　　　　16, 38
中国国民党臨時全国大会　　　149
中国人強制連行　　　　　10, 20
中国戦区日本官兵善後総連絡部長官
　　　　　　　　　　　　　　225
『中国と日本』　　　　　　　201
中国陸軍総司令部　225, 232, 233
中体西用　　　　　　47, 48, 78
中仏戦争　　　　　　　　　　62
張群　　　　　　　125, 126, 163
朝鮮事変　　　　　　　　　　62
朝鮮戦争　　　　　　　　　　 5
張忠紱　　　　　　165, 167, 169
張之洞　　　　　　　　　　　70
張季鸞　　　　　　　　　　 152
趙薇事件　　　　　　　　　　17
陳嘉庚　　　　　　　　　　 156
陳果夫　　　　　　　　　　 161
陳儀　　　　　　　127, 243, 244
陳公博　　　　　　　　　　 157
陳布雷　　　　　　138, 148, 154
陳立夫　　　　　　157, 158, 161
『帝国鍼灸医報』　　　　　　197
程滄波　　　　　　　　　　 152
「敵か？　友か？──中日関係の検討
　──」　　　　　　　　　 138
天安門事件（六・四軍事弾圧）　9, 218
『天演論』　　　　　　　　　 92
天津機械局　　　　　　　　　51
天津招商局　　　　　　　　　54
ドイツ軍事顧問団　　　　　 164
唐廷枢　　　　　　　　　　　53
董顕光　　　　　　　　　　 170
塘沽協定　　　　　　　　　 116
唐炯　　　　　　　　　　　　53
鄧小平　　　　　　　　　 8, 19
『東方雑誌』　　　　　　150, 152

唐有壬　　　　　　　　　　 126
毒ガス使用問題　　　　　　　 9
独ソ不可侵条約　　　　　　 163
「徳を以て怨みに報ゆ」　 4, 20, 42
トラウトマン講和　　　　　 147

な 行

長崎国旗事件　　　　　　　6, 45
中嶋嶺雄『中国に呪縛される日本』13
中曽根康弘首相　　　　 9, 16, 25
中西功　　　　　　　　　　 212
中村粲『大東亜戦争への道』 13, 29
南京大虐殺　　　　　　　 9, 29
ニクソン大統領　　　　　　　 6
西尾幹二『国民の歴史』　　　29
21 カ条要求　　　　　　　　 3
日僑収容管理所　　　　 226, 227
日米安全保障条約　　　　　 4, 7
日米通商航海条約　　　　　 165
日露戦争　　　　　　　　 3, 38
日華平和条約　　　　　　4, 8, 20
日清戦争　　　　　　　　 3, 38
日中共同声明　　　　　　　　 7
日中国交樹立　　　　　　　　 2
日中平和友好条約　　　　　　 8
二・二八事件　　　　　 243, 244
日本軍731部隊生体解剖問題　 9
日本人留用問題　　　　 223, 224
日本の国連安保理常任理事国入り　16,
　　　　　　　　　　　　17, 28
日本を守る国民会議　　　　　 9
ノックス　　　　　　　　　 176

は 行

賠償請求権　　　　4, 7, 20, 33, 42
馬英九　　　　　　　　　　　41
馬建常　　　　　　　　　60-62
馬建忠　　　　　　　　　　　74

ハクスリー	92		94-96, 98, 110
白崇禧（国防部長）	161, 237, 238	帆足計参議院議員	214
漠河金鉱	51, 65, 75, 76	法政大学中国研究会	ii, 195
漠河金場章程	65	ホーンベック	176
長谷川慶太郎『さよならアジア』	13	細川嘉六	215
波多野承五郎	63, 70	渤海	36, 37, 43
波多野領事	66	ポツダム宣言	224, 230, 241
八紘一宇	205		
ハミルトン	177	ま 行	
林房雄『大東亜戦争肯定論』	13, 29	マーシャル	233, 235
原敬	60-63, 71, 72	松延弦	63, 64
『原敬日記』	59	松岡洋右外相	166
馬立誠	17, 18	松村雄蔵	115
ハル・ノート	169	マレー半島上陸	170
ハル国務長官	147, 176	満州国	3, 13, 38
ハワイ真珠湾奇襲	170	満州事変	7, 19, 116, 117, 164, 178
東アジア共同体	12, 24, 31, 32, 34, 41	三浦義秋	125
東シナ海ガス田開発	38	宮崎滔天	11, 23
東シナ海ガス田開発問題	16	ミュンヘン協定	153
東トルキスタン・イスラム運動	40	民進党	22, 39
東中野修道	29	民俗学	i, 90, 91, 103, 105, 110, 111
火野葦平	197	民族主義	ii, 3, 5, 17, 18, 21, 23, 30, 31,
百花斉放・百家争鳴	28		35, 36
馮玉祥	161	武者小路実篤	95
ビルマ・ルート	167	村山富市首相	12
広田三原則	126	室伏高信	135
広田弘毅(外相)	115, 116, 120, 124, 138	メリーランド大学プランゲ文庫	ii, 191
武漢攻略作戦	153	毛沢東	28
福沢諭吉	20, 30	モンゴル	21, 22
福田赳夫首相	8		
藤岡信勝	29	や 行	
藤尾政行文部大臣発言	9	靖国神社参拝	9, 15-17, 21, 25, 33, 38
フレーザー	91	楊雲竹（外交部亜東司長）	233, 234,
フロイト	96, 110		238, 240
文化大革命	2, 5, 6, 13, 19, 31, 33	洋匠	47-49, 78, 79
平泉銅鉱	51, 54, 58	楊萃一（交通部人事処長）	238
「米ソ対立」時代	14	葉楚傖	157
ヘンリ・ハヴロック・エリス	ii, 91,	洋務運動	48, 57

与謝野晶子	94
吉竹貞治（在蕪湖領事代理）	119
『読売新聞』	ii, 40, 44, 130, 136, 196

ら 行

『駱駝草』	105, 106
ラティモア	174
藍衣社	118, 129
ラング	91
李金傭	65, 66, 75
李鴻章	i, 47, 48, 50-78
李済深	161
李宗岱	60-64
李登輝	15
陸軍総司令部	232, 245
リトビノフ駐米大使	175
琉球問題	13
劉半農	103
領海法	6
林語堂	106
林蔚（国防次長）	238
林森	173
「礼部文件」	99, 100, 104
礼・義・廉・恥	115, 129, 132, 135
歴史教科書問題	9, 16, 38, 39
歴史認識	i, 20, 25, 27, 32, 35, 41
連合軍	177
連合国	181
ローズヴェルト大統領	153, 169, 172, 174, 177
六・四軍事弾圧（天安門事件）	9-11
盧溝橋事件	ii, 4, 13, 15, 154
魯迅	89, 90, 92, 103

わ 行

若杉要（在華公使館一等書記官）	123, 124
渡辺昇一	29

執筆者紹介（執筆順）

斎藤　道彦（さいとう　みちひこ）　研究員・中央大学経済学部教授

李　廷江（り　ていこう）　研究員・中央大学法学部教授

子安　加余子（こやす　かよこ）　研究員・中央大学経済学部准教授

深町　英夫（ふかまち　ひでお）　研究員・中央大学経済学部教授

土田　哲夫（つちだ　あきお）　研究員・中央大学経済学部教授

吉見　義明（よしみ　よしあき）　研究員・中央大学商学部教授

鹿　錫俊（ろく　しゃくしゅん）　客員研究員・大東文化大学国際関係学部教授

日中関係史の諸問題
中央大学政策文化総合研究所研究叢書8

2009年2月25日　初版第1刷発行

編著者　斎藤　道彦
発行者　中央大学出版部
代表者　玉造　竹彦

〒192-0393　東京都八王子市東中野742-1
発行所　中央大学出版部
http://www2.chuo-u.ac.jp/up/
電話 042(674)2351　FAX 042(674)2354

© 2009　　　　　　　　　　　ニシキ印刷／三栄社
ISBN978-4-8057-1407-2